吉林财经大学资助出版图书

新形势下中国货币政策框架转型研究

Research on the Transformation of
China's Monetary Policy Framework
under the New Situation

连飞 著

中国社会科学出版社

图书在版编目（CIP）数据

新形势下中国货币政策框架转型研究 / 连飞著.
北京：中国社会科学出版社，2024.7. -- ISBN 978-7
-5227-3838-3

Ⅰ.F822.0

中国国家版本馆 CIP 数据核字第 20249PM341 号

出 版 人	赵剑英
责任编辑	刘晓红
责任校对	刘　娟
责任印制	戴　宽

出　　版	中国社会科学出版社
社　　址	北京鼓楼西大街甲 158 号
邮　　编	100720
网　　址	http://www.csspw.cn
发 行 部	010-84083685
门 市 部	010-84029450
经　　销	新华书店及其他书店
印　　刷	北京君升印刷有限公司
装　　订	廊坊市广阳区广增装订厂
版　　次	2024 年 7 月第 1 版
印　　次	2024 年 7 月第 1 次印刷
开　　本	710×1000　1/16
印　　张	14.75
字　　数	236 千字
定　　价	86.00 元

凡购买中国社会科学出版社图书，如有质量问题请与本社营销中心联系调换
电话：010-84083683
版权所有　侵权必究

前　言

党的二十大报告提出"建设现代中央银行制度"（习近平，2022），它是服务经济高质量发展的必然要求。我们要围绕党的二十大确立的金融改革发展稳定任务，完善货币政策体系，维护币值稳定和经济增长。中国特色社会主义进入新时代，我国经济也由高速增长阶段转向高质量发展阶段。切实维护好我国发展重要战略机遇期，就金融工作而言，就是要按照习近平总书记所强调的，要回归本源，服从服务于经济社会发展（习近平，2017）。货币是金融体系的血液，我国货币政策是国家制度和国家治理体系的重要组成部分。站在新时代的历史方位，坚持和完善中国特色社会主义制度、推进国家治理体系和治理能力现代化、推动经济高质量发展，要求我们实施稳健货币政策，找准时代使命，履行时代担当。

改革开放40多年来，我国一直保持高速增长，实现了经济腾飞，但随着经济发展传统优势的减弱，经济增长质量不高、经济结构性供需失衡矛盾问题突出，可持续发展需要根本性变革。推动经济高质量发展，是习近平新时代中国特色社会主义经济思想的重要内容，也是贯彻落实新发展理念、建设现代化经济体系的必由之路。习近平总书记指出，"要深化对金融本质和规律的认识，立足中国实际，走出中国特色金融发展之路"（习近平，2019）。就货币政策而言，要适应经济发展阶段和结构调整过程中经济增长速度的变化，把握好总量政策的取向和力度，做到松紧适度。这就要求，人民银行要坚持服务实体经济，实施好稳健的货币政策，加强预调微调，为高质量发展营造适宜的货币环境。总体上，要从总量适度、精准滴灌、协同发力、深化改革四个方面把握好实施稳健货币政策的着力点。

那么，在推动经济高质量发展这一新形势下，我国的货币政策框架如何转型？本书正是试图回答这一问题。我们通过层层剥茧的办法不断将研究引向深化，建立起一个从封闭经济和开放经济两个视角理解新形势下我国货币数量与价格以及数量型向价格型调控转型的基本框架。本书基于封闭经济和开放经济视角，通过建立一般均衡模型对我国货币政策转型的可能性和策略选择等进行探讨，同时结合近年来的货币政策实践情况，对新形势下我国货币政策框架转型进行实证检验。具体地，本书探讨了影子银行对货币供给的影响，理解货币数量型框架面临的挑战；探索了数量与价格相结合的混合型货币政策规则；进行加强利率预期管理与改善货币政策传导的分析；研究了货币政策与宏观审慎政策如何协调搭配；探讨了有关利率并轨对货币政策传导的影响问题；分析了利率与汇率的联动效应，理解内外均衡的基础不断得到改善；研究了汇率调整对货币政策传导的影响问题；讨论了有关资本流动的宏观审慎管理问题；探索了开放经济视角下发行法定数字货币对货币政策传导的影响。总之，通过从理论上分析新形势下我国货币政策框架转型的机理，并借助于实证检验，为 2000 年以来我国货币政策调控的事实提供了一种新的解释；然后，在此基础上提出了相关的政策建议。

本书的创新性工作主要体现在以下几个方面：首先，在研究视角上，立足于推动经济高质量发展这一新形势，尤其注重封闭经济和开放经济两个视角，对我国货币数量与价格以及数量型向价格型调控转型进行研究。其次，在理论框架上，基于一般均衡理论，同时考虑中国的实际情况，通过改造 DSGE 模型，构建了一系列用于分析我国货币政策框架的理论模型，系统阐述了新形势下我国货币政策调控的作用机制。最后，在研究方法上，对我国货币政策调控框架转型的现实情况进行实证分析时，综合利用了多种现代统计和计量经济分析方法，如运用 BVAR 模型对中国影子银行对货币供给的影响进行经验分析；借助基于 VECM 的两区制门限协整检验方法对汇率与利率之间的联动效应进行实证分析。

目　录

第一章　导论 ·· 1

 第一节　研究的现实背景 ·· 1
 第二节　研究的基本框架 ·· 6

第二章　影子银行与货币供给 ··· 11

 第一节　引言 ·· 11
 第二节　文献综述 ··· 12
 第三节　理论框架 ··· 13
 第四节　模型与数据 ·· 17
 第五节　实证分析与结果 ·· 20
 第六节　小结 ·· 24

第三章　量价结合的货币政策混合规则探索 ························· 26

 第一节　引言 ·· 26
 第二节　文献综述 ··· 28
 第三节　混合型货币政策规则模型的构建 ························· 30
 第四节　对模型的参数估计 ··· 37
 第五节　各货币政策规则的政策效果比较 ························· 42
 第六节　小结 ·· 48

第四章 利率预期管理与货币政策传导 ... 50

- 第一节 引言 ... 50
- 第二节 文献回顾 ... 51
- 第三节 基本模型 ... 52
- 第四节 参数校准与贝叶斯估计 ... 57
- 第五节 动态效应分析 ... 60
- 第六节 小结 ... 62

第五章 货币政策与宏观审慎政策协调搭配 ... 63

- 第一节 引言 ... 63
- 第二节 文献回顾 ... 65
- 第三节 理论框架 ... 67
- 第四节 参数校准和估计 ... 73
- 第五节 政策模拟 ... 75
- 第六节 进一步讨论 ... 82
- 第七节 小结 ... 86

第六章 利率并轨与货币政策传导 ... 88

- 第一节 引言及相关文献回顾 ... 88
- 第二节 理论模型构建 ... 91
- 第三节 参数校准和贝叶斯估计 ... 98
- 第四节 政策效果分析 ... 99
- 第五节 小结 ... 110

第七章 利率与汇率的联动效应 ... 112

- 第一节 引言 ... 112
- 第二节 模型构建 ... 114
- 第三节 实证检验 ... 116
- 第四节 小结 ... 121

第八章　汇率调整与货币政策传导 123

第一节　引言 123
第二节　文献综述 124
第三节　理论框架 125
第四节　参数估计 129
第五节　政策模拟 133
第六节　小结 139

第九章　资本流动与宏观审慎管理 140

第一节　引言 140
第二节　文献综述 141
第三节　理论框架 142
第四节　政策模拟 146
第五节　小结 154

第十章　开放条件下法定数字货币与货币政策传导 155

第一节　引言 155
第二节　文献综述 157
第三节　模型构建 158
第四节　数值模拟 165
第五节　小结 173

第十一章　基本结论和政策建议 175

附　录 183

参考文献 208

第一章

导　论

第一节　研究的现实背景

党的二十大报告提出"建设现代中央银行制度"（习近平，2022），它是服务经济高质量发展的必然要求。我国经济迈向高质量发展阶段，面临需求收缩、供给冲击、预期转弱等短期压力，以及人口老龄化、区域经济分化、潜在增长率下降等中长期挑战。中央银行要支持经济发展方式转变和经济结构优化，稳妥应对经济发展中的各种挑战，这也对中央银行自身的制度建设提出了更高要求。建设现代中央银行制度，要围绕党的二十大确立的金融改革发展稳定任务，完善货币政策体系，维护币值稳定和经济增长。高杠杆是宏观金融脆弱性的总根源，中央银行要管好货币总闸门。健全基础货币投放机制和货币供应调控机制，强化流动性、资本和利率约束的长效机制。发挥货币政策的总量和结构双重功能，精准加大对国民经济重点领域和薄弱环节的支持力度。建立市场化利率形成和传导机制，均衡利率由资金市场供求关系决定，中央银行确定政策利率要符合经济规律。完善以市场供求为基础、参考一篮子货币进行调节、有管理的浮动汇率制度，有效管理和引导市场预期。2008年国际金融危机发生以来，在党中央的坚强领导下，我国保持政策定力，是少数实施正常货币政策的主要经济体之一。我们没有实施量化宽松、负利率等非常规货币政策，利率水平在全世界居中，在主要发展中国家中较低，人民币汇率也在合理均衡水平上保持基本稳定，物价走势整体可控，有力促进了我国经济稳定增长。

习近平总书记要求，"充分认识金融在经济发展和社会生活中的重要地位和作用，扎扎实实把金融工作做好"（习近平，2017）。中国特色社会主义进入新时代，我国经济也由高速增长阶段转向高质量发展阶段。我国发展仍处于并将长期处于重要战略机遇期，长期向好的基本面没有变化。切实维护好我国发展重要战略机遇期，就金融工作而言，就是要按照习近平总书记所强调的，要回归本源，服从服务于经济社会发展，并把防止发生系统性金融风险作为金融工作的永恒主题。为此，货币政策要找准时代使命、履行时代担当。货币是金融体系的血液，我国货币政策是国家制度和国家治理体系的重要组成部分。站在新时代的历史方位，坚持和完善中国特色社会主义制度、推进国家治理体系和治理能力现代化、推动经济高质量发展，要求我们实施稳健货币政策。

改革开放40多年来，中国一直保持高速增长，实现了经济腾飞，但强调经济"数量"而忽视了经济"质量"，导致经济结构性供需失衡矛盾、贫富差距拉大以及环境污染等问题突出，中国经济发展传统优势在减弱，可持续发展需要根本性变革。中国能否成功地跨越中等收入陷阱，关键在于实现经济增长从"量"向"质"的转变。党和政府对此有着清晰认识，习近平总书记在党的二十大报告中强调，"高质量发展是全面建设社会主义现代化国家的首要任务""推动经济实现质的有效提升和量的合理增长"（习近平，2022），这标志着我国经济发展进入质量时代。推动经济高质量发展，是习近平新时代中国特色社会主义经济思想的重要内容，也是贯彻落实新发展理念、建设现代化经济体系的必由之路。

当前，我国经济周期性和结构性问题相互叠加，但主要是结构性矛盾和发展方式上的问题。为此，我国经济发展的核心是发展方式的转变和经济结构的调整优化。结构调整优化是走向高质量发展的必由之路，要尊重经济规律，不能简单以GDP增长论英雄。就货币政策而言，要适应经济发展阶段和结构调整过程中经济增长速度的变化，把握好总量政策的取向和力度。政策过紧，会加剧总需求收缩和经济下行；政策过松，又可能固化结构扭曲，推高债务并积累风险。在供给侧结构性改革过程中，传统上作为总量政策的货币政策，也可以在引导结构调整优化方面发挥积极作用，增强政策的针对性和有效性。同时，过多使用结构性政策也可能会导致总量出问题。这就要求，货币政策始终保持松紧适度，加强预调微调，为高质量发展营造适宜的货币环境。习近平总书记指出，"要深化对金融本质和规律的认识，立足中国实际，走出中国特色金融发展之路"（习近平，2019）。中国人民银行要坚持服务实体经济，防范金融风险，实施好稳健的货币政策，着力为供给侧结构性改革和高质量发展营造适宜的货币金融环境。

第一，总量适度。为推动高质量发展营造适宜的货币金融环境，需要保持货币政策稳健，管住货币供给总闸门，保持货币信贷和社会融资规模合理增长，把握好总量政策的取向和力度。当前，我国经济已经由高速增长阶段转向高质量发展阶段，应当更注重经济的发展质量，而非一味地追求增长速度，已不再适宜粗放式的增长模式，不能依靠货币信贷的"大水漫灌"来拉动经济增长，货币政策要保持稳健中性，为转变发展方式、优化经济结构、转换增长动力创造条件。中国人民银行将按照稳健中性货币政策的要求做好总量调控，根据调控需要和流动性形势变化，综合运用多种货币政策工具，进一步增强流动性管理的灵活性和有效性，保持银行体系流动性合理稳定，促进货币信贷和社会融资规模合理增长，为推动高质量发展营造适宜的流动性环境。

近年来，我国货币政策根据形势变化适时适度调整，总体保持稳健。2016年，我国经济企稳，同时金融市场加杠杆和资金空转问题较多，中国人民银行实施稳健中性货币政策，在促进经济平稳运行的同时有效抑制了债务膨胀。2018年以来，针对内外部因素"几碰头"导致的信用收缩问题，中国人民银行及时出手、主动作为，先后多次降低存款准备金率，大幅增加中长期流动性供应，保持流动性合理充裕，有效对冲了信用收缩压力，稳定了市场预期。货币政策较好平衡了稳增长、调结构、防风险之间的关系。

第二，精准滴灌。为推动高质量发展营造适宜的货币金融环境，需要引导优化流动性和信贷结构，支持经济重点领域和薄弱环节。货币政策操作要合理运用好结构性货币政策工具，并根据需要创设和完善政策工具，疏通货币政策传导，补短板、强弱项，支持经济结构调整优化，增强政策的针对性和有效性。引导金融加大对国民经济重点领域和薄弱环节的支持力度，做好民营经济、乡村振兴等金融服务，大力推进深度贫困地区金融精准扶贫工作，助力深化供给侧结构性改革。引导金融回归服务实体经济本源，持续推动金融市场平稳健康发展，全面提高金融服务实体经济的能力。

近年来，为配合供给侧结构性改革以及金融去杠杆，中国人民银行不断创新和丰富结构性货币政策工具，以新型货币政策工具替代全面降准，提升对货币总闸门的调控力，创设中期借贷便利（MLF）、常备借贷便利（SLF）、短期流动性调节工具（SLO）、补充抵押贷款（PSL）及支农支小再贷款等，同时为支持普惠金融和债转股，实行定向降准，发挥好宏观审慎评估的逆周期调节和结构引导作用，优化流动性的结构和布局。2018年以来，针对信用收缩过程中小微企业尤其是民营企业遇到的融资困难，注重以市场化、法治化方式疏通货币政策传导，在促进信贷、债券、股权融资方面"三箭齐发"，增加再贷款再贴现为小微企业和民营企业提供长期稳定资金，推出民营企业债券融资支持工具，研究创设民营企业股权融资支持工具，金融部门对小微、民营企业的支持力度明显加大。

第三，协同发力。为推动高质量发展营造适宜的货币金融环境，需要健全货币政策和宏观审慎政策双支柱调控框架，把保持币值稳定和维护金融稳定更好地结合起来，打好防范化解重大金融风险攻坚战。经济高质量发展，一定是在牢牢守住不发生系统性金融风险底线基础上的健康发展。党的二十大报告强调："要坚决维护国家安全，防范化解重大风险，保持社会大局稳定。"（习近平，2022）2017年首次提出"健全货币政策和宏观审慎政策双支柱调控框架"的重要方针，这既是对宏观调控框架的一次重大理论创新，也是新时代中国人民银行要解决好的重大实践课题。2008年国际金融危机之前，主流央行政策框架以货币政策为核心，但货币政策作为总需求管理工具，在防范系统性风险、维护金融稳定方面有一定的局限性。宏观审慎政策则直接作用于金融体系本身，侧重于抑制金融体系的顺周期波动和风险跨市场传染，维护金融体系稳定。宏观审慎政策是对货币政策的有益补充，二者的协同互补能够有效应对系统性金融风险，把保持币值稳定和维护金融稳定更好地结合起来。同时，中央银行能够站在整体全局的角度认识和处理金融风险，而不是局限在某个行业、某个地区的层面看待金融风险，在应对系统性危机冲击、维护金融体系稳定方面能够统筹兼顾指挥全局。因此，在新时代，中国人民银行需要进一步完善宏观审慎政策框架，加强金融风险研判及重点领域风险防控，完善金融风险监测、评估、预警和处置体系，坚决守住不发生系统性金融风险的底线。

我国在宏观审慎管理方面有较好的条件和基础，国际金融危机后又在全球率先进行实践和探索。2011年，中国人民银行开始实施差别准备金动态调整机制，引导信贷回归常态，防范信贷过快增长可能引发的风险。之后，升级为宏观审慎评估体系（MPA），更全面和多维度地对金融机构的稳健性进行评估和引导，并从以往仅盯住贷款扩展为广义信贷，发展为将表外理财纳入广义信贷范畴考核。考虑到跨境资本流动容易产生顺周期波动，建立了跨境资本流动宏观审慎管理框架，通过市场化手段进行逆周期调控，防范资本大进大出冲击宏观稳定。坚持"房子是用来住的、不是用来炒的"的定位，按照因城施策原则，加强对房地产金融市场的宏观审慎管理，强化对房地产整体融资状况的监测，综合运用多种工具对房地产融资进行逆周期调节。目前，中国人民银行已建立起宏观审慎管理的专职部门，正在强化对系统重要性金融机构和金融控股集团的宏观审慎管理，未来还将逐步拓展宏观审慎管理的覆盖面，完善宏观审慎管理的组织架构，更好地防范和化解金融风险。

第四，深化改革。为推动高质量发展营造适宜的货币金融环境，需要大力推进金融改革发展，强化市场化的利率形成、传导和调控机制，优化金融资源配置，加大市场决定汇率的力度，促进金融更好地为实体经济服务。经济高质量发展，既是在守住风险底线基础上的健康发展，也是金融服务实体经济能力不断提高、金融改革提供更多动力的持续发展。习近平总书记在2017年7月召开的第五次全国金融工作会议上提出了"紧紧围绕服务实体经济、防控金融风险、深化金融改革三项任务"（习近平，2017）。服务实体经济是做好金融工作的根本目的，防范化解系统性风险是做好金融工作的核心目标，而深化金融改革为金融发展提供根本动力，这三方面构成金融工作的"三位一体"。中央银行在承担这"三项任务"及引导金融系统统筹推进这"三项任务"方面，肩负着非常关键的作用。为此，中国人民银行要稳妥推进重要领域和关键环节金融改革，深化利率市场化、保持人民币汇率在合理均衡水平上的基本稳定、推进人民币国际化进程，以促进实体经济稳定发展。价格机制是市场经济的核心，利率市场化的实质是让市场通过价格机制在金融资源配置中发挥决定性作用，而以利率为主的货币价格调控则是通过价格杠杆，在金融领域更好发挥政府作用，从这个意义上讲，加快推进利率市场化改革，正是当前经济高质量发展的政策要求。

近年来，我国利率市场化改革稳步推进，管制利率逐步放开，有利于推动货币政策向价格型调控为主逐步转型。利率市场化改革在"放得开"的同时也更加注重"形得成"和"调得了"。近年来，中国人民银行持续在 7 天回购利率上进行操作，释放政策信号，构建和完善利率走廊机制，发挥常备借贷便利利率作为利率走廊上限的作用。建立公开市场每日操作常态化机制，进一步稳定市场预期。从近年来的情况看，央行操作利率向债券利率、贷款利率的传导效率逐步提升，市场主体对利率的变化更为敏感。目前，正在稳步推动管制利率和市场利率"两轨合一轨"，进一步疏通市场化的货币政策传导机制。2019 年 8 月，推出新的贷款市场报价利率形成机制，贷款市场报价利率按中期借贷便利利率加点形成，通过市场化改革打破贷款利率隐性下限，推动降低贷款实际利率。

第二节　研究的基本框架

正是基于上述现实背景和考虑，本书分别从封闭经济和开放经济两个视角探讨了 2000 年以来新形势下中国货币政策框架转型问题。具体的研究思路和框架如下（图 1-1）。

第一，探讨影子银行对货币供给的影响，理解货币数量型框架面临的挑战。将影子银行引入银行存款创造模型，考虑到法定存款准备金率、超额存款准备金率等因素的基础上，研究影子银行通过分流商业银行存款、改变信用创造从而影响货币供给的理论机制，并基于中国的现实数据运用 BVAR 模型进行实证检验。结果表明：影子银行对货币供给的作用呈现一定的周期性特征。2008 年国际金融危机以来，社会总需求紧缩、流动性紧张，中国影子银行规模扩张总体上减少了货币供给。在经济低迷时，影子银行分流了商业银行存款，影子银行预留扣减率升高，削弱了银行信用创造的能力，减少了货币供给；同时，商业银行的法定存款准备率和超额存款准备金率之和可能低于影子银行的预留扣减率，从而在影子银行漏损率的作用下又减少了货币供给。

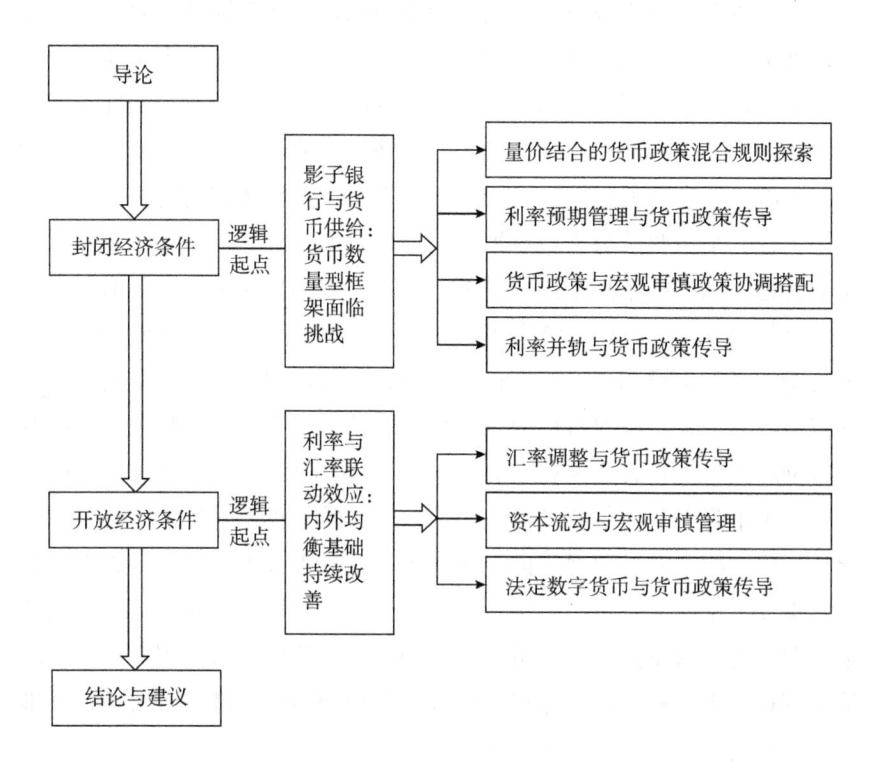

图 1-1 本书的技术路线

技术路线图：

- 导论
  - ↓
- 封闭经济条件（逻辑起点）→ 影子银行与货币供给：货币数量型框架面临挑战 →
  - 量价结合的货币政策混合规则探索
  - 利率预期管理与货币政策传导
  - 货币政策与宏观审慎政策协调搭配
  - 利率并轨与货币政策传导
  - ↓
- 开放经济条件（逻辑起点）→ 利率与汇率联动效应：内外均衡基础持续改善 →
  - 汇率调整与货币政策传导
  - 资本流动与宏观审慎管理
  - 法定数字货币与货币政策传导
  - ↓
- 结论与建议

第二，探索货币数量与价格混合规则。结合中国的现实特征，立足于新凯恩斯的分析框架，试图创新性地构建转型时期的数量与价格相结合的混合型货币政策规则模型。特别地，我们十分注重预期的作用，并采用贝叶斯方法估计模型，还运用脉冲响应、方差分解和福利损失等方法对混合规则、数量规则和价格规则进行各种冲击下的政策效果比较分析。实证分析结果表明，对于转型中的中国而言，实施混合型的货币政策规则比单纯的货币数量型规则或价格型规则更能有效保证宏观经济的平稳运行，而且货币政策混合规则对改善社会福利的效果更好，因此采取数量与价格型相结合的货币政策框架体系可能是现阶段中国央行较好

7

的现实选择。

第三，加强利率预期管理与改善货币政策传导分析。构建包含利率预期冲击的新凯恩斯 DSGE 模型，采用贝叶斯方法对 DSGE 模型进行了估计，并以此为分析框架，借助脉冲响应识别利率预期冲击对中国宏观经济波动的影响，从数量上说明利率预期冲击是否是导致中国通货膨胀和产出波动的重要因素。结果表明：利率的预期冲击和非预期冲击对宏观经济波动产生了同向影响，二者对经济波动的影响总体大于生产率冲击的影响，且利率的预期冲击相比非预期冲击对经济波动的影响偏小。

第四，货币政策与宏观审慎政策如何协调搭配。在中国经济增长处于下行趋势和杠杆率高企的背景下，金融宏观调控面临实现稳增长与去杠杆目标两难之中。构建考虑银行不完全竞争性的 DSGE 模型，研究中国协调实现稳增长和去杠杆目标的困境，以及运用不同的货币政策和宏观审慎政策组合平衡双目标的调控效果。结果表明：提高政策利率抑制储蓄型居民将储蓄转化为投资，减弱借贷型居民和企业家的借贷意愿，导致产出下降，且为维持预算软约束部门运转筹集高融资成本资金，引起杠杠率大幅上升。面对正向金融冲击，在货币政策调控的基础上，加入资本充足率政策直接影响银行部门，弥补贷款替代效应导致的政策效果减弱，能有效维护宏观经济金融的稳定。当前中国需使用宏观审慎政策抑制杠杆率增长，同时保持货币政策的稳健中性促进经济增长，并推动经济长期增长逐步消化高杠杆。

第五，有关利率并轨对货币政策传导的影响问题。构建带有利率双轨和利率并轨情况的 DSGE 模型，研究在双支柱框架下利率"两轨合一轨"过程中，宏观金融政策对经济的影响机制和效果。分析表明：商业银行在取消利率管制后采用更具竞争性的利率吸收存款，利率传导渠道更为顺畅，市场利率的调控政策能更深度地影响经济动态；利率并轨时，宽松的贷款价值比和存款准备金利率激励商业银行更积极地发放贷款，但存款利率降低相对较少，对宏观经济的促进作用降低；随着利率市场化程度的提高，存款管制利率冲击对宏观经济的影响逐渐增强；利率并轨后，逐步降低存款准备金率，市场利率传导效果更好；当发生利率冲击时，利率并轨在短期内加剧社会福利损失；面对贷款价值比冲击和存款准备金利率冲击，利率并轨可以有效改善社会福利水平。

第六，探讨利率与汇率的联动效应，理解内外均衡的基础不断得到改善。以 Frankel 的实际利差模型为基础，借助两区制门限协整检验方法，对中美两国汇率与利率之间的联动效应进行实证分析。结果表明：人民币兑美元汇率与中美实际利差之间存在非线性的门限协整关系，近期两者对长期均衡的偏离正在逐步缩小；人民币汇率与中美实际利差在不同区制有不同的调整特点，在两个区制内中美实际利差对误差修正的反应均较快；在有管理的浮动汇率机制下，人民币汇率与中美实际利差联动关系有一定程度的改善。

第七，研究汇率调整对货币政策传导的影响问题。在货币政策转型背景下研究汇率调整对宏观经济波动的影响，通过构建一个符合中国实际情况的开放经济 DSGE 模型，对比分析数量型和价格型的货币政策规则对烫平汇率调整导致的宏观经济波动的效果，并探讨汇率市场化程度的提高对宏观经济波动的影响。结果表明：当汇率冲击导致经济波动时，数量型规则比价格型规则对烫平经济波动的作用更有效，且能够更好的减小社会福利损失；同时，随着汇率市场化程度的提高，货币冲击和利率冲击导致产出对均衡水平偏离程度都变小了，这说明提高汇率市场化程度能够减小产出波动，并能够有效改善社会福利水平。因此，在货币政策逐渐从数量型向价格型转变的过程中，综合运用数量和价格两种调控手段、适当提高汇率市场化程度对于转型中的中国而言是比较合适的现实选择。

第八，有关资本流动的宏观审慎管理问题。通过建立符合中国现实情况的开放经济动态随机一般均衡模型，深入系统地研究不同的汇率市场化程度、资本账户开放程度以及宏观审慎管理水平下资本流动冲击的宏观经济效应。研究结果表明：跨境资本流出会对本国经济带来紧缩效应，且随着资本账户开放程度的增加，不利影响会越来越大，社会福利损失也会增大；汇率市场化能够明显降低资本流动冲击引起的经济波动，带来较小的社会福利损失；宏观审慎政策可以降低宏观经济受资本流动冲击的影响，起到逆周期调节的作用，以防止系统性金融风险的发生，在维护金融稳定的同时保证经济平稳增长，产生更少的社会福利损失。

第九，开放经济视角下发行法定数字货币对货币政策传导的影响。

建立包含法定数字货币的开放经济 DSGE 模型，基于不计息和计息两种设计特征，动态模拟分析开放经济下中央银行推出法定数字货币的宏观影响，并讨论当存款向法定数字货币转化程度提高时效果的差异性。研究发现：面对冲击，法定数字货币在其计息时的变化幅度比不计息时大，此时国内产出和汇率等的变化幅度也比较大。计息型法定数字货币创造了一种新的经济机制，将利率、汇率和法定数字货币的报酬联系在一起，放大了国际溢出效应。随着存款向数字货币转化程度的提升，国内利率政策的调控效果不断上升，国外利率对宏观变量的预期均衡水平有更显著的影响，技术进步对经济的促进作用更大。当法定数字货币计息时，冲击造成的社会福利损失较大。

第二章
影子银行与货币供给

第一节　引言

2008年国际金融危机爆发后，国际社会开始对影子银行予以广泛关注。影子银行是规避金融监管范围之内的，与接受正规金融监管的商业银行体系相对应的投资工具、投资渠道、结构化产品。影子银行规模的逐步壮大，能够拓宽融资渠道，创造信用扩张，在一定程度上促进金融创新和金融体系繁荣，但同时也会导致金融风险的快速集聚。影子银行的功能、构造、风险、影响等问题都与货币供给紧密相关。影子银行可以改变市场流动性，干扰货币数量和价格目标，影响货币政策有效性。关于影子银行对货币供给影响的研究，西方理论界主要集中在资产证券化、货币市场基金、回购协议以及其他与商业银行核心功能类似的相关金融活动上，不同于传统意义上的非银行金融机构。中国的影子银行起步较晚，在国际金融危机后迅速膨胀。中国式影子银行是游离于监管体系之外，从事与传统商业银行体系相类似的金融活动，主要包括信托贷款、委托贷款、民间融资等。有关中国影子银行对货币供给影响的研究也是众说纷纭。但实际上除了非银行金融机构问题外，主要集中在理财产品、第三方支付、银信合作、私募基金、同业业务、金融租赁等为主要特色的银行体系之外的信用供给活动。从信用创造的角度对这些金融活动进行研究，是值得关注的重要内容。我们需要探寻中央银行—商业银行体系和传统的非银行金融机构功能以外的，具有信用创造能力或者集合起来具有信用创造功能的那些金融活动、结构或市场，作为影子银行对货币供给影响研究的主要任务。总之，系统的研究中国式影子银行对货币供给的影响具有重要意义。

第二节 文献综述

美国次贷危机以来，国外经济学家关于影子银行信用创造问题进行了一系列的研究。Panageas（2009）研究认为，影子银行通过证券化活动创造金融衍生品，在广义流动性层面发挥信用创造功能，从而对货币供给产生影响。Gorton 和 Metrick（2010）构造出广义流动性与基础抵押资产价值的乘数关系模型，发现其乘数大小与影子银行留存权益资金负相关。Sheng（2011）认为，影子银行外部融资能够使银行突破资本金约束对其信贷创造能力的限制，从而增加货币供应量。Gorton 和 Metrick（2011）描述了影子银行体系的信用创造机制，抽象了影子银行体系的货币供给机制。Andrew Sheng（2011）通过选取相关指标数据进行实证研究发现，影子银行体系推动了广义货币供给量的增加。Shin（2012）分析认为，影子银行外部融资能够扩大传统银行信贷规模。

近年来，国内学者关于影子银行对货币供给的影响也展开了理论和经验方面的探索。肖卫国和兰晓梅（2019）研究表明，影子银行业务扩张及其信用创造功能总体上促使了我国广义货币供应量的增长，影子银行业务中债券投资、同业业务对金融机构银行信贷总额具有挤出效应，而在货币供应中两者信用创造功能较强。兰晓梅和吴丹（2019）研究发现，中国"通道式"影子银行业务对社会信贷的扩张与收缩存在短期和长期的非对称传导效应，不利于信用扩张的长期良性循环。银行影子在信用货币创造中占比较高，对社会财富分配以及经济运行的影响较大。李波和伍戈（2011）研究显示，影子银行体系运行会影响商业银行的超额准备金，广义流动性有必要将影子银行创造的流动性纳入其范畴之内。王振和曾辉（2014）基于修正的 IS-LM 模型研究影子银行对货币政策的影响，分析表明，影子银行的发展会对信贷、利率的传导效果产生影响。蔡雯霞（2015）研究认为，影子银行对货币供给的影响具有长期效应，影子银行增加了货币的流动性，会导致货币数量超出货币当局所要求达到的目标。王森和周茜茜（2015）分析认为，影子银行有着特殊的信用创造功能，影子银行与货币供给之间存在长期稳定的关系，影子银行对货币供给有时滞性的长期影响。焦高乐和严明义（2016）以银信合作理财产品入手进行分析得出，影子银行具有信用夸大作用，它改变了传统的货币创造过程，理财产品的发行会对货币供应量产生影响。李新功（2014）分析认为，影子银行运用自身的信用创造功能增加了社会信贷供给，影响了货币供应量。

上述国内外相关文献较好的阐释了影子银行的信用创造功能，从而研究中国影子银行对货币供给的影响有着非常重要的参考价值，但它们仍然存在一些不足之处：首先，很多学者没有注意到在经济周期所处的不同阶段，影子银行对货币供给的影响会存在差异，即影子银行的信用创造具有周期性的特征。其次，很少有文献在影子银行信用创造机制中考虑到商业银行的超额准备金率的作用。最后，以往研究大多运用VAR等传统计量模型实证检验影子银行对货币供给的影响，由于需要估计的参数较多，容易造成模型失效。综上所述，现有文献忽视影子银行的顺周期性、超额存款准备金率的作用以及研究方法的不当，而对影子银行的信用创造机制进行分析，其研究结论与中国影子银行发展的现实情况很可能不符。为了弥补以上不足，本章在现有研究基础上，将影子银行引入银行存款创造模型，考虑到法定存款准备金率、超额存款准备金率等因素的基础上，研究影子银行通过分流商业银行存款、改变信用创造从而影响货币供给的理论机制，并基于中国的现实数据运用更为有效的BVAR模型进行实证检验。本章后续研究按照如下结构安排：第三节建立基于信用创造视角的影子银行对货币供给影响的理论框架；第四节构建检验理论框架的BVAR模型；第五节运用BVAR模型对中国影子银行的信用创造功能进行经验分析；第六节对本章进行总结。

第三节 理论框架

目前M1、M2口径的货币供应量均是基于存款性公司资产负债表。而影子银行基本上都是在存款性公司表外运营，因此，其发展对传统意义上的货币供给必然会产生影响。虽然影子银行形式多样,但本质上均是将资金从银行表内转移到表外以规避对数量或价格的监管。鉴于目前大额资金汇划仍主要通过银行体系,因此,影子银行的资金最终仍将体现在商业银行的资产负债表上,即仍会对货币供给产生一定的影响。我们以信托贷款为例,并与传统通过放贷进行货币派生方式作比较,考察商业银行的资产负债表,研究影子银行发展对货币供给的影响。信托公司设计基于待开发房地产项目的理财产品,委托银行代销,而商业银行则说服储户将存款用于购买该理财产品,房地产企业获得资金后通过银行支付给相关企业。上述交易的资金流向如图2-1所示。

银行存款 →购买理财产品→ 信托公司 → 房地产企业

通过银行支付

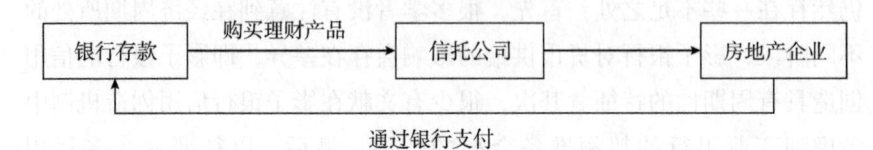

图 2-1 影子银行融资模式

假设房地产企业需要融资 90 万元,商业银行不能直接向其贷款,只能通过信托公司作为中介进行融资。首先,假设储户有存款 100 万元,商业银行持有现金 90 万元,缴纳法定存款准备金 10 万元(假设法定存款准备金率为 10%)。然后,商业银行说服储户用存款购买信托公司发行的理财产品。最后,房地产企业通过商业银行向其他公司支付款项。比较状态一和状态三,商业银行的资产负债表完全一样,即通过影子银行进行融资并不能派生货币,如表 2-1 所示。

表 2-1　　　　　　　　　通过影子银行融资

状态一	
资产	负债
现金 90 万元	存款 100 万元
存款准备金 10 万元	
状态二	
资产	负债
现金 90−81=9 万元	存款 100−90=10 万元
存款准备金 10−9=1 万元	

续表

状态三	
资产	负债
现金 90−81+81=90 万元	存款 100−90+90=100 万元
存款准备金 10−9+9=10 万元	

如果房地产企业需要融资的 90 万元由商业银行直接放贷给房地产企业，房地产企业通过商业银行将款项支付给其他公司。首先，假设储户有存款 100 万元，商业银行持有现金 90 万元，缴纳法定存款准备金 10 万元（假设法定存款准备金率为 10%）。然后，商业银行向房地产企业发放贷款 90 万元。最后，房地产企业通过商业银行将款项支付给其他公司。比较状态一和状态三，商业银行的存款由 100 万元增加到 190 万元，即通过贷款，商业银行成功派生了货币，如表 2-2 所示。

表 2-2　　　　　　　　通过商业银行融资

状态一	
资产	负债
现金 90 万元	存款 100 万元
存款准备金 10 万元	
状态二	
资产	负债
现金 90−90=0 万元	存款 100 万元
存款准备金 10 万元	
贷款 90 万元	
状态三	
资产	负债
现金 90−90+81=81 万元	存款 100+90=190 万元
存款准备金 10+9=19 万元	
贷款 90 万元	

综合以上分析，相比贷款等表内业务，影子银行并不能派生传统意义上的货币，其发展约束了金融体系的货币派生功能，对货币供给 M2 产生下行的压力。然而，上述例子中并没有考虑超额准备金率，也没有

考虑影子银行吸入商业银行部分存款后自身的信用创造情况。事实上，商业银行超额存款准备金的变动将影响到货币乘数大小。在基础货币不变的情况下，它制约着银行体系创造货币的能力。而且，影子银行发展对货币供给的影响应包括两方面内容：一是影子银行分流商业银行的部分存款，减少商业银行的信用创造；二是影子银行吸收商业银行部分存款后，自身进行信用创造。两种力量共同作用最终决定影子银行发展对货币供给的影响。下面我们通过建立一个扩展的货币信用创造模型，研究中国式影子银行对货币供给影响的理论机制。

假设商业银行向中央银行缴纳准备金，法定存款准备金率和超额存款准备金率分别为 r 和 e。影子银行将分流商业银行的存款，其分流存款占银行总存款的比率为影子银行的漏损率 v。作为偿付保证，影子银行还要从它所吸收的资金中预先扣除一部分的比例，即预留扣减率 a。参数 r、e、v、a 的大小都在 0 到 1 之间。假设客户存入第 1 家商业银行的原始存款为 B，并且向第 1 家影子银行转移其中的 Bv。第 1 家影子银行在预留扣减一定的资金 Bva 之后，把其余的资金 Bv（1-a）作为影子银行贷款发放。第 1 家商业银行在缴纳法定准备金 B（1-v）r 和超额准备金 B（1-v）e 之后，把其余的资金 B（1-v）(1-r-e) 作为商业银行贷款发放。第 1 家影子银行和商业银行的贷款总计为 B [（1-v）(1-r-e) +v（1-a）]，它们将以派生存款的形式进入第 2 家商业银行，然后继续重复上一轮的存款分流、商业银行与影子银行的贷款和存款创造过程。如此持续不断，最终结果如表 2-3 所示。

表 2-3　　　　　　　　影子银行的信用创造

N	商业银行存款	法定准备金	超额准备金	商业银行贷款	影子银行漏损	影子银行贷款
1	B	B(1-v)r	B(1-v)e	B(1-v)(1-r-e)	Bv	Bv(1-a)
2	Bq	Bq(1-v)r	Bq(1-v)e	Bq(1-v)(1-r-e)	Bqv	Bqv(1-a)
3	Bq^2	Bq^2(1-v)r	Bq^2(1-v)e	Bq^2(1-v)(1-r-e)	Bq^2v	Bq^2v(1-a)
…	…	…	…	…	…	…
n	Bq^{n-1}	Bq^{n-1}(1-v)r	Bq^{n-1}(1-v)e	Bq^{n-1}(1-v)(1-r-e)	Bq^{n-1}v	Bq^{n-1}v(1-a)
…	…	…	…	…	…	…
总计	B/(1-q)	B(1-v)r/(1-q)	B(1-v)e/(1-q)	B(1-v)(1-r-e)/(1-q)	Bv/(1-q)	Bv(1-a)/(1-q)

由表 2-3 可知，$q=(1-v)(1-r-e)+v(1-a)$，可得货币供给 $M=B/(1-q)=B/(r+v(a-r)+e(1-v))$。进一步地，我们作如下比较静态分析。$\frac{\partial M}{\partial r}=\frac{(v-1)B}{[r+v(a-r)+e(1-v)]^2}<0$，即商业银行的法定存款准备金率 r 越高（低），货币供给 M 越小（大）。$\frac{\partial M}{\partial e}=\frac{(v-1)B}{[r+v(a-r)+e(1-v)]^2}<0$，即商业银行的超额存款准备金率 e 越高（低），货币供给 M 越小（大）。$\frac{\partial M}{\partial a}=\frac{-vB}{[r+v(a-r)+e(1-v)]^2}<0$，即影子银行的预留扣减率 a 越高（低），货币供给 M 越小（大）。$\frac{\partial M}{\partial v}=\frac{(r+e-a)B}{[r+v(a-r)+e(1-v)]^2}$，如果 $r+e>a$，则 $\frac{\partial M}{\partial v}>0$，即当商业银行的法定存款准备金率 r 与超额存款准备金率 e 之和大于影子银行的预留扣减率 a 时，影子银行漏损率 v 增大（减小）将使货币供给 M 增加（减少）；如果 $r+e<a$，则 $\frac{\partial M}{\partial v}<0$，即当商业银行的法定存款准备金率 r 与超额存款准备金率 e 之和小于影子银行的预留扣减率 a 时，影子银行漏损率 v 增大（减小）将使货币供给 M 减少（增加）；如果 $r+e=a$，则 $\frac{\partial M}{\partial v}=0$，即当商业银行的法定存款准备金率 r 与超额存款准备金率 e 之和等于影子银行的预留扣减率 a 时，影子银行漏损率 v 变化对使货币供给 M 没有影响。

第四节　模型与数据

一　变量和数据说明

影子银行的漏损率和预留扣减率是影子银行作用于货币乘数进而影响货币供给的关键环节，而且由于它们的变化隐含于影子银行规模变动之中，因此可以用影子银行规模来替代。根据中国的现实情况，我们将银行信托贷款、委托贷款、未贴现银行承兑汇票这三类影子银行[①]的总

[①] 这三类的规模大约占金融体系内影子银行规模的 70%，基本可以作为影子银行的代表。

额作为影子银行规模（S）。我们选取广义货币M2[①]作为货币供给（M）的度量指标。我们还分别选取大型存款类金融机构人民币存款准备金率和金融机构超额存款准备金率作为法定存款准备率（R）和超额存款准备率（E）的代理变量。本章选取2008—2017年的季度数据，原始数据来源于Wind数据库，并使用Eviews 8.0软件分析。为消除季节特征，还采取X12方法对数据进行了季节调整。

二 平稳性和协整检验

本章运用ADF方法对各变量进行平稳性检验，如表2-4所示。结果表明，货币供给M、影子银行规模S、法定存款准备金率R和超额存款准备金率E的ADF统计量都大于5%显著性水平的临界值，而其一阶差分序列DM、DS、DR、DE的ADF统计量都小于5%显著性水平的临界值，因此上述4个变量均为一阶单整序列，即I（1）过程。

表2-4　　　　　　　　ADF单位根检验

变量	检验形式（C，T，K）	ADF检验值	临界值（5%）	检验结果
M	（C，0，0）	1.749214	-2.938987	不平稳
DM	（C，0，0）	-6.330979	-2.941145	平稳
S	（0，0，0）	-0.555736	-1.949609	不平稳
DS	（0，0，0）	-6.352593	-1.949856	平稳
R	（0，0，0）	-0.434702	-1.949856	不平稳
DR	（0，0，0）	-4.737927	-1.949856	平稳
E	（0，0，0）	-1.835477	-1.950394	不平稳
DE	（0，0，0）	-8.676093	-1.949856	平稳

注：C，T，K分别表示单位根检验时估计方程的常数项、时间趋势项和滞后阶数。

本章采用Johansen协整检验方法来检验各变量之间的协整关系，如表2-5所示。结果表明，在5%显著性水平上变量M，S，R和E之间存在一组协整关系，即确实存在着一种长期稳定的均衡状态。

---

① 中国的广义货币包括流通中的现金、活期存款、定期存款、储蓄存款、证券公司客户保证金等。

表 2-5　　　　　　　　　Johansen 协整检验

假设协整关系个数	特征根	迹检验 统计量	5%临界值	概率	最大特征根检验 统计量	5%临界值	概率
无	0.578859	49.58904	47.85613	0.0340	32.86195	27.58434	0.0095
至多 1 个	0.239579	16.72708	29.79707	0.6602	10.40754	21.13162	0.7058
至多 2 个	0.104378	6.319547	15.49471	0.6578	4.188999	14.26460	0.8389

三　BVAR 模型构建

VAR 模型是处理多个相关经济指标的分析与预测较为常用的模型之一，但 VAR 模型的主要缺点在于需要估计的参数过多，这将导致模型的过度拟合问题，尽管模型的样本内拟合效果良好，但所估计的系数大多不显著，而且随着预测期间的延长，样本外预测效果会迅速恶化。解决过度拟合问题的一种施加参数约束的方法是基于贝叶斯方法估计 VAR 模型，即 BVAR 模型。该模型最早由 Litterman（1986）提出，其核心思想是通过"收紧"参数取值范围的方式来实现对参数的约束，避免无约束 VAR 的自由度损失问题。具体地，假设 VAR 参数服从一个特定的先验分布，通过合理设置先验分布缩小参数的取值范围，根据由数据计算的似然函数调整该先验分布，从而得到后验分布。

BVAR 模型的简化表达式为：$A(L)(x_t-\mu)=u_t$。其中，$A(L)=I-A_1L-\cdots-A_pL^p$ 是滞后算子 p 的多项式矩阵，x_t 是 $n\times 1$ 阶变量矩阵，即 $x_t=(M, S, R, E)$，μ 是相应的确定先验值，u_t 是 $n\times 1$ 阶残差项向量，满足 $E(u_t)=0$ 和 $E(u_tu_t')=\Omega$。BVAR 模型需要对系数设定先验分布。目前发展的先验分布包括 Minnesota 分布、Normal-Wishart 分布、Sims-Zha 分布等。其中 Minnesota 先验分布有更小的预测标准差，精确度相对较高，因此较为常用和有效。根据 Litterman（1986），BVAR 模型中第 i 个方程第 j 个变量滞后 p 期的系数的先验标准差为：

$$s(i,j,p)=\frac{\gamma\times g(p)\times f(i,j)\times s_i}{s_j}, \quad f(i,j)=\begin{cases}1, & i=j\\ w_{ij}, & i\neq j\end{cases}$$

其中，γ 用来控制整体参数的"收紧"程度，以及先验信息和样本之间的相对重要性，其取值越小意味着参数对应的方差越小，从而参数能够变动的范围越小，先验信息相对更重要。$f(i,j)$ 用来控制交叉变量之间的相关性，其取值越小意味着两个参数的相关性越小；w_{ij} 是介于 0 到 1 之间的一个常数，其取值反映了第 i 个方程中其他变量的相对紧度。$g(p) = p^{-d}$（d 为衰减系数）是 p 阶滞后变量相对一阶滞后变量的紧度，用来控制滞后变量方差的衰减速度（当滞后长度增加时，对应的协方差以更快速度衰减到 0），表示过去信息比当前信息有用程度的减少。s_i 为变量 i 自回归方程的残差标准差。本章采取应用范围最广的 Minnesota 先验分布。参照朱慧明（2004）的方法，分别设定 BVAR 模型中的总体紧度（γ）、相对紧度（w）、衰减参数（d）三个超参数的值为 0.1、0.99、1。根据 AIC 与 SC 准则，BVAR 模型中变量的滞后阶数选取为二阶。

第五节　实证分析与结果

一　脉冲响应分析

BVAR 模型能够较好的提高模型参数估计的精度，可以使整个模型系统的准确性大大改善，其脉冲响应分析结果会更贴近现实，因此，我们将基于 BVAR 模型进行脉冲响应分析。图 2-2—图 2-5 分别给出了在一个单位的影子银行规模 S、法定存款准备金率 R、超额存款准备金率 E 以及货币供给 M 冲击下，货币供给 M 从 0—10 期的脉冲响应情况。

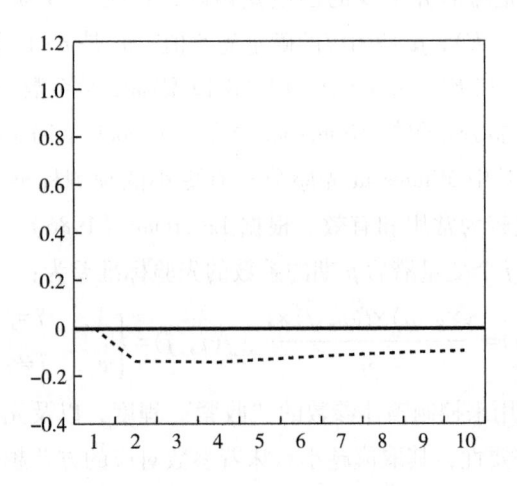

图 2-2　M 受 S 冲击的脉冲响应

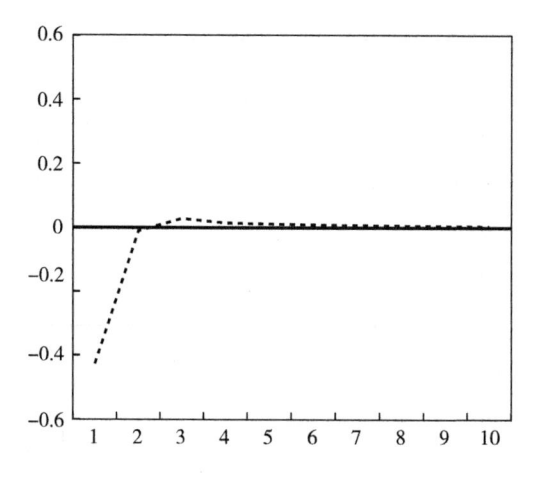

图 2-3 M 受 R 冲击的脉冲响应

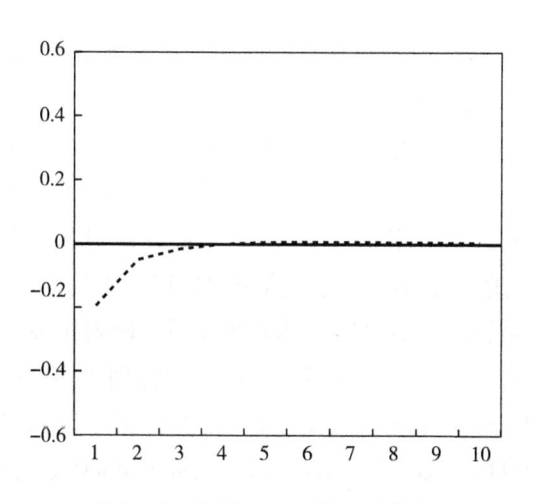

图 2-4 M 受 E 冲击的脉冲响应

从图 2-2 可以看出,当货币供给 M 受到影子银行规模 S 一个单位的正向冲击后,将对货币供给 M 产生负向影响,但具有一定的时滞性,且在第 2 期达到最小值 -0.14,之后逐渐减弱,影响具有一定的持续性。因此,影子银行会显著影响货币供给,并且由于经济处于下行周期,影子银行规模变化导致货币供给反方向变化。事实上,在经济周期的不同阶段,影子银行对货币供给的作用情况呈现一定的周期性特征。总体来看,2008 年国际金融危机以来,中国影子银行对货币供给作用状

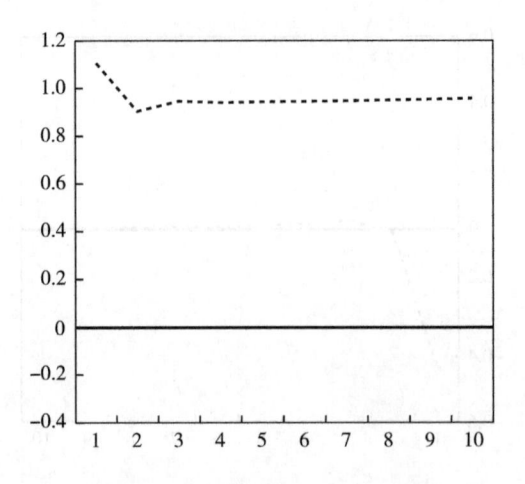

图 2-5 M 受 M 冲击的脉冲响应

态经历了两次减弱过程。2008—2009年，受金融危机冲击，中国外部需求不断萎缩，经济增速显著放缓。当经济运行进入萧条周期，实体经济和金融机构的信心显著降低，企业利润率减少，资产回报率下滑，通缩压力增强，资产泡沫萎缩，流动性不足。信心的丧失导致对流动性的囤积，从而导致资产价格的下降，进一步导致更多的流动性的"兑现"，形成资产追逐货币的高潮。信用创造逐步萎缩，最后甚至只能靠传统的银行体系特别是中央银行体系来支撑。随着国际金融动荡加剧，为保证金融体系流动性充分供应，中国央行分别于 2008 年 9 月 25 日、10 月 15 日、12 月 5 日和 12 月 25 日四次下调金融机构人民币存款准备率，货币信贷投放大幅增长，动态测算共释放 8000 亿元流动性，缓解了一定程度上的流动性紧张情况，但仍无法满足社会融资需求，由此影子银行活动顺势激增。影子银行分流了商业银行存款，但在经济低迷时，影子银行预留扣减率升高，削弱了银行信用创造的能力，减少了货币供给；同时，法定存款准备金率和超额存款准备金率之和可能低于预留扣减率，在影子银行漏损率的作用下又降低了货币供给。与此相类似的情况是，2015 年以来，中国经济持续低位运行，央行实施稳健中性的货币政策，维护经济金融的总体平稳，但在实体经济不景气的形势下，房地产市场投机升温，而金融体系流动性总体不足，影子银行开始了新一轮的扩张，并且对商业银行存款的分流日趋明显，银行信用创造能力受到制约。经济形势不振时，投资者风险容忍度降低，社会公众预期不乐观，从而影子银行的预留扣减率升高，导致影子银行的信用创造逐步收缩，社会流动性越来越低，货币供给减少。为了刺激经济回升，中国央行5次降低法定存款准备金率投放流动性。商业银行的法定存款准备金率和超额准备金率之和可能小于影子银行的预留扣减率，因此社会资金经由影子银行"渗漏"降低了银行的信用创造能力，从而影子银行规模的扩张导致货币供给的减少。

从图2-3可以看出，当货币供给M受到法定存款准备金率R一个单位的正向冲击后，将对货币供给M产生负向影响，但在滞后1期才引起货币供给M下降，即具有一定的时滞性，且达到最小值-0.43，之后逐渐减弱，影响具有一定的持续性。因此，法定存款准备金率变化会显著影响货币供给反方向变化。2011年，随着中国一揽子经济刺激计划的逐步落实，投资快速增长，物价水平也有继续上升的趋势。为此，中国央行适当收紧货币条件，逐步使货币政策回归稳健，先后6次上调存款准备金率，共计3个百分点。政策措施取得积极成效，2011年末广义货币供应量M2增长13.6%，比上年低6.1个百分点。从图2-4可以看出，当货币供给M受到超额存款准备金率E一个单位的正向冲击后，将对货币供给M产生负向影响，但在滞后1期才引起货币供给M下降，即具有一定的时滞性，且达到最小值-0.2，之后逐渐减弱，影响具有一定的持续性。因此，超额存款准备金率变化会显著影响货币供给反方向变化。

二 方差分解分析

基于BVAR模型进行方差分解分析，可以研究每一个内生变量冲击对其他内生变量变化的贡献度，从而反映各变量短期内的动态变化，由此评价不同内生变量的重要性。下面我们采用方差分解方法分析货币供给M发生波动时，影子银行规模S、法定存款准备金率R、超额存款准备金率E以及货币供给M自身冲击贡献度的差异性，结果如表2-6所示。

表2-6　　　　　　　　M的方差分解　　　　　　（单位：%）

Period	S.E.	M	S	R	E
1	0.736614	88.76796	0.000000	8.037150	3.194886

续表

Period	S. E.	M	S	R	E
2	0.924333	71.38124	5.119694	15.20263	8.296432
3	1.048569	66.08340	5.179310	20.38632	8.350972
4	1.123852	62.97020	5.204206	23.42661	8.398983
5	1.170361	61.11044	5.217584	25.23813	8.433844
6	1.199012	59.99592	5.225175	26.31735	8.461556
7	1.216687	59.31974	5.229687	26.96648	8.484097
8	1.227608	58.90503	5.232449	27.35976	8.502756
9	1.234368	58.64807	5.234178	27.59943	8.518316
10	1.238561	58.48729	5.235279	27.74608	8.531349

从表2-6可以看出，当期货币供给M的方差贡献大部分来自于其自身，但是随着期数的增加，自身贡献程度逐渐下降，在第10期时货币供给M的变动方差由自身变动解释的部分下降为58.48729%。货币供给M排除其自身的影响外，由法定存款准备金率R变动解释的部分最大，法定存款准备金率R对货币供给M影响的贡献度由第1期的8.037150%上升到第10期的27.74608%。货币供给M的变动方差由超额存款准备金率E变动解释的部分次之，超额存款准备金率E对货币供给M的影响程度从第1期的3.194886%演变为第10期的8.531349%。影子银行规模S对货币供给M也有较大影响，货币供给M的变动方差由影子银行规模S变动解释的部分在第2期为5.119694%，第10期之后开始稳定在5.235279%左右，即大约5.235279%的货币供给M变动方差由影子银行规模S变动可以解释。

第六节 小结

本章将影子银行引入银行存款创造模型，考虑到法定存款准备金率、超额存款准备金率等因素的基础上，研究影子银行通过分流商业银行存款、改变信用创造从而影响货币供给的理论机制，并基于中国的现实数据运用BVAR模型进行实证检验。结果表明：影子银行对货币供给的作用呈现一定的周期性特征。2008年国际金融危机以来，社会总需求紧缩、流动性紧张，中国影子银行规模扩张总体上减少了货币供给。在经济低迷时，影子银行分流了商业银行存款，影子银行预留扣减率升高，削弱了银行信用创造的能力，减少了货币供给；同时，商业银行的法定存款准备金率和超额存款准备金率之和可能低于影子银行的预留扣减率，从而在影子银行漏损率的作用下又减少了货币供给。

第三章
量价结合的货币政策混合规则探索

第一节 引言

从全球各主要新兴市场及转型国家的实践来看,目前货币数量目标对于这些国家中央银行的吸引力不断减小,但由于金融市场不发达等结构性原因,完全基于价格型的货币政策调控体系又不可能一蹴而就。那么究竟应采取何种货币政策规则就成为这些国家央行面临的重大现实挑战,转型中的中国也是如此。货币政策规则的选取往往是各国中央银行根据其当时所处的具体经济金融情况而确定的。货币数量论表明,在货币流通速度稳定的情况下,货币当局可以通过控制货币供应量来控制名义收入,从而通过对货币供应量的调节来调控国民经济,即货币供应量作为中介目标的前提是货币流通速度保持相对稳定。然而,20世纪80年代末以来,很多国家(包括新兴市场国家)的货币流通速度都发生了不规则变化,货币供应量不再是货币政策可靠的"向导"。图3-1描述了亚洲新兴经济体、拉美新兴经济体、中东欧转型国家以及中国的货币流通速度的变动趋势,这些经济体的货币流通速度变化基本上是逐年趋缓的。在货币需求函数稳定性下降的情况下,若继续以数量作为目标,就可能导致价格水平的大幅波动,进而影响产出的基本稳定,这其实已成为推动货币政策调控框架逐步转型和优化的内生力量。因此,货币供应量目标对各新兴经济体中央银行的吸引力已逐步下降。货币供应量与通货膨胀的相关性检验结果表明,货币供应量与通货膨胀的相关性已变得越来越弱①，这进一步证实近年来世界新兴经济体以货币供应量为目标的货币政策框架发生了变化。总之，鉴于货币供应量的信息含量在不断减少，各新兴经济体的中央银行在过去 20 多年里逐步放弃了这一目标。事实上，20 世纪 70 年代以来世界主要发达经济体的历史实践也表明，随着金融创新和金融深化进程的推进，数量型目标的指示意义受到越来越大的挑战，其货币政策框架逐步从数量型向价格型转变。

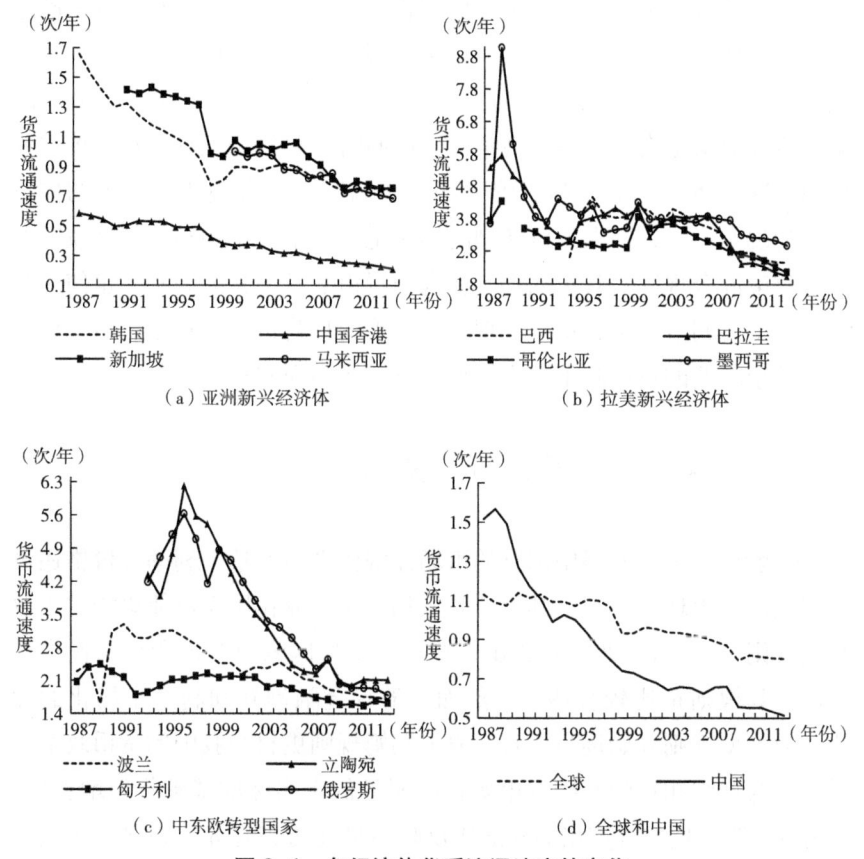

图 3-1　各经济体货币流通速度的变化

注：图 3-1 中货币流通速度是笔者根据各国 GDP/M2 计算而得到的，GDP/M2 中的 GDP 就是费雪的数量方程式 V=PY/Q（其中 V 是货币流通速度，P 是价格水平，Y 是实际 GDP，Q 是货币供应量）中的 PY，即它是包含价格因素的名义变量。

资料来源：IMF, International Financial Statistics（IFS）。

---

① 关于货币供应量与通货膨胀（物价）研究详见附录 1 和附录 2。

从1998年1月起，中国人民银行取消了对国有商业银行的贷款规模控制，以货币供应量作为我国货币政策的中介目标（张晓慧，2012）。然而，近年来货币供应量作为中国货币政策中介目标的有效性受到了部分学者的质疑。不少研究表明，作为中介目标的货币供应量，其可测性、可控性和相关性都越来越不理想（张晓慧，2012；Zhang，2009）。但是，现阶段中国的货币政策若完全以"价"作为主要中介目标、调节手段和传导机制，则需要有较为完善的金融市场和对利率敏感的微观主体等客观条件。虽然近年来中国经济金融改革及利率市场化的进程在不断加快，但利率在资源配置方面的作用还不十分充分，利率政策的传导效果也有待进一步观察。与此同时，数量型工具仍在发挥重要作用，这就使得"量"和"价"相互协调以共同实现货币政策调控目标成为现实可能，即在经济转型时期实施以货币数量和利率价格兼顾的货币政策混合规则。政策制定者在利用货币数量工具的同时，也使用利率价格工具调节经济，从而实现货币政策的最终目标。总之，科学构建适合转型时期的货币政策规则框架具有重要的现实意义。

第二节　文献综述

一般地，由于发展中国家的市场经济体系不发达、利率等价格还没有完全放开等现实原因，其货币政策相对于工业化国家可能更倚重于数量型规则。Taylor（2000）指出，在新兴市场国家以基础货币为操作变量的工具规则是比较合适的。然而，随着金融创新和利率市场化的加快，数量型规则开始逐步失效。麦卡勒姆规则更符合我国的货币政策实践，但与规则相符的基础货币增长率明显低于实际的基础货币增长率，或者M2调控更偏好产出而对通胀反映不足（孟宪春等，2018）。Geiger（2006）指出，M2这一中介目标在中国经常出现误导，尤其是1994—1995年高通货膨胀时期过后。Laurens和Maino（2007）研究发现，由于发生了与支付体系、金融自由化、持有货币机会成本相关的技术进步，1994年以来中国的货币乘数存在明显下降趋势，其VAR分析表明，与利率相比，货币供应量对产出没有任何短期影响。Zhang（2009）研究发现，中国过去15年的货币供应量与通货膨胀之间的相关系数从 1992—1999 年的 0.8 减少到 2000—2006 年的 0.16，而利率与通货膨胀之间的相关系数绝对值则从 0.16 增加到 0.676，这可能主要与中国的金融深化进程有关。

在货币数量规则越来越不能满足中国货币政策调控要求的情况下，一些学者开始着手对价格型规则的适用性进行研究。张龙等（2020）发现，价格型货币政策在经济繁荣期更优，且前者具有中长期作用。Zhang（2009）在 DSGE 模型框架下比较了利率规则和货币供应量规则对中国经济的适用情况，得出利率规则比货币供应量规则更优的结论。李宏瑾和苏乃芳（2020）认为，在利率市场化基本完成和流动性格局逆转的当下，货币政策价格调控方式转型的必要性和迫切性日益上升，转型的条件日趋成熟。Laurens 和 Maino（2007）利用 VAR 模型发现，通货膨胀和政策利率之间只存在微弱的关系，单独的利率政策在帮助实现价格稳定这一最终目标过程中的效果是不显著的。Koivu 等（2009）认为，由于利率还没有在中国的货币政策传导机制中发挥主要作用，因此在建立相关模型中过于强调短期名义利率为主的泰勒规则是不合适的。

进一步地，部分学者提出可以考虑将货币数量型与价格型的规则结合起来。Liu 和 Zhang（2010）在新凯恩斯模型中系统地比较了中国货币政策的反应函数，并对中国所使用的货币政策分析框架进行了评估。其实证结果显示，中国央行使用利率和货币供应量的混合规则是合适的。Mehrotra 和 Sanchezfung（2010）根据中国的货币政策现实构建了一个 McCallum-Taylor 的混合反应函数，把基于调查的通胀预期加入该函数，并运用 VAR 方法对其适用性进行分析。其研究发现，中国央行对产出缺口的反应是逆周期的，且对通胀预期的反应也十分明显。刘金全和郑荻（2022）发现，量价组合下的货币政策规则能够做到统筹兼顾，有效平抑产出波动、维持物价稳定和促进充分就业，是当前量价转轨时期中央银行宏观调控的有力工具。Blagrave 等（2013）认为，从 2005 年起中国央行为了实现政策目标对准备金率进行了较高频率的调整，这一工具在政策操作中发挥重要作用，因此把准备金率加入基于 GPM（Global Projection Model）模型的货币政策分析框架中，建立了利率和准备金率相结合的混合规则。

上述研究对中国的货币政策规则进行了很好的讨论，但仍存在可进一步深入探索的地方：在研究视角上，大多数研究往往只涉及一种单一的货币政策规则，缺乏对数量型、价格型以及其他规则之间的横向比较；在分析框架上，一般都仅采用VAR模型，且过于注重数据的挖掘，而缺少相应的经济理论基础；在模型估计上，通常采用校准或者GMM等方法对模型中的各方程进行单独估计，没有把所有方程纳入一个完整的系统，从而可能带有较强的主观色彩，这样得到的估计结果可能难以反映中国现实。与国内外已有研究相比，本章的创新性工作主要体现在以下几个方面：一方面，我们立足于具有严格经济理论基础的新凯恩斯框架，考虑中国的实际情况，尤其注重预期的作用，构建转型时期的数量型和价格型相结合的货币政策规则模型；另一方面，基于中国的数据采用贝叶斯方法估计结构模型，并进行不同冲击下的政策效果比较分析，即将混合规则与单一规则分别应对冲击时的脉冲响应、方差分解、福利损失结果进行比较，看看哪个货币政策规则对中国货币政策目标的实现更有效。本章余下部分的研究按照如下思路展开：第三节构建基于新凯恩斯主义的货币政策混合型规则模型框架；第四节用贝叶斯方法估计模型参数并对模型进行敏感性分析和适用性分析；第五节通过脉冲响应、方差分解、福利损失分别比较混合型、数量型和价格型货币政策规则在应对经济冲击时的实际政策效果；第六节总结本章内容。

第三节 混合型货币政策规则模型的构建

在上述历史文献的基础上，下文我们将根据转型中国的特征，有针对性地改造Berg等（2006）的三方程新凯恩斯模型，并借鉴Liu和Zhang（2010）的建模思想，创新性地构建同时包含货币数量与价格规则的四方程系统模型刻画中国现实的混合型货币政策。整个模型体系[①]主要包括扩展的新凯恩斯IS曲线（总需求模块）、新凯恩斯Phillips曲线（总供给模块）、货币数量与价格相结合的混合规则（货币政策模块）。假设模型包括家庭、企业和中央银行三个部门：家庭在预算约束

[①] 这些方程主要来源于新凯恩斯动态随机一般均衡（DSGE）模型的一阶条件，并对它们进行了一定的修正，以更好地描述中国经济的现实（Liu and Zhang, 2010）。

下最大化其效用；企业生产差异化的产品最大化其利润；中央银行执行货币政策以保持物价和产出稳定。

一 总需求：扩展的新凯恩斯 IS 曲线

假设经济中存在可以活无限期的同质家庭组成的连续统，每个家庭试图最大化其一生期望效用（Smets and Wouters，2002）。家庭在预算约束下的最大化效用形式为：

$$\max E_0 \sum_{t=0}^{\infty} \beta^t \left[(C_t - bC_{t-1})^{1-\sigma_c}/(1-\sigma_c) + (Q_t/P_t)^{1-\sigma_m}/(1-\sigma_m) - (L_t)^{1+\sigma_l}/(1+\sigma_l) \right]$$

$$s.t.\ C_t + Q_t/P_t + B_t/(R_t P_t) = Q_{t-1}/P_t + B_{t-1}/P_t + w_t L_t + T_t$$

其中，β 为贴现因子，C_t 为即时消费，Q_t 为货币存量，L_t 为劳动供给，P_t 为价格水平，b 为消费习惯程度，σ_c、σ_m 和 σ_l 分别为消费跨期替代弹性倒数、货币需求弹性倒数和劳动供给弹性倒数，B_t 为债券数量，R_t 为名义利率，w_t 为实际工资，T_t 为转移支付。

在预算约束下，家庭选择消费、债券最大化其效用，得到如下一阶最优性条件，即消费的欧拉方程：

$$\beta E_t \{ R_t (C_{t+1} - bC_t)^{-\sigma_c}/(\pi_{t+1}(C_t - bC_{t-1})^{-\sigma_c}) \} = 1$$

其中，$\pi_t = P_t/P_{t-1}$ 为通货膨胀率，E_t 表示预期。

对上式进行对数线性化并引入均衡条件 $\hat{Y}_t = \hat{C}_t$（^表示缺口），即可得到基本的新凯恩斯 IS 曲线：

$$\hat{Y}_t = b\hat{Y}_{t-1}/(1+b) + E_t\hat{Y}_{t+1}/(1+b) - (1-b)(\hat{R}_t - E_t \pi_{t+1})/((1+b)\sigma_c)$$

在基本的新凯恩斯 IS 曲线里，实际产出是由实际利率、上一期的和预期未来的实际产出共同决定的。由于发达经济体有完善的货币政策传导机制，利率和货币供应量能够彼此替换，因此传统的宏观经济模型只有利率（或只有货币供应量）单独进入总需求方程。然而，McCallum（2001）认为，由于货币和消费在家庭效用函数中不是独立的，因此货币可以进入产出缺口方程。2008 年国际金融危机后，国际上试图将金融因素（包括货币）纳入一般宏观经济学框架。Carabenciov 等（2008）利用 GPM 模型在含有实际利率的 IS 曲线中加入了代表货币数量的 BLT（Bank Lending Tightening）变量，用来反映实体经济和金融部门之间的联系。此后，Liu 和 Zhang（2010）、Blagrave 等（2013）又分别将货币供应量、准备金率变量加入总需求方程。与成熟的市场经济国家相比，由于转型中国的货币传导还很不健全，利率和货币供应量之间的相互联动作用可能并不十分明显，因此可以考虑将二者同时纳入总需求方程。本章综合借鉴上述研究理念，将货币因素加入 IS 曲线①，构建扩展的新凯恩斯 IS 曲线如下：

$$\hat{Y}_t = \alpha_1 E_t \hat{Y}_{t+1} + \alpha_2 \hat{Y}_{t-1} - \alpha_3 \hat{r}_{t-1} + \alpha_4 \hat{m}_{t-1} + \varepsilon_t^Y \qquad (3.1)$$

其中，r_t 为实际利率，m_t 为实际货币增长率，α_1、α_2、$-\alpha_3$、α_4 分别为 $\hat{Y}_t$ 对 $E_t\hat{Y}_{t+1}$、$\hat{Y}_{t-1}$、$\hat{r}_{t-1}$、$\hat{m}_{t-1}$ 的反应系数，ε_t^Y 为随机扰动项。根据方程（3.1）可知：当人们对未来经济情况看好时，即预期未来的实际产出会很高时，家庭将愿意消费和投资得更多，从而刺激产出增加；当实际利率暂时较高时，家庭将增加储蓄而不是进行消费或投资，从而导致产出减少；当货币供应量增加时，家庭将增加更多的消费，从而产出也会相应上升。

二　总供给：新凯恩斯 Phillips 曲线

假设企业生产差异化的产品，对产品有一定的定价能力，并采用 Calvo（1983）型的价格设定方式：每一期有比例为 $1-\xi_p$ 的产品生产企业被随机地选中可以最优地设定其价格水平 $P_{j,t}^*$，其余不能最优定价的企业按照 $P_{j,t} = (\pi_{t-1})^{\gamma_p} P_{j,t-1}$ 经验法则设定其价格。其中 $\gamma_p(0 \leq \gamma_p \leq 1)$ 为价格指数化程度，表示上一期通货膨胀对本期不调整产品价格的影响程度。本章假设 $\gamma_p = 1$，即无法最优定价的企业选择完全指数化过去的通货膨胀。在给定产品需求的条件下，可以最优定价的企业选择最优价格水平 $P_{j,t}^*$ 最大化其期望利润，企业的最优价格选择问题可以表示为：

$$\max_{P_{j,t}^*} E_t \sum_{i=0}^{\infty} (\beta \xi_p)^i \Lambda_{t+i} (P_{j,t+i} Y_{j,t+i} - P_{t+i} mc_{t+i} Y_{j,t+i})$$

$$\text{s.t. } Y_{j,t+i} = (P_{j,t+i}/P_{t+i})^{-(1+\lambda_p)/\lambda_p} Y_{t+i}$$

其中，$\Lambda_{t+i} = (\lambda_{t+i}/\lambda_t) P_{t+i}$ 为随机折现因子，表示名义收入的边际价值，$\lambda_t = (C_t - bC_{t-1})^{-\sigma_c}$ 为消费的边际效用，mc_t 为企业的实际边际成本，λ_p 为价格加成，$(1+\lambda_p)/\lambda_p$ 为不同产品之间的替代弹性。

---

① 同时，后文的货币政策模块包括了货币数量方程，从而建立起了货币政策模块与总需求方程之间的关系。

通过求解上述最优价格选择问题的一阶条件，得到企业的最优价格为：

$$(P_{j,t}^*/P_t)E_t\sum_{i=0}^{\infty}(\beta\xi_p)^i\lambda_{t+i}\left(\frac{P_t/P_{t-1}}{P_{t+i}/P_{t+i-1}}\right)Y_{j,t+i} = E_t\sum_{i=0}^{\infty}(\beta\xi_p)^i\lambda_{t+i}(1+\lambda_p)mc_{t+i}Y_{j,t+i}$$

上式表明，可以最优定价的企业选择的最优价格等于加权边际成本的加成。由于大多数研究采用产出缺口来取代边际成本，因此把求解的最优价格选择问题的一阶条件在零通胀稳态附近对数线性化，可得基本的新凯恩斯 Phillips 曲线：

$$\pi_t = \pi_{t-1}/(1+\beta) + \beta E_t\pi_{t+1}/(1+\beta) + (1-\xi_p)(1-\beta\xi_p)\hat{Y}_t/[(1+\beta)\xi_p]$$

相关实证研究也表明，由于企业定价中的前瞻行为等原因，中国的 Phillips 曲线应该包括前瞻性因素。例如，Scheibe 和 Vines（2006）发现，对于中国而言，带有通胀预期的 Phillips 曲线比只带有后顾性因素的情况有更好的拟合效果。因此，本章构建的新凯恩斯 Phillips 曲线中的通货膨胀是由上一期的通货膨胀、对未来通货膨胀的预期（即包括了通货膨胀的后顾性和前瞻性因素）以及由扩展的新凯恩斯 IS 曲线中求得的实际产出缺口共同决定的：

$$\pi_t = \omega_1 E_t\pi_{t+1} + (1-\omega_1)\pi_{t-1} + \omega_2\hat{Y}_{t-1} + \varepsilon_t^\pi \tag{3.2}$$

其中，ω_1、ω_2 分别为 π_t 对 $E_t\pi_{t+1}$、$\hat{Y}_{t-1}$ 的反应系数，ε_t^π 为随机扰动项。根据方程（3.2）可知：当经济处于繁荣时期，即实际产出增加时，企业将扩大生产，进而增加劳动需求和相应的工资，较高的工资将导致边际成本增加，从而引起通货膨胀压力；当人们预期未来的通货膨胀增加时，也会提高价格水平，从而进一步引发当期的通货膨胀压力。

三　货币政策：货币数量与价格相结合的混合规则

从国情出发，目前我国实行的是数量型调控与价格型调控相结合的调控模式，金融宏观调控既重视利率等价格型指标，也高度重视货币信贷增长状况（张晓慧，2012）。基于此，我们认为混合型货币政策规则主要是将货币数量规则和利率规则有机结合，即综合使用货币数量和利率手段调节通货膨胀和产出波动，进而有利于实现货币政策的总体目标。实际上，采取混合型规则是由中国经济发展的特殊阶段所决定的。目前中国的金融市场仍不发达，利率市场化尚未最终完成，同时金融创新还在不断深化，此时的货币政策传导机制还不十分畅通。在这一现实背景下，一方面，金融市场不均衡时数量调控的效果较好，这也是20年来中国央行频繁使用数量工具而较少使用价格工具的主要原因，但由于货币供给具有内生性，受巨额外汇占款和资本项目逐渐开放等因素的影响，数量型规则调控日益困难；另一方面，利率尚未完全市场化使扭曲的利率生成机制对价格型规则的引导作用并不完全有效，导致价格调控的传导渠道不通畅，其调控力度大大减弱。因此，单一的数量或价格型货币政策规则所产生的效果可能难以充分发挥。而在相同条件下，通过数量型工具调节金融机构流动性状况，同时通过价格型工具调节社会融资成本及资金供求情况，这种"量"和"价"两种手段的综合运用可以有效弥补单一规则的不足，从而使宏观政策调控的力度更大、效果更明显。借鉴Liu和Zhang（2010）、Blagrave等（2013）分别用货币供应量和利率、准备金率和利率的混合规则反映中国的货币政策，本章的混合型货币政策同时包括货币数量和利率两个规则的内容。

传统的货币数量规则最主要的是Friedman（1969）的常数货币增长率规则或McCallum（1988）的基础货币规则。然而，本章采用货币供应量对产出缺口和通货膨胀的反应函数刻画货币数量规则。这个规则早期源于Taylor（1979）使用货币供应量而不是利率作为工具来估计的宏观模型。他通过最小化通货膨胀和产出缺口的损失函数得出最优货币政策，其中，货币数量工具被设定为产出缺口和通货膨胀的函数。虽然Taylor在19世纪80年代中期开始逐步强调利率工具的重要性，但他一直认为对于新兴市场国家而言，货币供应量调控手段仍是一个比较合适的货币政策工具。针对一些发展中国家的情况，他建议可以把泰勒规则中利率操作变量修正为基础货币（Taylor，2000）。因此，关于货币数量规则和利率规则的区别不再狭义地局限为规则公式，还扩展到了操作变量方面。借鉴上述理念以及Sargent和Surico（2011）等的具体技术性做法，我们假设货币数量型规则采取的是类似于泰勒规则的表达形式[①]，即：

[①] Taylor（1979）、Sargent和Surico（2011）都采用类似泰勒规则形式的货币数量规则，该规则与传统货币数量规则的区别在于，它强调货币当局根据产出和通胀确定货币供应量；Friedman（1969）的常数货币增长率规则强调货币当局根据平均国民收入增长率确定货币供应量；McCallum（1988）的基础货币规则强调货币当局根据名义GDP增长目标、货币流通速度、GDP目标与现实的差距确定基础货币增长率。

$$M_t = \varphi_1 M_{t-1} + (1-\varphi_1) M_t^* - \varphi_2(\pi_t - \pi_t^*) - \varphi_3 \hat{Y}_t + \varepsilon_t^M \qquad (3.3)$$

其中，M_t 为名义货币增长率，*表示均衡水平，φ_1 为名义货币增长率的持久性参数，$-\varphi_2$ 和 $-\varphi_3$ 分别为 M_t 对 $(\pi_t - \pi_t^*)$ 和 $\hat{Y}_t$ 的反应系数，ε_t^M 为随机扰动项。根据方程（3.3）可知：对于逆周期调控的数量型货币政策规则而言，当实际产出增长过快或通货膨胀压力过大时，中央银行将采取措施紧缩货币供应量，从而防止经济过热以促进经济持续平稳增长。

价格型规则所反映的往往是名义利率与通货膨胀、产出缺口之间的函数，即中央银行通过调整短期名义利率，使通胀和产出与其各自的目标值偏差逐步减小，从而促使社会的总效用最大化。特别地，20世纪80年代以后，主要经济体的央行开始强调政策的规则性和透明度，更加注重稳定预期的作用。在有效的预期引导下，货币政策可能会达到事半功倍的效果，有利于改善政策传导并提高政策的有效性。而实施价格型调控的一个优势也在于其透明度相对更高，并有利于稳定市场预期。例如，Batini 和 Haldane（1999）认为，前瞻性规则中的预期通货膨胀能够反映未来通货膨胀路径的经济信息，从而既可以使货币政策建立一种承诺机制，避免其短视的"机会主义"倾向，又可以提高货币政策的透明度、可信性和有效性。随后，Mehra（2000）将货币供给增长率作为斜率哑变量引入前瞻性利率反应函数，通过对1979—1998年的季度数据实证检验后发现，货币增长在该反应函数中也是显著的。鉴于货币供应量在中国货币政策操作中的中介目标职能，中国泰勒规则的估计应该对这一重要指标有所反映，因此可以加入货币供应量变量。由于货币供应量并非像通货膨胀和经济增长那样是中国货币政策的最终目标，中央银行在制定当期货币政策时更多地考虑前一期已经提供的货币供应量，因此我们考虑将货币供应量的滞后项加入泰勒规则。为了更加客观地反映现实经济状况，本章在传统泰勒规则中引入预期因素和货币供应量，构造一个包含货币的前瞻性泰勒规则形式如下：

$$R_t = \rho_1 R_{t-1} + (1-\rho_1) R_t^* + \rho_2 E_t(\pi_{t+1} - \pi_{t+1}^*) + \rho_3 \hat{Y}_t + \rho_4 M_{t-1} + \varepsilon_t^R \qquad (3.4)$$

其中，ρ_1 为名义利率的持久性参数，ρ_2、ρ_3 和 ρ_4 分别为 R_t 对 $E_t(\pi_{t+1} - \pi_{t+1}^*)$、$\hat{Y}_t$ 和 M_{t-1} 的反应系数，ε_t^R 为随机扰动项。根据方程（3.4）可知：对于逆周期调控的价格型货币政策规则而言，当实际产

出增长过快、预期通货膨胀压力过大或货币供应量增加过多时，中央银行将通过提高名义利率的方式，抑制经济过热以促进经济持续平稳增长。

总之，上述三大模块的运行机理可以简单概述为如图 3-2 所示的情形：一方面，中央银行为了确定合意的货币供应量和利率水平，分别从扩展的新凯恩斯 IS 曲线中获得实际产出的信息和从新凯恩斯 Phillips 曲线中得到通货膨胀的信息；另一方面，反过来中央银行又通过调整货币供应量和利率水平，进而影响总需求方程及实际产出，并进一步地由总供给方程影响通货膨胀。因此，可以说货币政策方程是完成整个模型系统设定的"中心"环节，其与货币供应量、利率、实际产出和通货膨胀都有密切的关联。

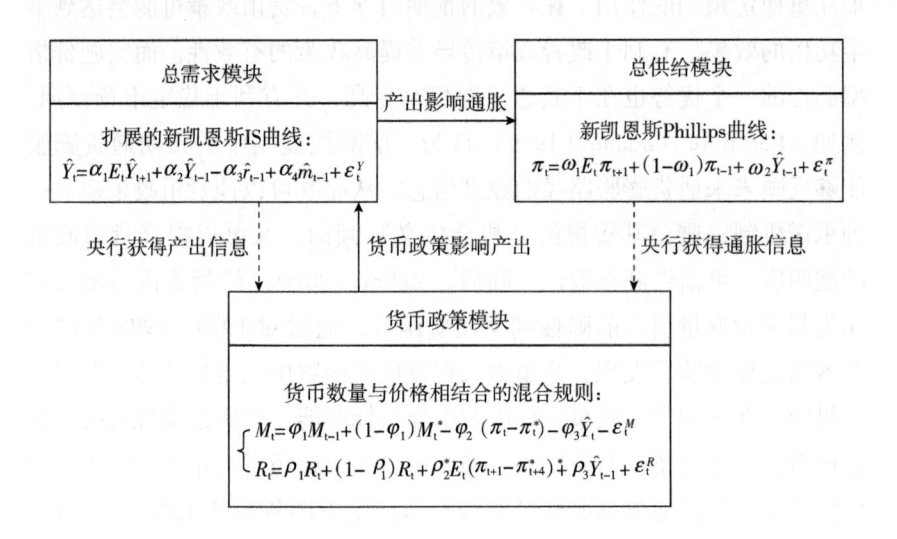

```
┌─────────────────────────┐   产出影响通胀   ┌─────────────────────────┐
│      总需求模块         │ ──────────────> │      总供给模块         │
│                         │                 │                         │
│  扩展的新凯恩斯IS曲线： │                 │  新凯恩斯Phillips曲线： │
│  Ŷₜ=α₁EₜŶₜ₊₁+α₂Ŷₜ₋₁    │                 │  πₜ=ω₁Eₜπₜ₊₁+(1-ω₁)πₜ₋₁ │
│     -α₃r̂ₜ₋₁+α₄m̂ₜ₋₁+εₜʸ │                 │     +ω₂Ŷₜ₋₁+εₜᵖⁱ        │
└─────────────────────────┘                 └─────────────────────────┘
         ↑                      ↓                      ↑
   央行获得产出信息       货币政策影响产出         央行获得通胀信息
         │                      ↓                      │
         └──────────┐  ┌────────────────┐  ┌──────────┘
                    │  │  货币政策模块  │  │
                    └──┤                ├──┘
                       │ 货币数量与价格相结合的混合规则：
                       │ ⎧Mₜ=φ₁Mₜ₋₁+(1-φ₁)Mₜ*-φ₂(πₜ-πₜ*)-φ₃Ŷₜ-εₜᴹ
                       │ ⎩Rₜ=ρ₁Rₜ₋₁+(1-ρ₁)Rₜ*+ρ₂*Eₜ(πₜ₊₁-πₜ₊₄*)+ρ₃Ŷₜ+εₜᴿ
                       └────────────────────────────────────────────┘
```

图 3-2　混合型货币政策规则的基本分析框架

注：事实上，本章的模型框架中除了 4 个基本的行为方程外，还包括 3 个均衡方程：$\pi_t^* = \omega_3 \pi_{t-1}^* + \varepsilon_t^{\pi^*}$、$M_t^* = \varphi_4 M_{t-1}^* + \varepsilon_t^{M^*}$、$R_t^* = \rho_5 R_{t-1}^* + \varepsilon_t^{R^*}$ 和 6 个识别方程：$\hat{m}_t = m_t - m_t^*$、$m_t = M_t - \pi_{t+1}$、$m_t^* = M_t^* - \pi_{t+1}^*$、$\hat{r}_t = r_t - r_t^*$、$r_t = R_t - \pi_{t+1}$、$r_t^* = R_t^* - \pi_{t+1}^*$。其中，借鉴 Svensson（1999，2000），假设 π_t^*、M_t^*、R_t^* 均服从 $AR(1)$ 过程，ω_3、φ_4、ρ_5 为系数，$\varepsilon_t^{\pi^*}$、$\varepsilon_t^{M^*}$、$\varepsilon_t^{R^*}$ 为随机扰动项。

第四节 对模型的参数估计

一 参数的贝叶斯估计

本章采用贝叶斯方法估计模型的结构参数，因为在小样本情况下贝叶斯估计的可信度明显高于其他估计（如 GMM 和极大似然估计等）。按照贝叶斯方法估计模型参数的规则，观测变量的个数要小于或者等于外生冲击的个数。本章建立的模型包含产出缺口冲击、通货膨胀冲击、货币供应量冲击、利率冲击等外生冲击，为了保证外生冲击能够得到良好的识别和估计，也使后续的相关分析更可靠，我们在贝叶斯估计中使用产出缺口、通货膨胀率、货币供应量增长率和利率四个观测变量。采用 CPI 的季度环比指数代表通货膨胀率①。采用 CPI 的季度定基指数将名义季度 GDP 转换为真实季度 GDP，并将真实季度 GDP 取对数后用 HP 滤波剔除长期趋势。货币供应量增长率由广义货币供应量（M2）增长率表示。利率由全国银行间 7 日内同业拆借利率表示②。上述变量均采用 X-12 方法剔除季节波动。因为从 2001 年 1 月起国家统计局调整了 CPI 的统计口径，所以本章的样本期从 2001 年 1 季度至 2014 年 4 季度，共 56 个数据样本。原始数据来源于国家统计局网站、中国人民银行网站、Wind 资讯。本章运用 Dynare 工具箱，在 Matlab 环境中编程完成有关模型的参数估计以及仿真分析。

在利用贝叶斯方法估计模型参数之前，需要给出待估参数的先验分布。先验分布的选取直接关系到最终估计的质量，因此必须根据参数的理论含义和取值范围以及国内外相关研究的结论综合设定③。在经过多次尝试和比较后，我们参考 Liu 和 Zhang（2010）、Blagrave 等（2013）、Carabenciov 等（2008）、刘斌（2008）、中国人民银行营业管理部课题

---

① 由于上文推导基本新凯恩斯 IS 曲线中定义 $\pi_t = P_t/P_{t-1}$ 为通货膨胀率，因此我们采用 CPI 的季度环比指数代表通货膨胀率。王彬等（2014）对通货膨胀率指标也做了同样的处理。

② 由于中国利率还未完全市场化，因此利率用更具市场化利率特征的银行间 7 天同业拆借利率表示。

③ 对于取值范围在区间（0，1）中的参数，将其先验分布设定为贝塔分布（Beta distribution）；对于取值始终大于 0 的参数，将其先验分布设定为正态分布（Normal distribution）；对于外生冲击的标准差，将其先验分布设定为逆伽马分布（Inverted Gamma distribution）。

组（2009）等文献选择了参数的先验分布。在对模型参数进行贝叶斯估计时，本章通过 Metropolis-Hastings 算法模拟了 20000 次，最终采取了 10000 个模拟数进行参数估计，模拟过程中使用了两条马科夫链（Markov chains），第一条链的最终接受率（acceptance rate）为 32.7224%，第二条链的最终接受率为 31.9560%，两条链的最终接受率在合理区间内[1]，且二者的差异较小，模型的单变量和多变量的收敛性检验（univariate convergence diagnostic 和 multivariate convergence diagnostic）结果较好[2]，因此参数和模型比较稳定。表 3-1 给出了模型待估参数的先验分布以及贝叶斯估计值。

表 3-1　　参数的先验分布及贝叶斯估计

参数	先验分布 类型	先验分布 均值	先验分布 标准差	后验分布 均值	后验分布 置信区间		后验分布 众数
α_1	Normal	0.2100	0.1000	0.1775	0.1685	0.1842	0.1743
α_2	Normal	0.4700	0.1000	0.4796	0.4726	0.4855	0.4763
α_3	Normal	0.0400	0.0500	0.0421	0.0240	0.0584	0.0437
α_4	Normal	0.0600	0.1000	0.0543	0.0459	0.0632	0.0495
ω_1	Beta	0.4800	0.1000	0.3113	0.3018	0.3238	0.3234
ω_2	Normal	0.2000	0.0500	0.1626	0.1611	0.1644	0.1618
φ_1	Beta	0.8800	0.1000	0.9044	0.8807	0.9272	0.9183
φ_2	Normal	0.0600	0.1000	0.0950	0.0833	0.1087	0.0919
φ_3	Normal	0.1600	0.1000	0.1934	0.1811	0.2059	0.1887
ρ_1	Beta	0.6700	0.1000	0.6495	0.6358	0.6617	0.6414
ρ_2	Normal	0.3700	0.1000	0.3916	0.3808	0.4030	0.3868
ρ_3	Normal	0.0600	0.0500	0.0293	0.0225	0.0377	0.0319
ρ_4	Normal	0.8500	0.1000	0.7644	0.7585	0.7723	0.7637

在 IS 曲线的估计结果中，实际利率缺口的系数（$-\alpha_3$）为

---

[1] 根据主流文献的共识，马科夫链的最终接受率应该在 20%—40% 比较合理。如果接受率太高，Metropolis-Hastings interactions 无法抵达分布的尾部（tails of a distribution）；如果接受率太低，Metropolis-Hastings interactions 会局限于参数分布的某个子空间。

[2] 由于单变量和多变量的收敛性检验图形输出较多，限于篇幅，我们没有列出。

−0.0421，实际货币供应量增长率缺口的系数 α_4 为 0.0543，二者的绝对值都比较小。其原因可能在于，由于价格和工资刚性、金融市场中存在的摩擦等造成货币政策传导不畅，因此货币政策对产出的影响效果相对有限（Laxton and Scott，2000）。此外，数量型工具和价格型工具之间的效果比较可以近似表示为：$\alpha_4/\alpha_3 = 1.2898$，即货币供应量增长率变动增加 1% 与利率变动减少 1.2898% 对产出的影响效果可能大致类似。

在 Phillips 曲线的估计结果中，通胀预期对通货膨胀的影响系数 ω_1 为 0.3113，从而证明了在中国前瞻型 Phillips 曲线的存在性，这也符合新凯恩斯主义的基本分析框架；产出缺口滞后项对通货膨胀的影响系数 ω_2 为 0.1626，表明通货膨胀受产出缺口的影响存在滞后性，即上一期的产出缺口增加 1 个单位将导致即期通货膨胀上升 0.1626 个单位。

在货币政策方程的估计结果中，货币供应量平滑系数 φ_1 的估计值在 0.9 以上，说明货币供应量具有很强的连贯性，即中国货币当局调整货币供应量存在明显的平滑行为，他们并不是将货币供应量一步调整至目标值，而是一个逐步调整过程，这使公众能有较充分的反应时间逐步适应中央银行的操作，从而有助于宏观经济的平稳发展。货币供应量对通货膨胀和产出缺口的反应系数（$-\varphi_2$）和（$-\varphi_3$）分别为 −0.0950 和 −0.1934，其符号也符合预期，即表明货币数量调控是为了促使通货膨胀向其目标值回归，并较好地促进实际产出持续平稳增长。利率平滑系数 ρ_1 的估计值大于 0.6，说明利率政策也强调持续性，即央行倾向于通过缓慢调整短期利率，建立一个短期利率的变化路径，以此引导公众预期并提升政策效果。利率水平对通胀预期和产出缺口的反应系数 ρ_2 和 ρ_3 分别为 0.3916 和 0.0293，从而证实了利率政策对通胀和产出进行了积极反应，并且名义利率的调整不是取决于已经实现的或"事后"的通胀，而是取决于根据"事先"可获得信息而做出的对未来的通胀预期。利率对货币供应量增长率的反应系数 ρ_4 为 0.7644，说明利率对货币供应量增长率的变化产生同向变化，这与中国货币供应量变化的被动性和适应性有关。正如中国人民银行营业管理部课题组（2009）指出的，在中国当前的结售汇制度下，外汇占款的增加必然引起货币供应量的增加，公开市场操作和存款准备金率调整能够部分地对冲货币供应量的变化，从而向市场释放回收流动性的信息，引起货币市场同业拆借利率的同向变化。

二 模型的敏感性分析

下面我们通过敏感性分析考察模型构件对于分析中国货币政策混合规则的相对重要性，以便在应用模型进行货币政策分析时抓住建立模型的关键要素。为此，在敏感性分析时依次显著地减小并固定上述模型构件参数的取值，然后依次估计其余参数的后验均值和相应的边缘数据密度，通过与基准模型的边缘数据密度相比较来判断该参数及其对应模型构件的相对重要性，对边缘数据密度的影响较大则该模型构件越重要。表3-2依次列出了显著地减小并固定一种参数后模型的边缘数据密度与其余参数的后验均值。

表 3-2　　　　　　　　　　模型的敏感性分析

	基准模型	$\varphi_1=0.01$	$\varphi_2=0.01$	$\varphi_3=0.01$	$\rho_1=0.01$	$\rho_2=0.01$	$\rho_3=0.01$	$\rho_4=0.01$
边缘数据密度	-134.96	-259.18	-287.13	-241.30	-222.35	-266.42	-236.11	-205.15
α_1	0.1775	0.3177	0.0215	0.2555	0.1492	0.3528	0.3453	0.2785
α_2	0.4796	0.4138	0.5774	0.4471	0.5094	0.3298	0.3437	0.1169
α_3	0.0421	0.0381	0.0051	0.0082	0.0025	0.0179	0.0123	0.0177
α_4	0.0543	0.2267	0.0121	0.0339	0.0780	0.0066	0.0016	0.0154
ω_1	0.3113	0.3854	0.3968	0.3042	0.2808	0.3033	0.3393	0.4283
ω_2	0.1626	0.0174	0.0175	0.0925	0.0175	0.0175	0.0175	0.1596
φ_1	0.9044	0.0100	0.9826	0.9935	0.9863	0.9894	0.7291	0.9475
φ_2	0.0950	0.0062	0.0100	0.1123	0.0196	0.0985	0.0150	0.0064
φ_3	0.1934	0.2649	0.1119	0.0100	0.1814	0.4820	0.0244	0.1369
ρ_1	0.6495	0.8210	0.6706	0.5626	0.0100	0.3944	0.3324	0.9204
ρ_2	0.3916	0.5691	0.2206	0.3434	0.5375	0.0100	0.4713	0.2950
ρ_3	0.0293	0.0190	0.0614	0.0221	0.1125	0.0092	0.0100	0.0569
ρ_4	0.7644	0.6968	0.5079	0.5627	0.3448	0.7930	0.7047	0.0100

在显著地减小并固定某个结构参数后，估计的模型边缘数据密度值都有不同程度的减小，说明在分析本章的模型中引入相应的模型要素对

于理解中国货币政策混合规则都具有必要性。特别地,通过比较模型的边缘数据密度可知,货币供应量和利率对通货膨胀的反映系数 φ_2 和 ρ_2 是最为重要的模型要素:如表 3-2 所示,将参数 φ_2 降低到 0.01 后,模型的边缘数据密度下降为 -287.13,该值与基准模型相比降低了 152.17,估计结果受到较大影响的参数有 α_3,其后验均值由 0.0421 降低为 0.0051;将参数 ρ_2 减小为 0.01,模型的边缘数据密度损失了 131.46,α_4 的后验均值由 0.0543 减少为 0.0066。这正好印证了中国央行的货币政策目标更主要的是保持物价稳定。其余要素对于基准模型的后验边缘数据密度的贡献相对较小,但也会导致边缘数据密度显著减少,因而在本章的模型中也是十分必要的[①]。

三 模型的适用性分析

我们通过比较估计模型和实际数据的二阶矩,评价上述模型体系可否用来分析中国经济的现实。如果模型模拟的二阶矩与实际经济较为匹配,那么可以认为模型能够在某种程度上描述现实经济。本章主要比较变量之间的标准差、一阶自回归系数、与产出相关系数,它们分别用来度量变量的波动性大小、波动持续性、顺周期性与否及强弱。为此,我们对模型的内生变量 $\hat{Y}$、π、M 和 R 仿真了时间序列为 200 期的 100 个样本,然后计算样本的各二阶矩,结果如表 3-3 所示。

表 3-3　　　　　　　　模型经济与实际经济的二阶矩

变量	模型经济 标准差	模型经济 一阶自回归系数	模型经济 与 $\hat{Y}$ 相关系数	实际经济 标准差	实际经济 一阶自回归系数	实际经济 与 $\hat{Y}$ 相关系数
$\hat{Y}$	0.0143	0.5262	1.0000	0.0116	0.5128	1.0000
π	0.0560	0.5521	0.6411	0.0583	0.5461	0.6304
M	0.0312	0.8469	0.5051	0.0327	0.8269	0.5138
R	0.0413	0.7017	-0.4539	0.0565	0.6953	-0.4268

---

① 如果进一步计算,把参数 φ_1、φ_3、ρ_1、ρ_3 和 ρ_4 分别减小到 0.01 后,模型的边缘数据密度分别显著降低 124.22、106.34、87.39、101.15 和 70.19,φ_2、α_3、α_3、α_4 和 φ_2 的后验均值分别从 0.0950、0.0421、0.0421、0.0543 和 0.0950 下降为 0.0062、0.0082、0.0025、0.0016 和 0.0064。

从总体上看，模型经济预测变量的二阶矩与实际经济比较接近：模型仿真数据的标准差与实际数据相差不大，模型的一阶自回归系数、与产出相关系数的方向和大小与实际经济数据都较为匹配。因此，模型经济预测变量的波动性与实际经济基本一致；模型经济预测变量大多具有较高波动持续性的特征与实际经济相同；模型经济预测的结果与实际经济一样是顺周期的。模型和实际数据的二阶矩的比较情况为本章所构建模型的适用性提供了充分的支持证据，模型对实际数据具有较强的解释力，较好地拟合了中国的经济现实，因此可以用来分析货币政策混合规则在中国的政策效果。

第五节　各货币政策规则的政策效果比较

下面将根据上文所估计的模型进行政策效果对比分析，具体探讨究竟哪种货币政策规则（混合型、数量型或价格型）对中国的宏观经济调控更有效。

一　脉冲响应分析

我们运用脉冲响应方法分别考察经济冲击（如产出缺口冲击、通货膨胀冲击）对产出缺口和通货膨胀的影响，即增加1个百分点的外生冲击，产出缺口和通货膨胀在三种不同的货币政策规则下的脉冲响应情况，如图3-3和图3-4所示[①]。

图3-3（a）给出了产出缺口增加1个百分点的冲击时，在三种货币政策规则下产出缺口的各自反应情况。在正的产出缺口冲击下（即当经济面临上行压力的时候），产出缺口在三种货币政策规则作用下都有不同程度的变动，其中混合型规则下产出缺口的波动相对较小且恢复到均衡状态的速度最快，因此混合规则相对更有效。具体地，在该混合规则下，1%的正向产出缺口冲击直接导致产出缺口立即上升到最高点，即在冲击发生的当期达到最大响应，随后产出缺口迅速下降，直到经过第7期后下降到最低点，然后再逐渐上升，并"惯性"地回复到稳态。

---

① 图3-3和图3-4中的横轴均表示时期数，图3-3（a）和图3-3（b）中的纵轴分别表示产出缺口和通货膨胀对1%的正向产出缺口冲击的脉冲响应情况，图3-4（a）和图3-4（b）中的纵轴分别表示产出缺口和通货膨胀对1%的正向通货膨胀冲击的脉冲响应情况。

(a)产出缺口　　　　　　　　　(b)通货膨胀

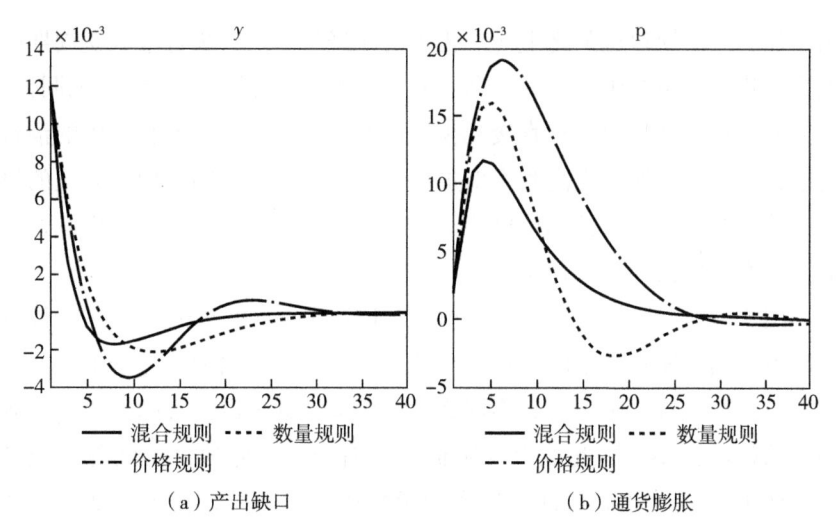

图3-3 三种货币政策规则下产出缺口和通货膨胀对产出缺口冲击的脉冲响应

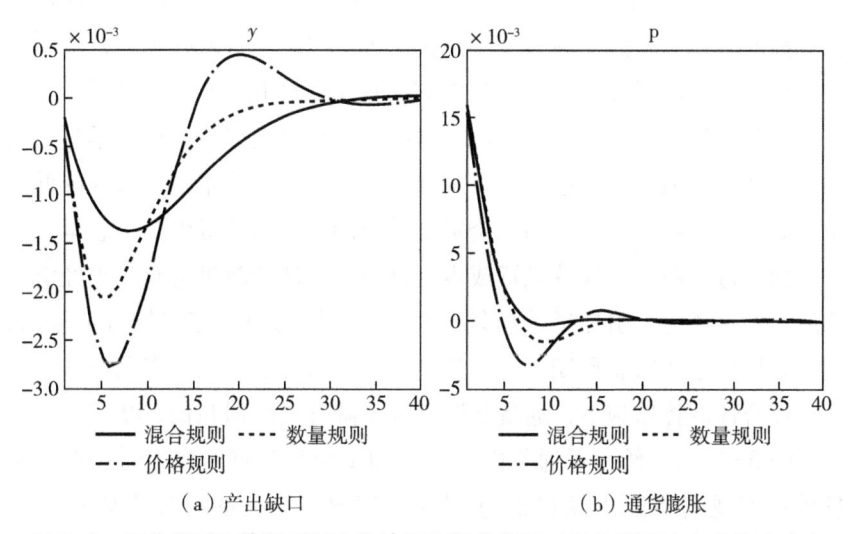

(a)产出缺口　　　　　　　　　(b)通货膨胀

图3-4 三种货币政策规则下产出缺口和通货膨胀对通货膨胀冲击的脉冲响应

从经济学意义上讲，正向产出缺口冲击（如正向消费偏好冲击）会使消费者将更多的收入用于消费而减少实际货币余额需求[①]，从而促进产

---

① 具体地，在家庭的跨期预算约束条件中包括了消费和实际货币余额需求，二者具有相互替代关系。

出增加，产出缺口也随之上升。为了防止经济过热，央行采取逆周期的混合型货币政策规则（即减少货币供应量且调高利率）进行宏观调控，一方面通过降低货币发行直接减少居民的财富拥有量，抑制居民的消费需求；另一方面通过提高利率增加居民的投资成本，间接抑制居民的投资需求。在这种综合性调控措施下，经济过热的局面得到有效控制，进而使得产出较快回归到稳定状态。

图3-3（b）给出了产出缺口增加1个百分点的冲击时，在三种货币政策规则下通货膨胀的各自反应情况。在正的产出缺口冲击下，通货膨胀在三种政策规则下都有不同程度的变动，其中混合规则下通货膨胀的波动相对较小，因此混合规则似乎更有效。具体地，在该混合规则下，1%的正向产出缺口冲击导致通货膨胀立即上升，在第4期左右达到最高点，随后下降逐渐恢复到稳态值。从经济学意义上讲，正向产出缺口冲击（如正向消费偏好冲击）增加了消费需求，从而引致通货膨胀偏离原来稳态上升并逐渐达到高位。为了缓解通货膨胀压力，货币当局采取逆周期的混合型货币政策规则（即紧缩货币供应量并调高利率）进行宏观调控，一方面通过提高存款准备金率直接冻结银行体系过剩流动性，通过缩减银行体系超额存款准备金，锁定部分基础货币并降低货币乘数，进而影响金融机构信贷资金供应能力，调控货币信贷总量；另一方面通过调高利率导致融资成本上升，从而使金融机构和各类经济主体适当衡量风险，引导货币信贷合理增长，同时也能够引导资金流向，调节和稳定通货膨胀预期，为促进货币信贷合理增长创造有利条件。在这种综合性调控措施下，通货膨胀逐渐下降并最终回归稳定状态。

图3-4（a）给出了通货膨胀率增加1个百分点的冲击时，在三种货币政策规则下产出缺口的分别反应情况。在正的通货膨胀冲击下（即当通胀压力上升的时候），产出缺口在三种政策规则下都有不同程度的变动，其中混合规则下产出缺口的波动相对较小，因此混合规则的宏观政策效果显得更有效。具体地，在该混合规则下，产出缺口受到1%的正向通货膨胀冲击后立即下降，在第7期左右达到最低点，然后慢慢上升，一段时期后逐步回到均衡处。从经济学意义上讲，正向通货膨胀冲击（如正向价格加成冲击）会使企业的生产成本增加，从而投资减少并带动产出下降，产出缺口下降。此时若货币当局采取逆周期的

混合货币政策规则（即紧缩货币供应量和调高利率）进行宏观调控，通货膨胀将显著下降，且使得生产成本降低，促进投资增加，从而带动产出最终回归稳定状态。

图3-4（b）给出了通货膨胀率增加1个百分点的冲击时，在三种规则下通货膨胀的分别反应情况。在正的通货膨胀冲击下，通货膨胀在三种政策规则下都有不同程度的变动，类似地，其中混合规则下通货膨胀的波动相对较小，因此混合规则更加有效。具体地，在该混合规则下，1%的正向通货膨胀冲击直接导致通货膨胀立即上升到最高点，即在冲击发生的当期达到最大响应，随后通货膨胀迅速下降，然后再逐渐惯性回复稳态。从经济学意义上讲，正向通货膨胀冲击（如正向价格加成冲击）提高了企业生产成本和社会价格总水平，对通货膨胀有推动作用。为了缓解通货膨胀压力，货币当局采取逆周期的混合货币政策规则（即同时紧缩货币供应量和调高利率）进行宏观调控，通货膨胀将显著下降，并逐步回归稳定状态。

综上所述，通过比较三种货币政策规则下产出缺口冲击和通货膨胀冲击所引起产出缺口和通货膨胀的变化情况可知，实施混合型货币政策在一定程度上能够更好地熨平宏观经济波动。也就是说，在中国经济转型阶段，使用任何一种单一的货币政策规则都不能取得最优的效果，而实施混合型的货币政策规则可能是较好的现实选择。2003年以来，根据国际国内经济金融形势，中国央行注重数量型和价格型工具相协调对宏观经济进行调控，保证了经济在合理区间稳定增长[①]。

二　方差分解分析

由于本章的模型中加入了多种宏观经济冲击，因此分析各种冲击对宏观经济变量的相对影响对于货币政策决策显得尤为重要，而且可以帮助我们进一步分析货币政策混合规则的政策效果。下面将三种货币政策规则下外生冲击（产出冲击、通胀冲击、货币冲击、利率冲击）对主

---

① 针对2003年国民经济运行中出现的贸易顺差过大、投资增长过快等问题，中国人民银行使用公开市场操作和存款准备金率等对冲工具，大力回收银行体系流动性，同时连续9次上调存贷款基准利率，最终使经济增长偏热的势头得到有效控制。为应对2008年国际金融危机加剧对中国经济增长产生的负面影响，中国央行4次下调存款准备金率，以保证银行体系流动性合理充裕，并且先后5次下调存贷款基准利率，为降低企业融资成本创造了有利条件，从而缓解了经济下行压力，促进了经济的快速回升。

要宏观经济变量(产出、通胀)波动的影响进行分解。表3-4展示了各宏观经济变量的方差分解结果,它是基于估计的参数进行模拟得到的,用以解析各种冲击的相对重要性。

表3-4　　　　三种货币政策规则下变量的方差分解结果　　　（单位:%）

	混合规则		数量规则		价格规则	
	产出	通胀	产出	通胀	产出	通胀
产出冲击	74.67	41.25	77.26	45.14	78.43	46.68
通胀冲击	10.36	35.40	12.22	37.80	13.45	38.47
货币冲击	9.35	18.70	6.84	14.64	4.47	12.34
利率冲击	5.62	4.65	3.68	2.42	3.65	2.51

总的来看,无论采用货币政策混合规则,还是采用单一的数量规则或价格规则,产出缺口冲击、通货膨胀冲击、货币供应量冲击和利率冲击都是中国宏观经济波动的重要来源。其中,产出缺口冲击是产出波动的最主要原因,它对产出波动的解释力达到了70%以上,而通货膨胀冲击、货币供应量冲击和利率冲击一共仅解释了不足30%的产出波动;导致通货膨胀的最主要原因包括产出缺口冲击和通货膨胀冲击,它们对通货膨胀的解释力之和达到了70%以上,而货币供应量冲击和利率冲击一共仅解释了不足30%的通货膨胀。

在货币政策混合规则下,产出缺口冲击是经济波动的最主要因素,它对产出波动的解释力甚至达到了74.67%;通货膨胀冲击对经济波动的解释力仅次于产出缺口冲击,特别是体现在其对通货膨胀的解释力上,它解释了超过30%的通货膨胀;货币供应量冲击对经济波动的解释相对较小,它对产出波动和通货膨胀的解释分别为9.35%、18.70%;利率冲击对经济波动的解释力最低,它仅解释了产出波动的5.62%和通货膨胀的4.65%。与产出缺口冲击和通货膨胀冲击相比,货币供应量冲击和利率冲击的解释力虽然较小,但它们仍然是经济波动不可忽视的因素,且二者在混合规则下所引起的宏观经济变量的相对变化比单一规则下大。与单一的数量规则或价格规则相比,混合规则下产出缺口冲击和通货膨胀冲击对主要宏观经济变量波动的相对解释力均有所降低,这说明混合规则对熨平宏观经济波动的效果更大。

三 福利损失分析

进一步地，我们在最优货币政策理论框架下[①]，分析不同货币政策规则对社会福利损失函数的影响，即采用福利分析方法研究货币政策混合规则是否在当前中国更为合适。具体地，根据上文的模型估计结果，计算得到中国货币政策的福利损失大小，据此比较混合型、数量型和价格型货币政策的有效性。Woodford（2003）证明了中央银行损失函数的多期表达式与社会福利目标函数的一致性，即在二阶近似的范围内损失函数最小化也是社会福利目标函数最大化。货币当局制定货币政策时必须具有前瞻性，考虑当期货币政策对目标变量未来的影响。本章借鉴Woodford（1999）及刘斌（2004）关于货币政策损失函数的表达形式：$L=E_t\sum_{i=0}^{\infty}\beta^i(\pi_{t+i}^2+\mu\hat{Y}_{t+i}^2)$。假定中央银行与家庭有相同的时间偏好$\beta$。$\mu$[②]代表中央银行对于产出缺口和通货膨胀的关注程度：μ值越大，中央银行在面对稳定产出与通胀的政策权衡时，更多地倾向于减小产出的波动；反之，则更多地倾向于减小通胀的波动。μ分为（0，1）、1、（1，∞）三个区间，在此μ分别取0.5、1、2，并根据福利损失函数计算在不同货币政策规则下外生冲击（产出冲击、通胀冲击、货币冲击、利率冲击）导致的社会福利损失情况，结果如表3-5所示[③]。

表3-5　三种货币政策规则下福利损失函数的结果比较

	混合规则			数量规则			价格规则		
	$\mu=0.5$	$\mu=1$	$\mu=2$	$\mu=0.5$	$\mu=1$	$\mu=2$	$\mu=0.5$	$\mu=1$	$\mu=2$
产出冲击	0.1415	0.1475	0.1597	0.1824	0.1887	0.2013	0.2065	0.2125	0.2243
通胀冲击	0.0559	0.0582	0.0630	0.0745	0.0771	0.0822	0.0857	0.0882	0.0931
货币冲击	0.0277	0.0285	0.0301	0.0320	0.0331	0.0353	0.0342	0.0357	0.0386

---

① 最优的货币政策规则是能够使外生冲击导致的福利损失最小化的货币政策规则。

② 在货币政策分析中，通常假定目标权重λ是外生的，由中央银行的主观偏好所决定，不同文献对该权重的取值明显不同。

③ 需要注意的是，有关福利损失函数的度量在国际上尚无定论，因此本章计算的福利损失可能与其他度量方法的研究不同。

续表

	混合规则			数量规则			价格规则		
	$\mu=0.5$	$\mu=1$	$\mu=2$	$\mu=0.5$	$\mu=1$	$\mu=2$	$\mu=0.5$	$\mu=1$	$\mu=2$
利率冲击	0.0091	0.0094	0.0100	0.0102	0.0105	0.0110	0.0125	0.0131	0.0141
加总	0.2342	0.2436	0.2628	0.2991	0.3094	0.3298	0.3389	0.3495	0.3701

在三种货币政策规则下，随着中央银行给予产出的权重 μ 从 2 和 1 减小到 0.5，即逐渐倾向于控制通胀，各种外生冲击都会导致社会福利损失随之下降，这再一次印证了中国央行在"稳增长"和"防通胀"两个目标之间进行权衡时更倾向于后者[①]，因此我们着重讨论 μ 为 0.5 时的福利损失情况。当采取混合规则、数量规则、价格规则时，产出缺口冲击导致的福利损失分别为 0.1415、0.1824、0.2065，这表明单一的数量规则或价格规则下产出缺口冲击导致的福利损失相应较大，而且数量规则下的福利损失要小于价格规则；混合规则相对具有更高的效率，在稳定产出和控制通胀的政策权衡上比单一规则具有更大的优势，能够有效减少福利损失，从而为宏观经济调控提供更理想的参考依据。与此类似，实施混合规则可以使通货膨胀冲击、货币供应量冲击和利率冲击带来的福利损失相对较小，而数量规则或价格规则下三种冲击造成的福利损失较大。同时，与货币政策冲击相比，产出缺口冲击和通货膨胀冲击导致的福利损失相对偏高。另外，当全部四种外生冲击同时发生时，与数量规则和价格规则相比，采用混合规则会使外生冲击导致的福利损失之和从 0.2991 和 0.3389 下降到 0.2342，因此在经济转型阶段，采用数量和价格相混合的货币政策规则对改善社会福利的效果更明显。

第六节　小结

总之，本章主要在如下几方面尝试将中国货币政策转型的研究向前推进：首先，我们充分考虑中国的实际情况，立足于具有严格经济理论

[①]《中华人民共和国中国人民银行法》规定，"货币政策目标是保持货币币值的稳定，并以此促进经济增长"，这说明确了货币政策对经济发展的贡献主要在于创造一个良好的货币环境。中国人民银行负责人在博鳌亚洲论坛 2014 年年会上表示，"低通胀目标在中国央行多目标中是最重要的"。

基础的新凯恩斯框架，构建转型时期的数量和价格相结合的混合型货币政策规则模型，并注重预期的作用；其次，用贝叶斯方法估计结构模型，并根据中国的现实情况进行政策效果对比分析，即在同样的经济冲击下，将混合型规则与单一的货币数量或价格规则的脉冲响应、方差分解和福利损失结果进行比较。实证分析表明：在经济转型阶段，中国央行实施货币政策混合规则要优于数量规则或价格规则，混合规则能够更好地熨平宏观经济波动，并且对改善社会福利的效果更明显，这是转型中国的较好现实选择。

第四章

利率预期管理与货币政策传导

第一节 引言

随着经济社会的发展,经济主体面临的不确定性和决策风险在不断增加,预期冲击已经成为影响经济波动的重要因素。经济学家们也很早就认识到了预期的变化是导致经济周期波动的原因之一。Pigou(1927)指出,当公众对未来有着乐观预期的时候,他们将开始积累资本以应对未来总需求的增加,从而经济将经历一段繁荣阶段;如果公众的预期未实现,他们将减少投资,从而经济将经历一段衰退阶段。中国的经济政策制定者已经越来越重视对预期的管理,因为预期的变化会对个体行为以及政策效果产生实际影响。为了避免因预期的变化产生非理性的行为,政策制定者通过预期管理平滑宏观经济的波动,从而使经济运行环境尽可能的稳定。公众对中央银行的货币政策冲击也会有所预期,一旦公众预期到了未来的货币政策冲击,就会对自己的消费、投资和储蓄等经济行为进行相应的调整,而公众经济行为的调整会导致物价和产出的波动;即使公众预期的货币政策冲击并未实现,公众经济行为的调整也会引起宏观经济波动。中央银行提前公布货币政策走向的一个意图,正是旨在引导公众形成合理预期。那么在中国,货币政策预期冲击是否会对物价和产出的波动产生影响?其影响效果如何?厘清这些问题将对中国货币政策的有效制定和实施以及推动货币政策的透明化进程具有重要的参考价值。

第二节　文献回顾

国内外学者已经进行了大量的关于未预期到的货币政策冲击对宏观经济波动的影响的研究。Belviso 和 Milani（2006）建立了一个多因素 VAR 模型分析未预期到的货币政策冲击对产出和通胀的影响，研究认为，货币政策冲击对产出和通胀产生了显著的影响。Ireland（2011）基于一个新凯恩斯 DSGE 模型对美国最近两次经济衰退期间的经济波动进行分析，结果表明，未预期到的货币政策冲击对经济波动产生了较为明显的影响。郭立甫等（2013）基于新凯恩斯动态随机一般均衡模型，通过贝叶斯方法进行估计，识别和分析了未预期到的利率冲击对产出波动和通货膨胀的影响，结果表明，未预期到的利率冲击对产出波动和通货膨胀均产生负向影响，而且影响较大。张恒和王彬（2014）利用一个施加长期约束的 SVAR 框架，考察了未预期到的货币政策冲击对中国的产出波动和通货膨胀影响的经验事实，结果显示，未预期到的货币政策冲击偏重于影响通货膨胀。隋建利和刘碧莹（2020）发现，未预期紧缩性货币政策冲击的传导机制中存在信息效应路径，能够向私人部门传递经济向好发展的信念，有利于产出增长的预期。

相比较来说，关于预期到的货币政策冲击对宏观经济波动的影响的研究目前还并不多见。Rotemberg（1982）基于黏性价格模型分析了预期到的货币政策冲击的宏观影响，结论表明，预期到的货币政策冲击能够对宏观经济波动产生影响。Cochrane（1998）基于两个 VAR 模型分别对预期到的和未预期到的货币政策冲击的产出波动影响进行研究，通过对比发现，二者均对产出波动产生影响，其中预期到的货币政策冲击影响略微偏小。Hoover 和 Jordá（2001）构建了一个通过施加一些经济约束的结构 VAR 模型，分析了预期到的货币政策冲击对宏观经济的影响，研究认为，预期到的货币政策冲击对宏观经济波动产生了明显的影响。周佰成和尹韦琪（2023）认为，预期货币政策的宏观经济调控效果优于未预期货币政策，预期管理具有弱化货币政策不确定性对宏观经济的负向冲击效果，发挥"逆向"调控功效，货币政策预调微调功效明显。庄子罐等（2018）发现，与未预期货币政策冲击相比，包含预期货币政策冲击的模型表现效果更佳，且预期货币政策冲击对大多数宏观经济变量的影响更大。

上述关于货币政策冲击对宏观经济影响的研究已经进行了很好的讨论，但仍存在一些不足之处：首先，国内目前已有相关文献还大多局限在经验分析层面，很少上升到理论层面；其次，既有研究多是基于VAR、SVAR以及简约化的结构模型框架展开，由于此类模型设计的缺陷，使得预期到的和未预期到的冲击不能够融入统一的框架下做比较分析，并且这类模型框架还缺乏微观基础而不能充分进行影响机理的分析；再次，虽然近年来国内有一些文献采用基于具有微观基础的DSGE模型分析经济波动过程中涉及了货币政策冲击，但是这些研究中很少有考虑预期到的货币政策冲击对宏观经济可能存在影响的。其中，王晓芳和毛彦军（2012）基于DSGE模型研究预期到的货币政策冲击对宏观经济的影响只考虑了货币供给冲击，而没有分析利率预期冲击对宏观经济波动的影响。

鉴于此，本章拟将货币政策预期冲击与中国宏观经济波动结合起来研究，在对Ireland（2011）所给模型进行必要改进和拓展的基础上，构建一个包含利率预期冲击的新凯恩斯DSGE模型，以识别和分析利率预期冲击对中国宏观经济波动的影响，从数量上说明利率预期冲击是否是导致中国通货膨胀和产出波动的重要因素。本章后续研究按照如下思路展开：第三节，建立包含利率预期冲击的新凯恩斯DSGE模型；第四节，模型参数校准和贝叶斯估计；第五节，通过脉冲响应揭示冲击反应的动态效应；第六节，主要结论。

第三节 基本模型

一 家庭部门

假设经济中存在可以活无限期的同质家庭组成的连续统，每个家庭试图最大化其一生期望效用：

$$U(\cdot) = E_0 \sum_{t=0}^{\infty} \beta^t U_{h,t}$$

其中，$h \in (0, 1)$表示不同的家庭，β为贴现因子。

不同的家庭提供差异化的劳动，在劳动供给上是多样的，而在消费和实际货币余额上是同质的，家庭的瞬时效用函数为：

$$U_{h,t}=(C_t-bC_{t-1})^{1-\sigma_c}/(1-\sigma_c)+(M_t/P_t)^{1-\sigma_m}/(1-\sigma_m)-(L_{h,t})^{1+\sigma_l}/(1+\sigma_l)$$

其中，C_t 为家庭的即时消费，M_t 为家庭持有的货币量，$L_{h,t}$ 为家庭的劳动供给，P_t 为价格水平，b 为消费习惯的程度，σ_c 为消费的跨期替代弹性的倒数，σ_m 为货币需求弹性的倒数，σ_l 为劳动供给弹性的倒数。

家庭面临的流动性跨期预算约束为：

$$C_t+I_t+M_t/P_t+B_t/(R_tP_t)=M_{t-1}/P_t+B_{t-1}/P_t+y_{h,t}$$

其中，I_t 为家庭的投资，B_t 为家庭持有债券的数量，R_t 为名义利率，$y_{h,t}=(w_{h,t}L_{h,t}+A_t)+r_tK_t+D_t+T_t$ 为家庭的总收入，$w_{h,t}L_{h,t}+A_t$ 为家庭从劳动市场获得的劳动收入加上工资保险，$w_{h,t}$ 为实际工资，r_tK_t 为家庭出租资本的回报，r_t 为资本租金率，D_t 为家庭获得的红利收入，T_t 为家庭获得的转移支付。

在预算约束下，家庭选择消费、债券最大化其效用，得到如下一阶最优性条件，即消费欧拉方程：

$$\beta E_t\{R_t(C_{t+1}-bC_t)^{-\sigma_c}/(\pi_{t+1}(C_t-bC_{t-1})^{-\sigma_c})\}=1 \quad (4.1)$$

家庭拥有经济中的初始资本存量，每期把资本租给企业以获得租金，并且通过投资来扩大自己的资本存量，因此家庭的资本积累方程为：

$$K_t=(1-\delta)K_{t-1}+I_t \quad (4.2)$$

在上述资本积累过程和预算约束下，家庭选择投资和资本存量最大化其效用，得到一阶最优性条件：

$$\beta E_t\{(C_{t+1}-bC_t)^{-\sigma_c}(C_t-bC_{t-1})^{\sigma_c}(r_{t+1}+1-\delta)\}=1 \quad (4.3)$$

假设家庭采用 Calvo（1983）型的工资设定方式，每一期有比例为 $1-\xi_w$ 的家庭被随机地被选中可以最优地设定其工资水平 $W_{h,t}^*$；剩下的家庭则按照如下经验法则设定其工资：

$$W_{h,t}=(\pi_{t-1})^{\gamma_w}W_{h,t-1}$$

其中，$\pi_{t-1}=P_{t-1}/P_{t-2}$，$\gamma_w$ 为工资指数化程度，表示上一期通货膨胀对本期不调整工资的影响程度，通常 $0\leq\gamma_w\leq1$，本章假设 $\gamma_w=1$，即无法最优设定工资的家庭选择完全指数化过去的通货膨胀。

家庭向完全竞争的劳动加总企业提供差异化的劳动，劳动加总企业把这些差异化的劳动组合成一种单一的有效劳动后再提供给中间品生产企业。劳动加总企业采用不变替代弹性（CES）加总技术：

$$L_t = \left[\int_0^1 (L_{h,t})^{1/(1+\lambda_w)} dh\right]^{1+\lambda_w}$$

其中，$(1+\lambda_w)/\lambda_w$ 为不同劳动之间的替代弹性。劳动加总企业的目标是选择劳动投入 $L_{h,t}$ 最大化其利润。

通过劳动加总企业的利润最大化问题的一阶条件，得到家庭面临的劳动需求函数为：

$$L_{h,t} = (W_{h,t}/W_t)^{-(1+\lambda_w)/\lambda_w} L_t$$

其中，L_t 为总劳动需求，W_t 为总名义工资。

在预算约束和劳动需求条件下，可以设定工资的家庭选择最优工资水平 $W_{h,t}^*$ 以最大化其期望效用。通过求解最优工资选择问题的一阶条件，得到家庭的最优名义工资为：

$$(W_{h,t}^*/P_t) E_t \sum_{i=0}^{\infty} (\beta\xi_w)^i \left(\frac{P_t/P_{t-1}}{P_{t+i}/P_{t+i-1}}\right) U_{t+i}^c L_{h,t+i} = E_t \sum_{i=0}^{\infty} (\beta\xi_w)^i (1+\lambda_w) U_{t+i}^L L_{h,t+i} \quad (4.4)$$

其中，U_{t+i}^L 为劳动的边际负效用，U_{t+i}^c 为消费的边际效用，λ_w 为工资加成。式（4.4）表明，可以设定工资的家庭选择的最优工资使得劳动的边际回报的现值等于劳动的边际成本的现值的加成。

二 企业部门

最终产品市场是完全竞争的，最终产品生产企业用差异化的中间产品生产最终产品，其生产技术为：

$$Y_t = \left[\int_0^1 (Y_{j,t})^{1/(1+\lambda_p)} dj\right]^{1+\lambda_p}$$

其中，$j \in (0,1)$ 表示不同的中间产品生产企业，$(1+\lambda_p)/\lambda_p$ 为不同中间产品之间的替代弹性。

最终产品生产企业的目标是选择中间产品 $Y_{j,t}$ 最大化其利润。通过求解最终产品生产企业的利润最大化问题的一阶条件，得到中间产品生产企业面临的中间产品需求函数为：

$$Y_{j,t} = (P_{j,t}/P_t)^{-(1+\lambda_p)/\lambda_p} Y_t$$

其中，Y_t 为最终产品产出，P_t 为最终产品价格。

最终产品市场均衡意味着产出等于家庭的消费和投资：

$$Y_t = C_t + I_t \tag{4.5}$$

假设中间产品生产企业的生产技术为：

$$Y_{j,t} = Z_t K_{j,t}^{\alpha} L_{j,t}^{1-\alpha} \tag{4.6}$$

其中，Z_t 为生产率冲击，服从过程：

$$\ln Z_t = \rho_z \ln Z_{t-1} + \eta_{z,t} \tag{4.7}$$

其中，ρ_z 为冲击的自回归系数，$\eta_{z,t} \sim iid\ N(0, \sigma_i^2)$。

每个中间产品生产企业 j 雇佣劳动人员 $L_{j,t}$ 并租借资本 $K_{j,t}^{\alpha}$，总成本函数为：

$$TC_{j,t} = r_t K_{j,t-1} + w_t L_{j,t}$$

中间产品生产企业的成本最小化问题的一阶条件为：

$$w_t L_{j,t} / (r_t K_{j,t-1}) = (1-\alpha)/\alpha \tag{4.8}$$

中间产品生产企业的实际边际成本可以表示为：

$$mc_t = (r_t/\alpha)^{\alpha} (w/(1-\alpha))^{1-\alpha} / Z_t$$

中间产品市场是垄断竞争的，中间产品生产企业生产差异化的商品。假设中间产品生产企业采用 Calvo（1983）型的价格设定方式，每一期有比例为 $1-\xi_p$ 的中间产品生产商被随机地被选中可以最优地设定其价格水平 $P_{j,t}^*$；剩下的不能最优定价的企业则按照如下经验法则设定其价格：

$$P_{j,t} = (\pi_{t-1})^{\gamma_p} P_{j,t-1}$$

其中，γ_p 为价格指数化程度，表示上一期通货膨胀对本期不调整中间产品价格的影响程度，通常 $0 \leq \gamma_p \leq 1$，本章假设 $\gamma_p = 1$，即无法最优定价的企业选择完全指数化过去的通货膨胀。

在给定中间产品需求的条件下，可以最优定价的中间产品生产企业选择最优价格水平 $P_{j,t}^*$ 最大化其期望利润。中间产品生产企业的最优价格选择问题可以表示为：

$$\max_{P_{j,t}^*} E_t \sum_{i=0}^{\infty} (\beta \xi_p)^i \Lambda_{t+i} (P_{j,t+i} Y_{j,t+i} - P_{t+i} mc_{t+i} Y_{j,t+i})$$

$$s.t.\ Y_{j,t+i} = (P_{j,t+i}/P_{t+i})^{-(1+\lambda_p)/\lambda_p} Y_{t+i}$$

其中，$\Lambda_{t+i} = (\lambda_{t+i}/\lambda_t) P_{t+i}$ 为随机折现因子，表示名义收入的边际价值，$\lambda_t = (C_t - bC_{t-1})^{-\sigma_c}$ 为消费的边际效用。

通过求解最优价格选择问题的一阶条件，得到中间产品生产企业的最优价格为：

$$(P_{j,t}^*/P_t)E_t \sum_{i=0}^{\infty} (\beta\xi_p)^i \lambda_{t+i} \left(\frac{P_t/P_{t-1}}{P_{t+i}/P_{t+i-1}}\right) Y_{j,t+i} = E_t \sum_{i=0}^{\infty} (\beta\xi_p)^i \lambda_{t+i} (1+\lambda_p) mc_{t+i} Y_{j,t+i} \quad (4.9)$$

其中，λ_p 为价格加成。式（4.9）表明，可以最优定价的企业选择的最优价格等于加权边际成本的加成。

三 中央银行

在理性预期假设下，经济中基本要素的信息 μ_t 可以表示为：

$$\mu_t = \eta_t^0 + \eta_{t-1}^1 + \cdots + \eta_{t-n}^n$$

其中，η_t^0 为经济中基本要素信息的不可预期部分，也被称为非预期冲击；$\eta_{t-i}^i (i=1, \cdots, n)$ 为经济中基本要素信息的可预期部分，也被称为预期冲击。Christiano 等（2007）等均采用这种方法将预期冲击引入模型，本章采用同样的方式将预期冲击引入模型。与标准的 DSGE 模型相比，引入预期冲击的 DSGE 模型的经济主体的信息集变大了。在本章模型的假设下，经济主体的信息集不仅包含变量 μ_t 的当前和过去时期的实现值，而且经济主体可以观察到非预期冲击和预期冲击的当前和过去时期的实现值。

中国货币当局综合运用数量型和价格型的货币政策工具，因此数量型工具和价格型工具都可以用来表征中国的货币政策。由于利率等价格型调控手段可以直接作用到任何一种融资工具上，而且价格型货币政策工具间接调整宏观经济变量，注重影响微观主体的预期来调整经济行为，因此价格型调控的重要性越发凸显。本章在模型设置中采用泰勒规则（Taylor, 1993）来刻画中国人民银行的货币政策操作规则。引入预期冲击的泰勒规则为：

$$\begin{cases} \hat{R}_t = \lambda_1 \hat{R}_{t-1} + (1-\lambda_1)[\lambda_2(E_t\hat{\pi}_{t+1} - \hat{\pi}_t) + \lambda_3\hat{\pi}_t + \lambda_4\hat{Y}_t] + \varepsilon_{R,t} \\ \varepsilon_{R,t} = \rho_R \varepsilon_{R,t-1} + \eta_{R,t}^0 + \sum_{i=1}^{n} \eta_{R,t-i}^i \end{cases}$$

(4.10)

上述泰勒规则表示利率对通货膨胀、通胀预期变化和产出缺口的反应。其中，R_t 为名义利率，实践中一般用短期利率来衡量，例如同业拆借利率和短期存贷款利率等；λ_1 为利率平滑系数，平滑系数越高表示政策更具连续性；$E_t\hat{\pi}_{t+1}$ 为通胀预期[①]，是一种显性通胀压力的表现，表示货币当局对通货膨胀的前瞻性考量；$\hat{Y}$ 为产出缺口；$\varepsilon_{R,t}$ 为利率冲击，服从一阶自回归过程。$\eta_{R,t}^0$ 是关于 $\varepsilon_{R,t}$ 的非预期冲击；$\eta_{R,t-i}^i$ ($i=1$，…，n) 是关于 $\varepsilon_{R,t}$ 的预期冲击，表示在 t 期来看 i 期以后 $\varepsilon_{R,t}$ 的变化量中可预期的部分，i 表示该预期冲击在 i 期以后才会实现。假设冲击 $\eta_{R,t-i}^i$ ($i=0$，1，…，n) 的期望为 0 标准差为 σ_R^i，并且在时间上和各种预期期限之间是相互独立的。

第四节 参数校准与贝叶斯估计

一 参数校准

本章采用在稳态附近对数线性化的方法将均衡性条件转化为线性方程，并使用 Dynare 工具箱，在 Matlab 环境中进行参数估计。受观测数据可得性的限制，本章新凯恩斯 DSGE 模型中的参数不能完全通过估计得到，因此需要对一些参数进行校准。目前已有研究一般通过三种渠道校准参数值：一是结合实际经济数据并借助广义矩、极大似然和贝叶斯等计量方法估计；二是对实际经济数据进行简单运算得到；三是参考已有文献中的相关参数设定。本章参数校准值的设置参考了 Christiano 等（2001）、Smets 和 Wouters（2003）、陈昆亭和龚六堂（2006）、Zhang（2009）等国内外学者的相关研究结果。表 4-1 给出了对资本份额 α、时间贴现率 β、折旧率 δ、相对风险回避系数 σ_c、劳动供给弹性倒数 σ_l、货币需求弹性倒数 σ_m、消费习惯参数 b、价格加成 λ_p、工资加成 λ_w 等相关结构参数的校准。

表 4-1　　　　　　　　　参数校准

参数	α	β	δ	σ_c	σ_l	σ_m	b	λ_p	λ_w
校准值	0.40	0.99	0.03	1.20	2.50	3.13	0.70	0.20	0.05

[①] 对任意变量 X_t，定义：$\hat{X}_t = \ln X_t - \ln \overline{X}$，这里 $\hat{X}_t$ 表示变量 X_t 对其稳态值的百分比偏离。

二 参数估计

(一) 数据处理

本章选取的数据为季度数据,样本区间为1996年第一季度至2014年第四季度,共76个数据样本,原始数据来源于国家统计局网站、中国人民银行网站、Wind咨询。由于本章模型中有3种外生冲击,因此在参数估计中使用3个时间序列数据。模型估计中使用的观测样本包括产出、通货膨胀率和利率数据。其中,产出由国内生产总值(GDP)表示,通货膨胀率由消费者价格指数(CPI)计算,利率由银行间7天同业拆借利率的加权值表示。名义GDP变量通过除以定基CPI得到相应的实际值。所有变量均经过X-12季节性调整和H-P滤波去除趋势处理。

(二) 先验分布函数设定

在利用贝叶斯方法估计参数前,必须给出待估参数的先验分布。我们根据参数的理论含义和取值范围以及国内外相关研究的结论来综合设定待估参数的先验分布。具体地,对于取值始终大于0的参数,将其先验分布设定为正态分布(Normal distribution);对于取值范围在区间(0,1)中的参数,将其先验分布设定为贝塔分布(Beta distribution);对于外生冲击的标准差,将其先验分布设定为逆伽马分布(Inverted Gamma distribution)。除了对待估参数的先验分布做出适当设定之外,本章引入了利率预期冲击。由于无法预知把各类利率预期冲击引入到描述中国经济的DSGE模型后其重要性如何,因此在选择先验分布时,参考了国外学者Fujiwara等(2008)和Khan和Tsoukalas(2009)的做法,选择比较平滑和分散的先验分布,并假设各类利率预期冲击的标准差服从同样的分布且有相同的均值和标准差。表4-2给出了估计参数价格黏性ξ_p、工资黏性ξ_w、利率平滑系数λ_1、通胀预期系数λ_2、通货膨胀系数λ_3、产出缺口系数λ_4、生产率冲击自回归系数ρ_z、利率冲击自回归系数ρ_R、生产率冲击标准差σ_z、利率非预期冲击标准差σ_R^0、利率非预期冲击标准差σ_R^1和σ_R^2的先验分布。

表4-2   参数的先验分布及贝叶斯估计

参数	先验分布类型	先验均值	先验标准差	后验均值	95%置信区间
ξ_p	Beta	0.800	0.1000	0.7975	0.6404—0.9402

续表

参数	先验分布类型	先验均值	先验标准差	后验均值	95%置信区间
ξ_w	Beta	0.600	0.1000	0.6056	0.4495—0.7546
λ_1	Beta	0.750	0.1000	0.6825	0.5721—0.7656
λ_2	Normal	2.600	0.1000	2.5601	2.3945—2.7486
λ_3	Normal	3.000	0.1000	3.0113	2.8654—3.1371
λ_4	Normal	0.600	0.1000	0.6800	0.5562—0.8511
ρ_z	Beta	0.800	0.1000	0.8315	0.7602—0.9079
ρ_R	Beta	0.500	0.1000	0.1013	0.0645—0.1437
σ_z	Inv. Gamma	4.000	Inf.	1.0934	0.8753—1.3244
σ_R^0	Inv. Gamma	3.000	Inf.	1.1179	0.6510—1.6144
σ_R^1	Inv. Gamma	1.500	Inf.	0.8150	0.3784—1.2738
σ_R^2	Inv. Gamma	1.500	Inf.	0.7495	0.3626—1.1416

(三) 估计结果

由于本章首次将利率预期冲击引入描述中国经济的 DSGE 模型，并不清楚哪类利率预期冲击会影响中国经济以及影响程度的大小，因此需要对进入模型的关于获得未来利率信息的提前期 n 做一个选择。本章基于边际数据密度比较包含不同提前期利率预期冲击信息模型的优劣，以便寻求适合中国经济现实的模型。当把利率预期冲击引入到基准模型后，新模型对应的边际数据密度明显增加，即新模型对经济的拟合程度提高，因此引入利率预期冲击的模型可以更好的刻画现实经济。我们还发现，每一类利率预期冲击独自影响经济，但是它们的持续时间各不相同；每一类利率预期冲击对经济的影响程度不一，但是差别不大。当模型仅包含提前 2 期利率预期冲击时，模型的边际数据密度最大达到 30.043361，表明此时的模型拟合现实数据的效果最好，此模型即可作为本章利率预期冲击对宏观经济影响的分析框架。表 3-2 给出了模型参数的贝叶斯估计结果。从表 3-2 可以看出，所估参数均在合理范围内，大部分均显著不为零。价格黏性程度高于工资黏性程度，价格黏性程度 ξ_p 在 0.8 左右，工资黏性程度 ξ_w 在 0.6 左右，意味着价格合约的平均持续期为两年左右，而工资合约的平均持续期为一年左右。另外，技术冲击的持续性较高，体现在 ρ_z 的估计值超过 0.8；利率平滑系数 λ_1 较高，说明货币政策强调持续性；通货膨胀系数 λ_3 和通胀预期系数 λ_2 均远大于产出缺口系数 λ_4，表明货币当局在短期内更倾向于控制通货膨胀。

第五节 动态效应分析

下面通过脉冲响应图来揭示泰勒规则下冲击反应的动态效应，并为分析中国货币政策操作提供理论依据。图 4-1 至图 4-4 描述了模型中产出和通胀对生产率冲击、利率非预期冲击以及利率预期冲击等三种外生冲击的动态反应路径。

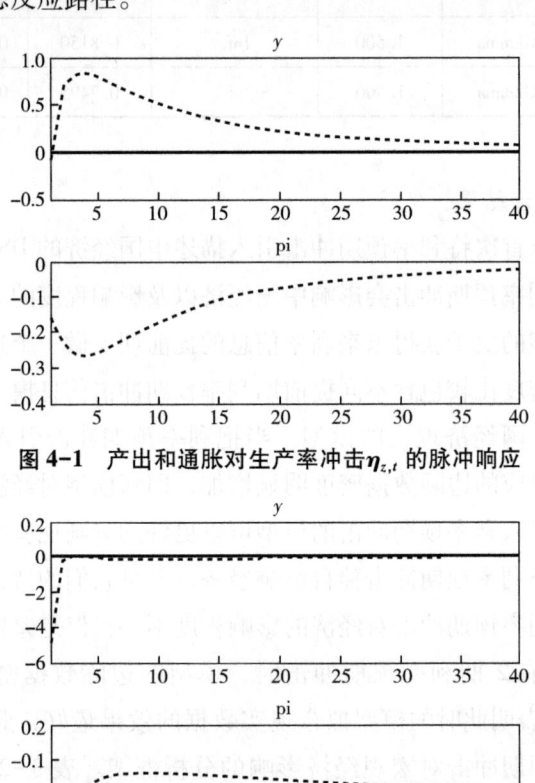

图 4-1 产出和通胀对生产率冲击 $\eta_{z,t}$ 的脉冲响应

图 4-2 产出和通胀对利率非预期冲击 $\eta_{R,t}^0$ 的脉冲响应

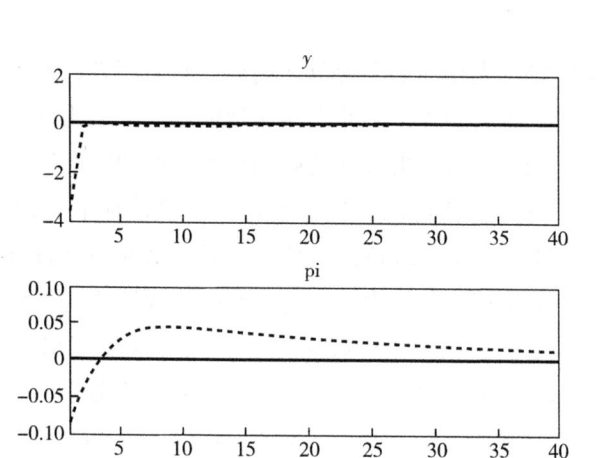

图 4-3 产出和通胀对利率预期冲击 $\eta^1_{R,t-1}$ 的脉冲响应

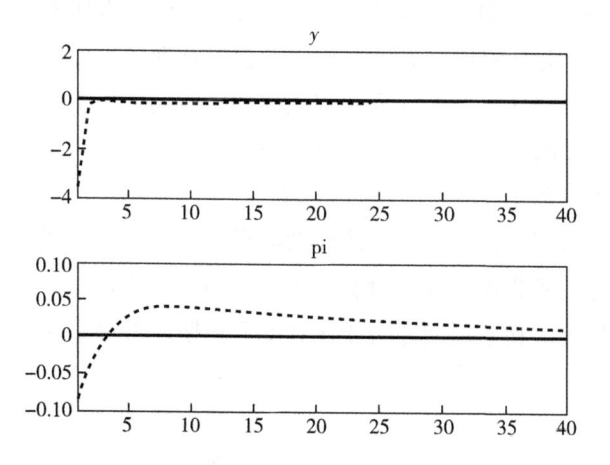

图 4-4 产出和通胀对利率预期冲击 $\eta^2_{R,t-2}$ 的脉冲响应

由图 4-1 可以看出,给定一个单位标准差的正向生产率冲击,经济中的产出从第 0 期开始呈现出驼峰式上升。公众预期未来财富会增加,于是导致了消费的上升,因为在模型中引入了内在的消费习惯因素,所以消费在上升过程中会呈现驼峰形状,由于消费上升了,因此产出驼峰式上升。此外,虽然生产率的增加导致正的财富效应,但它更倾向于抑制就业而鼓励公众更多地休闲,因此就业减少导致产出减少而最终趋于稳态水平。与此不同的是,给定一个单位标准差的正向生产率

冲击，通货膨胀首先在即期出现负向偏离，然后回升，不久回归到稳态值，总体来看，正向的生产率冲击对通货膨胀产生了明显的负向影响。

利率非预期冲击对产出波动的影响与生产率冲击产生的影响形成了鲜明的对比，由图4-2可以看出，给定一个单位标准差的正向利率非预期冲击，产出波动即出现负向偏离，然后逐渐回归稳态值。产出波动呈现如此特征的机理可归纳为：正向的利率非预期冲击导致利率升高且企业投资成本增加，从而企业投资减少，最终促使产出减少。图4-3和图4-4表示，家庭在第0期获得如下信息：利率分别在第1期和第2期以后上升一个单位的标准差，一经发布这种关于未来利率增加的信息，利率预期冲击就使产出出现了与利率非预期冲击影响下类似的波动特征，只是利率预期冲击对产出波动产生的影响略微偏小。利率预期冲击对产出波动的影响机理与利率非预期冲击类似，有所不同的是，利率预期冲击主要是通过改变企业对未来的投资预期产生作用。给定一个单位标准差的利率非预期冲击和利率预期冲击对通货膨胀产生了与产出波动一致的动态路径，其影响机制也类似。

通过比较图4-1至图4-4可以发现，生产率冲击、利率非预期冲击以及利率预期冲击对宏观经济波动的影响存在显著差别：首先，利率预期冲击与利率非预期冲击对宏观经济波动的影响总体大于生产率冲击的影响。其次，利率预期冲击相比利率非预期冲击对宏观经济波动的影响偏小。

第六节 小结

本章构建一个包含利率预期冲击的新凯恩斯DSGE模型，采用贝叶斯方法对模型进行了估计，并以此为分析框架，借助脉冲响应识别利率预期冲击对中国宏观经济波动的影响，从数量上说明利率预期冲击是否是导致中国通货膨胀和产出波动的重要因素。结果显示：利率预期冲击与利率非预期冲击对宏观经济波动产生了同向影响，二者对宏观经济波动的影响总体大于生产率冲击的影响，且利率预期冲击相比利率非预期冲击对宏观经济波动的影响偏小。

第五章
货币政策与宏观审慎政策协调搭配

第一节 引言

近年来，中国经济下行压力持续存在，同时经济杠杆率高位攀升。稳增长和去杠杆是近年来中国宏观经济政策的主基调。自 2010 年以来，中国经济增长一直处于下行趋势，经济结构性问题凸显。中国政府采取一系列经济刺激政策促进经济增长，导致信贷规模大增使非金融部门的杠杆率高企，同时宽松货币政策使利率保持在较低水平导致金融部门通过加杠杆获取高额收益。为此，一方面要防止经济失速，稳定经济增长；另一方面要防止系统性风险，控制杠杆率。然而，中国的金融宏观调控面临实现稳增长与去杠杆目标两难的困境之中，同时实现这两个目标存在一定的矛盾：当保持经济中高速增长、稳定经济的时候，容易积累金融风险、导致杠杆率上升；当防止系统性风险积累、控制杠杆率的时候，又容易导致经济增长下滑，即"跷跷板效应"，这是宏观调控的施政上很难解决的问题。复杂多变的国内外形势给中国央行货币政策的制定和实施带来很大挑战，使之陷入"稳增长"与"去杠杆"的两难境地，权衡好诸多目标任务难度较大。货币信贷过快增长可能导致杠杆率进一步攀升、汇率贬值压力增大、物价上升、资产价格泡沫化、金融风险积聚等问题，加剧已经存在的结构扭曲；而货币信贷增长乏力又可能对稳增长支持力度不够。而且，中央银行运用货币政策工具减少货币供应量（或信贷）能否会降低杠杆率具有不确定性。如果货币供应量（或信贷）下降的程度小于货币供应量（或信贷）下降导致产出减少的程度，反而会引起货币供应量（或信贷）与 GDP 的比值增加，从而造成杠杆率上升。事实上，2008 年国际金融危机后，为了防范金融风险和稳定经济增长，全球兴起了货币政策和宏观审慎政策紧密融合的趋势，中国也在平衡稳增长和去杠杆方面较早就开始了货币政策与宏观审慎政策相结合的探索和实践。2008 年下半年，受国际金融危机影响，中国经济发展面临严峻考验，使保持经济平稳较快增长的难度加大，GDP 增速从 2007 年 6 月 15% 的高点直线回落，金融机构和企业银根紧张、股市持续下跌，杠杆率仍承接前一时期的较低水平。在这一时期，中央银行实施了宽松的货币政策，从 2008 年 9 月开始，对存款准备金率进行下调，由 17.5% 下调至 15.5%。同时，放松审慎监管使金融部门逐渐从冲击中恢复，从而放松银根、推动商业银行扩大信贷规模，向社会注入流动性，增加货币供应量，减少金融危机对实体经济的进一步影响。进入 2015 年，面对经济下滑的形势一度加大，中国央行适当增加了货币政策逆周期调节的力度，5 次普降法定存款准备金率，5 次下调人民币存贷款基准利率，刺激经济增长平稳回升。2016 年开始，中国央行实施宏观审慎评估体系（MPA），通过广义信贷、同业负债、资金用途等考核直接控制银行的资产负债扩张，调节金融机构杠杆率。党的二十大报告指出，加强和完善现代金融监管，强化金融稳定保障体系，依法将各类金融活动全部纳入监管，守住不发生系统性风险底线（习近平，2022）。健全货币政策和宏观审慎政策双支柱调控框架，是习近平新时代中国特色社会主义思想在金融领域的根本要求，是反思国际金融危机教训并结合中国国情提出的金融政策举措，对提高中国货币政策的有效性、维护宏观经济稳定和防范系统性金融风险的作用至关重要。在此背景下，中国央行提出稳健的货币政策，总的要求是更加注重平衡好稳增长与抑制高杠杆、防控资产泡沫、避免系统性风险积累的关系。总之，在当前中国经济面临稳增长与去杠杆难权衡的背景下，积极探索研究货币政策和宏观审慎政策的调控机制，从而形成有效的政策合力，对更好地保障金融的健康稳定以及推动经济的高质量发展，具有非常重要的理论和现实意义。

第二节 文献回顾

国际金融危机以来，国内外学者关于稳增长和去杠杆目标的实现困境进行了一些研究。通常经济增长变动与杠杆率升降有关。经济衰退时，信贷规模减少，银行脆弱性下降，杠杆率降低；反之，经济繁荣时，信贷规模增加，银行脆弱性上升，杠杆率提高。杠杆率上升容易导致经济增长的不稳定（Mendoza and Terrones，2008）。杠杆率的过度上升会给家庭、企业、金融、政府等各经济部门都带来负面冲击，从而对经济增长产生严重的不利影响（Furceri and Mourougane，2012）。Reinhart 和 Rogeff（2010）研究显示，当外债占 GDP 的比重上升到 60% 以上时，新兴经济体的经济增速降低 2 个百分点；当政府杠杆率上升到 90% 以上时，新兴经济体的经济增速降低 1 个百分点，发达国家的经济增速甚至降低 4 个百分点。马昭君和葛新权（2023）认为，我国的金融杠杆率存在着明显的波动现象，对地区经济增长产生了负面影响，特别是在 2008 年国际金融危机之后产生的负面冲击更为明显。龙海明和吴迪（2022）发现，实体杠杆与经济增长之间存在倒"U"形关系，不同部门杠杆对经济增长影响的"拐点"有所不同。因此，需要稳妥推进去杠杆防止高杠杆对经济增长的侵蚀。尽管如此，过度去杠杆也不利于经济的稳定增长。Caballero 等（2013）分析表明，企业的资本性投资和家庭的消费需求在去杠杆过程中都会出现一定程度的减少，以至于对经济增长产生显著的负效应。马勇等（2016）的分析结果也显示去杠杆将给经济增长带来一定程度的负面影响，甚至杠杆率波动程度的加大会危害经济增长。进一步地，不仅去杠杆会加快经济增长的衰退，而且经济的下滑又会给去杠杆带来一定的障碍，即去杠杆可能会导致经济与金融之间呈现负反馈循环（Buttiglione et al.，2014）。

与此同时，国内外学者对利用金融政策协调解决稳增长和去杠杆目标难权衡问题也进行了相关探讨。为了保证中国经济在转型阶段的稳定增长，中国央行运用混合型货币政策对宏观经济进行调控，取得了预期的效果（伍戈和连飞，2016）。然而，由于最优货币增速受多方面因素制约，中央银行货币政策效果有时也会缺少稳定性，降低货币供应量会引起投资和消费增长的下滑，进而带来产出更大幅度下降，那么产出与货币的增长差别更大，反而会导致杠杆率上升，因此仅仅依靠中央银行采取货币政策工具去杠杆的效果并不理想，甚至往往会适得其反（刘哲希等，2022；胡志鹏，2014；刘晓光和张杰平，2016）。Bauer和Granziera（2017）的研究还发现，紧缩性货币政策在短期会导致杠杆率上升。国际社会应对金融危机的经验表明，宏观审慎政策比货币政策更能有效维护金融体系的稳定（Agelonl and Faia, 2013）。单纯使用利率政策调控杠杆率的效果比较有限，还需要配合使用宏观审慎政策（Korinek and Simsek, 2016）。宏观审慎调控中资本类工具的金融稳定效应更为占优，货币政策调控中价格型工具的金融稳定效应更为占优（姜勇和杨源源，2023）。逆周期资本要求宏观审慎政策能较好的稳定金融波动，并有效改善社会福利，在市场受到金融冲击的时候宏观审慎政策对货币政策能起到辅助作用（王爱俭和王璟怡，2014）。虽然宏观审慎政策比货币政策在维护金融稳定方面更有优势，但宏观审慎政策也具有不确定性，需要与货币政策协调配合，二者合理搭配可以有效降低单一政策遇到的多目标困境，较好地稳定经济和金融系统（Vinals and Feichter, 2010）。Angelini等（2014）研究得出，货币政策通过信贷、资产价格影响宏观经济，宏观审慎政策通过调控银行信贷影响金融体系，二者相互作用共同维护经济金融的稳定；如果两个政策缺乏合作，则会导致政策利率和资本要求过度波动。陈明玮等（2016）的研究还指出，资本类和信贷类的宏观审慎工具与传统的利率政策工具配合使用，二者形成有效的协调互补，既能够保证经济的总产出，又可以在一定程度上平抑信贷激增和杠杆率骤升等失衡性金融波动，抑制金融的顺周期效应，从而实现宏观经济和金融体系的平稳运行。闫先东和张鹏辉（2017）的分析也认为，逆周期的货币政策与宏观审慎政策配合能够在使实体经济不受损害的情况下，可以有效维护货币政策目标，同时能够缓解金融顺周期性导致的失衡问题。货币政策和宏观审慎政策同时使用时，二者的同向组合可以进一步强化产出目标的实现，更快地完成调整产出的目标，但对金融稳定变量并没有政策效应的放大现象（刘泽琴等，2022）。

国内学者对经济增长和杠杆率目标之间的矛盾及其金融政策调控问

题已经做了有益的讨论，但仍存在需要改进的地方：一是以往相关文献很少基于包含银行不完全竞争性的动态随机一般均衡（DSGE）框架研究稳增长与去杠杆目标的实现困境和政策平衡问题，而考虑银行对存款利率以及不同经济主体贷款利率定价的差异性更符合现实情况。二是现有研究大多仅探讨一种货币政策与宏观审慎政策组合（尤其较多使用货币政策+贷款价值比）应对外生冲击的情况，而事实上，采取不同类型的货币政策与宏观审慎政策组合（如还有货币政策+资本充足率）进行调控，由于其对经济金融的作用机制不同，最终对平衡稳增长和去杠杠目标的影响效果也将存在差异。为了弥补已有研究的不足，本章拟构建一个考虑银行不完全竞争性的 DSGE 模型，深入系统地研究中国在协调实现稳增长和去杠杆目标下面临的困境，以及运用不同类型的货币政策与宏观审慎政策组合对稳增长和去杠杆的调控效果及传导机制，从而在维护经济平稳增长的同时，能够有效控制杠杆率水平，为中国央行进一步完善"货币政策+宏观审慎政策"双支柱金融调控框架，以及把握政策调控的力度、节奏和平衡多个政策目标之间的关系提供决策参考。

第三节 理论框架

本章借鉴 Gerali 等（2010）、Angelini 等（2014）的 DSGE 模型特点，模型中包含不完全竞争的银行部门，并且以二次调整成本方程的方式引入金融摩擦。借贷型居民从银行获得贷款用来购买耐用消费品，储蓄型居民将剩余收入存入银行获得利息收入，零售商以批发价格从企业家手中购买中间产品。银行的资产负债表约束通过银行利润影响银行资本，对贷款的供给和成本产生影响，并满足中央银行的资本充足率要求。银行具有积累和分配资金的市场力量，且对借贷型居民和企业家的贷款设置有区别的贷款利率，同时银行的零售利率和中央银行的政策利率之间存在黏性。中央银行同时实行货币政策和宏观审慎政策。

一 居民

假设经济中存在无限期居民，居民分为储蓄型居民和借贷型居民，二者都在给定的预算约束下最大化效用的期望现值，选择消费、房屋、存款和劳动供给的最优路径，借贷型居民还面临着以抵押品约束形式存在的借款约束。

假设储蓄型居民的目标函数和预算约束分别为:

$$\max E_0 \sum_{t=0}^{\infty} \beta_P^t [(1-a^P)\log(c_t^P - a^P c_{t-1}^P) + \varepsilon_t^h \log h_t^P - (l_t^P)^{1+\phi}/(1+\phi)]$$

$$\text{s.t.} \quad c_t^P + q_t^h(h_t^P - h_{t-1}^P) + d_t^P = w_t^P l_t^P + (1+r_{t-1}^d)d_{t-1}^P/\pi_t + J_t^R$$

其中，d_t^P、r_t^d、h_t^P、l_t^P、w_t^P、c_t^P、J_t^R 分别为储蓄型居民的实际存款余额、存款利率、房屋存量、向企业家提供的劳动力、单位实际工资、消费、从零售商分得的一次性红利收入，q_t^h 为房屋实际价格，π_t 为通货膨胀率，ε_t^h 为房地产需求冲击。a^P、β_P 分别为储蓄型居民的消费惯性因子、主观贴现因子，ϕ 为劳动供给弹性的倒数。预算约束中房价直接乘以购房数量的差，极大降低了房价变化的影响。

上述预算约束的拉格朗日乘子为 λ_t^P，则储蓄型居民效用最大化的一阶条件:

$$(1-a^P)/(c_t^P - a^P c_{t-1}^P) = \lambda_t^P \tag{5.1}$$

$$\lambda_t^P q_t^h = \varepsilon_t^h/h_t^P + \beta_P E_t(\lambda_{t+1}^P q_{t+1}^h) \tag{5.2}$$

$$\lambda_t^P = \beta_P E_t(\lambda_{t+1}^P (1+r_t^d)/\pi_{t+1}) \tag{5.3}$$

假设借贷型居民的目标函数、预算约束和借贷约束分别为:

$$\max E_0 \sum_{t=0}^{\infty} \beta_I^t [(1-a^I)\log(c_t^I - a^I c_{t-1}^I) + \varepsilon_t^h \log h_t^I - (l_t^I)^{1+\phi}/(1+\phi)]$$

$$\text{s.t.} \quad c_t^I + q_t^h(h_t^I - h_{t-1}^I) + (1+r_{t-1}^{bH})b_{t-1}^I/\pi_t = w_t^I l_t^I + b_t^I \quad (1+r_t^{bH})b_t^I \leq m_t^I E_t(q_{t+1}^h h_t^I \pi_{t+1})$$

其中，b_t^I、r_t^{bH}、h_t^I、l_t^I、w_t^I、c_t^I、m_t^I 分别为借贷型居民的实际贷款余额、贷款利率、房屋存量、向企业家提供的劳动力、单位实际工资、消费、贷款价值比。a^I、β_I 分别为借贷型居民的消费惯性因子、主观贴现因子，且 $\beta_I < \beta_P$（为保证稳态时借贷型居民是经济体的净借款方）。

上述预算约束的拉格朗日乘子为 λ_t^I，则借贷型居民效用最大化的一阶条件:

$$(1-a^I)/(c_t^I - a^I c_{t-1}^I) = \lambda_t^I \tag{5.4}$$

$$\lambda_t^I q_t^h = \varepsilon_t^h/h_t^I + \beta_I E_t(\lambda_{t+1}^I q_{t+1}^h) + s_t^I m_t^I q_{t+1}^h \pi_{t+1} \tag{5.5}$$

$$\lambda_t^I = \beta_I E_t(\lambda_{t+1}^I (1+r_t^{bH})/\pi_{t+1}) + s_t^I (1+r_t^{bH}) \tag{5.6}$$

二 企业家

假设存在大量无限期的同质的企业家，它是以最大化效用的期望现值为目标,并且效用函数只考虑企业家的消费。企业家在资本和贷款上做最优选择,同时受到贷款抵押约束和预算约束,且贷款抵押品为资本品。

假设企业家的目标函数、预算约束和借贷约束分别为:

$$\max E_0 \sum_{t=0}^{\infty} \beta_E^t [(1-a^E)\log(c_t^E - a^E c_{t-1}^E)]$$

s.t. $c_t^E + w_t^P l_t^{E,P} + w_t^I l_t^{E,I} + (1+r_{t-1}^{bE})b_{t-1}^E/\pi_t + q_t^k k_t^E = y_t^E/x_t + b_t^E + q_t^k(1-\delta)k_{t-1}^E$ $(1+r_t^{bE})b_t^E \leq m_t^E E_t(q_{t+1}^k \pi_{t+1}(1-\delta)k_t^E)$

其中,k_t^E、c_t^E、b_t^E、r_t^{bE}、m_t^E 分别为企业家的资本品数量、消费、实际贷款余额、贷款利率、贷款价值比,q_t^k 为资本品的实际价格,$1/x_t$ 为中间产品相对于最终产品的价格(x_t 为成本加成)。a^E、β_E 分别为企业家的消费惯性因子、主观贴现因子,且 $\beta_E < \beta_P$,δ 为资本折旧率。

上述预算约束的拉格朗日乘子为 λ_t^E,则企业家效用最大化的一阶条件为:

$$(1-a^E)/(c_t^E - a^E c_{t-1}^E) = \lambda_t^E \tag{5.7}$$

$$\lambda_t^E = \beta_E E_t(\lambda_{t+1}^E (1+r_t^{bE})/\pi_{t+1}) + s_t^E(1+r_t^{bE}) \tag{5.8}$$

$$\lambda_t^E q_t^k = \beta_E E_t \lambda_{t+1}^E (r_{t+1}^k + q_{t+1}^k(1-\delta)) + E_t(s_t^E m_t^E q_{t+1}^k \pi_{t+1}(1-\delta)) \tag{5.9}$$

企业家通过 C-D 生产技术生产无差别的中间产品:

$$y_t^E = A_t^E (k_{t-1}^E)^\alpha ((l_t^{E,P})^\mu (l_t^{E,I})^{1-\mu})^{1-\alpha}$$

其中,A_t^E 为生产技术冲击,α 为资本品收入份额,μ 为储蓄型居民劳力所占比重。

新的资本品的生产是利用资本存量和投资进行的,即从企业家购买上期未折旧的资本品 $(1-\delta)k_{t-1}^E$,并从零售商购买 I_t 单位的最终产品,用来生产资本品 k_t^E,即资本积累方程为:

$$k_t^E - (1-\delta)k_{t-1}^E = I_t$$

企业家的工资支出和单位资本成本支出满足:

$$w_t^P = \mu(1-\alpha)(y_t^E/l_t^{E,P})(1/x_t) \tag{5.10}$$

$$w_t^I = (1-\mu)(1-\alpha)(y_t^E/l_t^{E,I})(1/x_t) \tag{5.11}$$

$$r_t^k = \alpha A_t^E (k_t^E)^{\alpha-1}((l_t^{E,P})^\mu (l_t^{E,I})^{1-\mu})^{1-\alpha}(1/x_t) \tag{5.12}$$

三 零售商

假设零售商以利润最大化为目标,并且在调整产品价格时面临

Rotemberg 二次调整成本，从而存在价格黏性。

假定零售商的利润函数和产品需求函数分别为：

$$\max E_0 \sum_{t=0}^{\infty} \Lambda_{0,t}^P [P_t(j)y_t(j)(1-1/x_t)-(\kappa_P/2)(\pi_t-\pi_{t-1}^{lP}\pi^{1-lP})^2 P_t y_t]$$

s. t. $y_t(j) = (P_t(j)/P_t)^{-\varepsilon_t^y} y_t$

其中，$\Lambda_{0,t}^P = \beta_P^t \lambda_t^P / \lambda_0^P$ 为随机贴现因子，ε_t^y 为零售商的需求价格弹性，lP 为上期通胀相对稳态通胀的权重，κ_P 为零售商的调整成本系数。零售商利润最大化的一阶条件：

$$1-\varepsilon_t^y+(\varepsilon_t^y/x_t)-k_P(\pi_t-\pi_{t-1}^{lP})\pi_t+\beta_P E_t((\lambda_{t+1}^P/\lambda_t^P)k_P(\pi_{t+1}-\pi_t^{lP}\pi^{1-lP})\pi_{t+1}^2 (y_{t+1}/y_t)) = 0 \tag{5.13}$$

四 商业银行

假设银行的利润全部转化为资本：$\pi_t K_t^b = (1-\delta^b) K_{t-1}^b / \varepsilon_t^k + j_{t-1}^b$。其中，$K_t^b$ 为银行资本，δ^b 为银行资本折旧率，j_{t-1}^b 为银行上期留存收益，ε_t^k 为银行资本冲击。银行批发部门决定银行的资本和存款规模，其负债端是银行零售存款部门的资本金 K_t^b 和存款 D_t，即可供贷款的资金来源于银行资本和存款，资产端是对银行零售贷款部门的贷款 B_t。银行批发部门的目标是最大化其贴现现金流之和，通过在会计恒等式约束下选择最优的贷款 B_t 和存款 D_t 来实现：

$$\max E_0 \sum_{t=0}^{\infty} \Lambda_{0,t}^P [R_t^b B_t - R_t^d D_t - (\kappa_{Kb}/2)(K_t^b/B_t - v_t^b)^2 K_t^b]$$

s. t. $B_t = D_t + K_t^b$

其中，R_t^b 为银行批发部门的贷款利率。当银行的资本与信贷比重 K_t^b/B_t 偏离中央银行设定的资本充足率要求 v_t^b 时，银行还将付出监管成本 $(\kappa_{Kb}/2)(K_t^b/B_t - v_t^b)^2 K_t^b$，监管成本系数 κ_{Kb} 反映了中央银行的监管力度。

假设银行批发部门的存款利率 R_t^d 等于中央银行的政策利率 r_t。求解上述优化问题可得：

$$R_t^b = r_t - \kappa_{Kb}(K_t^b/B_t - v_t^b)(K_t^b/B_t)^2 \tag{5.14}$$

由上式可知，资本充足率政策通过影响银行的贷款利率成本产生作用，提高（降低）资本充足率要求会使银行批发部门的贷款利率上升

(下降)。

在信贷市场上，银行零售部门 j 的零售渠道提供了一篮子不同的存款 $d_t^P(j)$ 以及对借贷型居民的贷款 $b_t^I(j)$ 和对企业家的贷款 $b_t^E(j)$。

假设银行零售贷款部门的目标函数和贷款需求函数分别为：

$$\max E_0 \sum_{t=0}^{\infty} \Lambda_{0,t}^P [r_t^{bH}(j) b_t^I(j) + r_t^{bE}(j) b_t^E(j) - R_t^b B_t(j) - (\kappa_{bH}/2) (r_t^{bH}(j)/r_{t-1}^{bH}(j) - 1)^2 r_t^{bH} b_t^I - (\kappa_{bE}/2) (r_t^{bE}(j)/r_{t-1}^{bE}(j) - 1)^2 r_t^{bE} b_t^E]$$

s.t. $b_t^I(j) = (r_t^{bH}(j)/r_t^{bH})^{-\varepsilon_t^{bH}} b_t^I$, $b_t^E(j) = (r_t^{bE}(j)/r_t^{bE})^{-\varepsilon_t^{bE}} b_t^E$

其中，$B_t(j) = b_t(j) = b_t^I(j) + b_t^E(j)$，$\kappa_{bH}$ 和 κ_{bE} 分别为借贷型居民和企业家贷款利率的二次调整成本系数。

当达到对称性均衡时，求解一阶条件得出借贷型居民和企业家的贷款利率分别满足：

$$1 - \varepsilon_t^{bH} + \varepsilon_t^{bH} R_t^b / r_t^{bH} - \kappa_{bH} (r_t^{bH}/r_{t-1}^{bH} - 1) r_t^{bH}/r_{t-1}^{bH} + \beta_P E_t \{(\lambda_{t+1}^P/\lambda_t^P) \kappa_{bH} (r_{t+1}^{bH}/r_t^{bH} - 1)(r_{t+1}^{bH}/r_t^{bH})^2 b_{t+1}^I/b_t^I\} = 0 \quad (5.15)$$

$$1 - \varepsilon_t^{bE} + \varepsilon_t^{bE} R_t^b / r_t^{bE} - \kappa_{bE} (r_t^{bE}/r_{t-1}^{bE} - 1) r_t^{bE}/r_{t-1}^{bE} + \beta_P E_t \{(\lambda_{t+1}^P/\lambda_t^P) \kappa_{bE} (r_{t+1}^{bE}/r_t^{bE} - 1)(r_{t+1}^{bE}/r_t^{bE})^2 b_{t+1}^E/b_t^E\} = 0 \quad (5.16)$$

上式表明，零售贷款利率由批发贷款利率的成本加成得到，其动态调整幅度由对借贷型居民贷款利率的调整系数 κ_{bH} 和对企业家贷款利率的调整系数 κ_{bE} 决定，其加成幅度由银行零售贷款部门的垄断竞争程度 ε_t^{bH} 和 ε_t^{bE} 决定。

假设银行零售存款部门的目标函数和存款需求函数分别为：

$$\max E_0 \sum_{t=0}^{\infty} \Lambda_{0,t}^P [r_t D_t(j) - r_t^d(j) d_t^P(j) - (\kappa_d/2)(r_t^d(j)/r_{t-1}^d(j) - 1)^2 r_t^d d_t]$$

s.t. $d_t^P(j) = (r_t^d(j)/r_t^d)^{-\varepsilon_t^d} d_t$

其中，$D_t(j) = d_t^P(j)$，κ_d 为存款利率的二次调整成本系数。

当达到对称性均衡时，求解一阶条件得出存款利率满足：

$$-1 + \varepsilon_t^d - \varepsilon_t^d r_t/r_t^d - \kappa_d (r_t^d/r_{t-1}^d - 1) r_t^d/r_{t-1}^d + \beta_P E_t \{(\lambda_{t+1}^P/\lambda_t^P) \kappa_d (r_{t+1}^d/r_t^d - 1)(r_{t+1}^d/r_t^d)^2 d_{t+1}/d_t\} = 0 \quad (5.17)$$

上式表明，零售存款利率由政策利率的成本减成得到，其动态调整幅度由存款利率的调整系数 κ_d 决定，其减成幅度由银行零售存款部门

的垄断竞争程度 ε_t^d 决定。

五　中央银行

中国货币政策的目标主要是保持物价稳定、促进经济增长，随着中国货币政策调控框架逐渐从数量型向价格型转变，价格型货币政策发挥的作用越来越重要。为此，采用泰勒规则通过控制政策利率 r_t 的来制定货币政策，它可以进一步影响商业银行的存贷款利率，最终利用它对经济周期的波动进行逆周期的调控。因此，货币政策规则方程如下：

$$1+r_t = (1+r)^{(1-\phi_R)} (1+r_{t-1})^{\phi_R} (\pi_t/\pi)^{\phi_\pi(1-\phi_R)} (y_t/y_{t-1})^{\phi_y(1-\phi_R)} \varepsilon_t^r \quad (5.18)$$

其中，ϕ_y 和 ϕ_π 分别为政策利率对产出和通胀的反应系数，ϕ_R 为政策利率的惯性，r 为政策利率的稳态，π 为通货膨胀的稳态，ε_t^r 为政策利率冲击。

宏观审慎政策的目标是防范系统性金融风险和维护金融稳定，而金融稳定通常用与金融周期有关的变量如信贷等指标代替，为此，引入信贷 B_t 作为金融稳定目标。国内关于宏观审慎政策的选择较多使用贷款价值比（LTV）工具，如卜林等（2016）、罗娜和程方楠（2017）等研究。然而，世界各国宏观审慎政策部门通过提高资本充足率等工具控制系统性风险，《巴塞尔协议Ⅱ》的第一大支柱是资本要求，中国人民银行也将资本充足率作为 MPA 的核心。因此，本章同时以资本充足率 v_t^b、借贷型居民贷款价值比 m_t^I 作为中央银行的宏观审慎政策工具，它们可以进一步影响商业银行的贷款利率，最终利用它们对金融周期的波动进行逆周期的调控。因此，宏观审慎政策规则方程如下：

$$mp_t = mp^{(1-\rho_{mp})} (mp_{t-1})^{\rho_{mp}} (B_t/B_{t-1})^{(1-\rho_{mp})\phi_{mp}} \quad (5.19)$$

其中，mp_t 为资本充足率、贷款价值比等宏观审慎政策工具，mp 为宏观审慎政策工具的稳态值，ρ_{mp}（$0<\rho_{mp}<1$）为宏观审慎政策工具的惯性，ϕ_{mp} 为宏观审慎政策的敏感性参数。ρ_{vb}、ρ_{ml} 分别为资本充足率、贷款价值比政策的惯性，ϕ_{vb}、ϕ_{ml} 分别为资本充足率、贷款价值比政策的敏感性参数。

六　市场出清和外生冲击

最终产品市场出清时，总产出等于总消费加上投资，即资源约束方程为：$y_t = c_t^P + c_t^I + c_t^E + I_t$，其中 $y_t = y_t^E$。由于不存在房地产生产部门，房地产市场是一个存量市场，可将房地产总供给外生给定标准化为 1，即房地产供给方程为：$h_t^P+h_t^I=1$。信贷市场均衡状态下，总信贷等于借贷型居民信贷与企业家信贷之和，即信贷市场加总方程为：$b_t=b_t^I+b_t^E$，其中 $b_t=B_t$。

房地产需求冲击：$\varepsilon_t^h=\rho_h\varepsilon_{t-1}^h+\eta_t^h$；生产技术冲击：$A_t^E=\rho_A A_{t-1}^E+\eta_t^A$；银行资本冲击：$\varepsilon_t^k=\rho_k\varepsilon_{t-1}^k+\eta_t^k$。其中，$\rho_h$、$\rho_A$、$\rho_k$ 分别为一阶自回归系数；η_t^h、η_t^A、η_t^k 分别为随机扰动项，分别服从 $N(0,\sigma_h^2)$、$N(0,\sigma_A^2)$、$N(0,\sigma_k^2)$。

第四节　参数校准和估计

本章利用模型的基本方程和一阶条件求解模型的稳态值，并通过在稳态值附近将模型一阶条件（5.1）至条件（5.17）以及其他相关方程构成的 57 个方程（定义 57 个变量）的非线性系统进行对数线性化，从而得到动态线性方程系统。然后，利用已有研究对与稳态相关的参数进行校准，采用贝叶斯方法对不影响稳态但影响动态的参数进行估计。

模型参数校准值的设置主要参考了国内外已有的相关研究成果。参照戴金平和陈汉鹏（2013）的做法，我们把储蓄型居民的主观贴现因子 β_P 校准为 0.994，并将银行部门和零售商的主观贴现因子均设定为与其相等；借贷型居民的主观贴现因子 β_I 校准为 0.975，并将企业家的主观贴现因子 β_E 设定为与其相等。对于资本折旧率 δ，Iacoviello 和 Neri（2010）、黄志刚（2010）均设置为 0.025，本章也采取这样的做法。根据 Kannan 等（2012）的研究，劳动供给弹性的倒数 ϕ 将其校准为 1。借鉴 Angelini 等（2014）的做法，将储蓄型居民劳力所占比重 μ 设定为 0.8。国内主要的文献对资本品收入份额 α 校准值设定在 0.3—0.5，参考崔光灿（2006）、简志宏等（2013）的测算，本章中取值为 0.33。借鉴谷慎和岑磊（2015）的研究，把上期通胀相对稳态通胀的权重 lP、银行资本折旧率 δ^b 分别校准为 0.16、0.115。借鉴方意（2016）等的设定，把资本充足率政策的惯性 ρ_{vb} 和敏感性参数 ϕ_{vb} 分别校准为 0.8、3；借贷型居民 LTV 政策的惯性 ρ_{ml} 和敏感性参数 ϕ_{ml} 分别校准为 0.9、3。

在对模型待估参数进行贝叶斯估计中使用产出和通胀两个观测变

量。原始数据来源于 Wind 资讯，数据样本期从 2001 年第一季度至 2017 年第四季度，共 68 个数据样本。借鉴王彬等（2014）的处理，通货膨胀率用 CPI 的季度环比指数来表示。为了得到实际季度 GDP 数据，利用 CPI 的季度定基指数对名义季度 GDP 进行转换。然后将实际季度 GDP 数据取对数，再通过 HP 滤波剔除长期趋势。采用 X-12 方法剔除各变量季节波动。经过多次尝试和比较后，参考 Gerali 等（2010）、庄子罐等（2016）文献选取模型参数的先验分布。通过 Metropolis-Hastings 算法模拟 20000 次，最终采取 10000 个模拟数对模型参数进行贝叶斯估计，模拟过程中使用两条马尔科夫链的最终接受率分别为 31.3839%和 27.0591%，二者在 20%—40%的合理区间内，且差异较小，模型的单变量和多变量的收敛性检验较好，所以模型和参数比较稳定。运用 Dynare 工具箱，在 Matlab 环境中编程完成模型的参数估计和仿真分析。模型待估参数的先验分布和贝叶斯估计结果如表 5-1 所示。

表 5-1　　　　　　　参数的先验分布及贝叶斯估计

参数	先验分布			后验分布		
	类型	均值	标准差	均值	置信区间	
a^P	Beta	0.856	0.1	0.8756	0.8743	0.8766
a^I	Beta	0.856	0.1	0.8812	0.8786	0.8835
a^E	Beta	0.856	0.1	0.8492	0.8461	0.8515
κ_P	Gamma	50.0	20.0	33.8787	32.9219	34.5577
κ_{Kb}	Gamma	10.0	5.0	11.9705	11.7081	12.2178
κ_{bH}	Gamma	6.0	2.5	9.6420	9.6190	9.6763
κ_{bE}	Gamma	3.0	2.5	9.5780	9.5520	9.6083
κ_d	Gamma	10.0	2.5	3.8211	3.7195	3.9093
ϕ_R	Beta	0.8	0.1	0.7442	0.7397	0.7478
ϕ_π	Gamma	1.7	0.1	1.9930	1.9909	1.9952
ϕ_y	Normal	0.1	0.1	0.1069	0.1057	0.1080
lP	Beta	0.16	0.1	0.1510	0.1493	0.1528
ρ_A	Beta	0.97	0.1	0.9900	0.9800	1.0000

续表

参数	先验分布			后验分布	
	类型	均值	标准差	均值	置信区间
ρ_h	Beta	0.94	0.1	0.9314	0.9298　0.9333
ρ_k	Beta	0.81	0.1	0.8040	0.8024　0.8056

第五节　政策模拟

一　脉冲响应分析

下面将进行政策效果模拟分析，使用脉冲响应方法研究中央银行的货币政策在稳增长和去杠杆过程中面临的困境，以及双支柱调控在解决稳增长和去杠杆困境中是如何平衡的。

图 5-1 给出了政策利率增加 1 个百分点的冲击时，产出和杠杆率[①]的各自反应情况。面对正向政策利率冲击，利率水平的上升会导致经济增长从第 1 期开始下降，并持续到第 10 期左右逐渐恢复到均衡水平；而提高政策利率时，杠杆率会在第 1 期出现一定程度的上升，同样一直持续到第 10 期左右逐步向均衡水平恢复。政策利率水平的上升，一方面增加了货币资金的借贷成本，减弱了借贷型居民和企业家的借贷意愿，从而阻碍了货币资金用于生产、消费等环节；另一方面也增加了货币的收益率，从而不利于储蓄型居民将储蓄向投资转化，两方面力量共同作用最终导致产出水平出现下降。尽管提高政策利率会导致借贷型居民和企业家的贷款利率上升，从而使这两个部门的融资成本加重、偿债负担提升，但是为了维持大量预算软约束的国有企业等部门运转，仍然需要筹集较高融资成本的资金，导致资金被低效率的使用，最终也加剧了经济增长的下滑，引起杠杠率大幅上升。特别是持续地通过提高政策利率实行紧缩性货币政策，将对经济增长带来较为严重的负面影响，甚至容易挑战经济增长的底线；同时，过度提高利率采取紧缩性货币政策

---

① 一国经济杠杆率可以用广义货币供应量（或信贷）与 GDP 的比值（M2/GDP 或信贷/GDP）指标来衡量。借鉴胡志鹏（2014）等研究构建杠杆率的方法，本章也将宏观杠杆率用信贷/产出来表示。

还可能使债务违约风险暴露不断加剧，从而不利于维护金融系统的稳定。2010年以来，中国在出现三轮利率上升的过程中，信用利差都持续扩大，从而加大了金融系统性风险。因此，过度提高利率实施紧缩性货币政策不能很好的去杠杆，以有效防范系统性金融风险、促进经济平稳增长，反而会导致经济增长的衰退和金融风险的积聚。事实上，当经济运行过热而信贷增速较低时，需要采取紧缩的货币政策来抑制经济过快增长。如2005—2007年上半年，中国经济开启了新一轮的增长周期，国有企业改革持续加快推动，银行业完成三轮不良资产剥离，杠杆率降至低位。因此，中国央行采取紧缩的货币政策控制经济过快增长，避免资产价格泡沫扩张，防止滋生系统性金融风险。在这一过程中，商业银行的货币创造能力已大幅压缩，在宏观审慎政策基本不变的背景下，商业银行为了满足监管要求，风险资产及信贷规模被迫减少，金融服务实体经济的能力有所削弱，也可一定程度上的防止经济过热。然而，货币政策过快收紧将导致长期利率水平急剧上升，因此不应通过紧缩的货币政策去杠杆，而应通过加强宏观审慎政策促进金融部门去杠杆。2013年6月，中国开启了金融去杠杆进程。根据《巴塞尔协议Ⅲ》要求，中国在这一阶段提出了银行业4%的杠杆率监管标准，杠杆率要求作为一项新的宏观审慎政策工具，为未来中国商业银行信贷的刚性扩张预埋了政策安排。

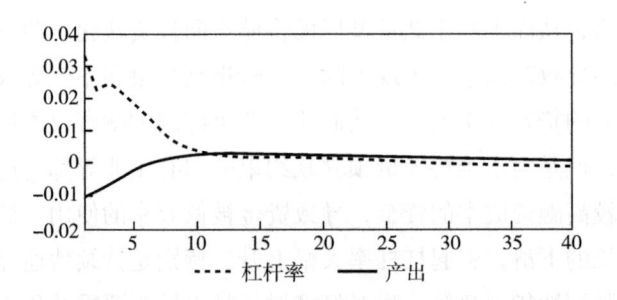

图 5-1 产出和杠杆率对政策利率冲击的响应

图 5-2 给出了银行资本增加 1 个百分点的冲击时，在不同的宏观金融政策组合（利率政策、利率政策与资本充足率政策、利率政策与借

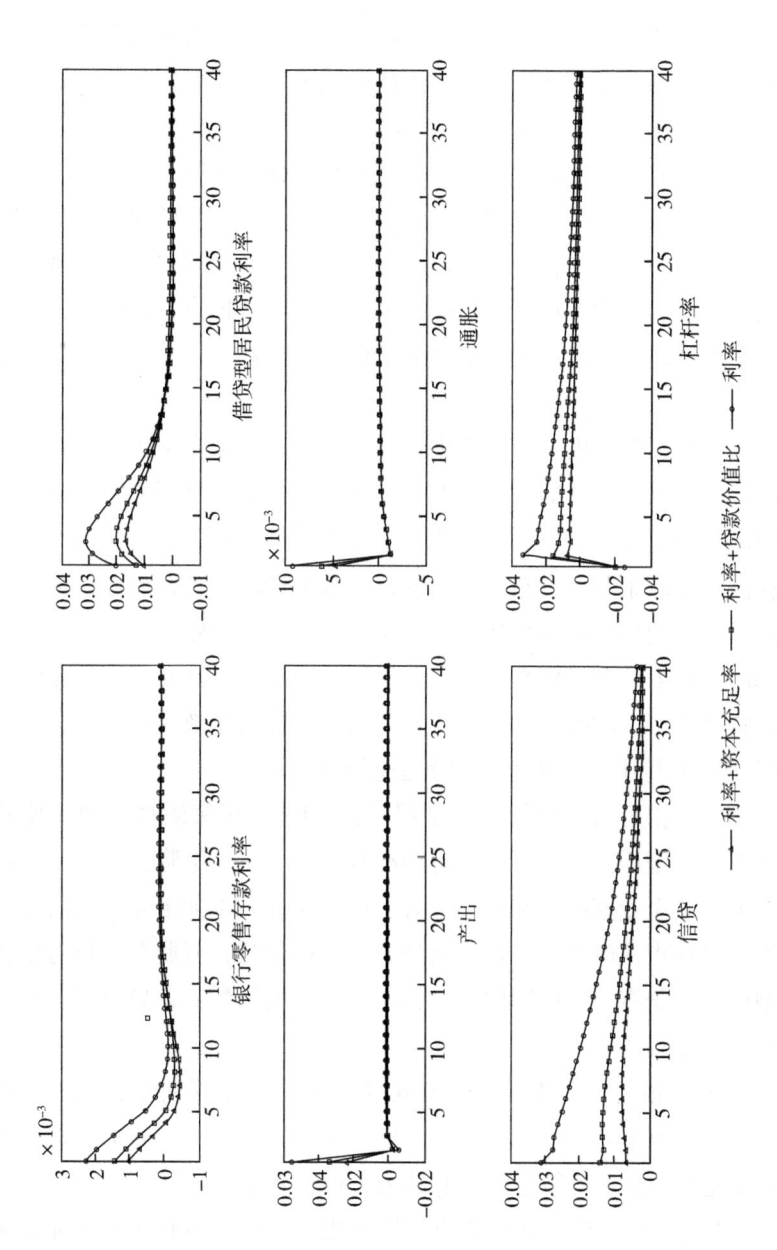

图 5-2 双支柱调控应对银行资本冲击

贷型居民 LTV 政策）下，产出、杠杆率等主要内生变量的各自反应情况。面对正向银行资本冲击，在三种政策组合作用下都有不同程度的变动，其中利率政策与资本充足率要求政策下主要内生变量的波动相对较小且恢复到均衡状态的速度最快，因此该政策组合相对更有效。如果发生1%的正向银行资本冲击，积极的金融冲击引起了商业银行总资产的增长，由于商业银行的总资产由企业贷款和抵押贷款组成，所以总信贷上升。积极的金融冲击一方面刺激了居民的消费需求，增加了社会总需求，提升了企业的生产扩张能力，进而推动了企业贷款的增加；另一方面导致借贷型居民的住房需求增加，进而引起了抵押贷款的增加，导致产出水平上升，而且产出上升幅度大于信贷上升幅度，从而导致杠杆率短暂下降。

为避免产出的过度扩张，中央银行通过提高政策利率实施紧缩性货币政策，从而减少消费需求，降低产出和通胀水平。然而，银行资本对经济的影响主要是信贷方面，在未能有效抑制银行放贷冲动的情况下，单纯提高货币政策利率会较长时间的持续收缩产出增长，而杠杆率被抬高，并且可能使信贷资源聚集到对利率不敏感、拥有刚性信贷需求的房地产部门和地方政府融资平台，由此导致的利率飙升使私人部门和中小企业面临更加严重的融资难、融资贵问题，这种挤出效应将导致金融体系脆弱性加快上升，宏观金融风险迅速积聚。

如果中央银行通过降低借贷型居民的 LTV 实施紧缩性宏观审慎政策，导致借贷型居民贷款下降，进而杠杆率水平有所下降，但企业家贷款能力上升，企业家投资和产出上升。由于正向资本冲击导致总信贷上升，但该宏观审慎政策只是控制借贷型居民的信贷，限制总信贷与限制借贷型居民信贷有一定的同向性，也存在一定的错配，这导致了该政策组合作用力度较弱。

如果中央银行通过提高资本充足率要求实施逆周期性宏观审慎政策，导致可贷资金减少，从而抑制杠杆率水平。银行资本冲击下货币政策和资本充足率要求政策之间没有冲突，银行资本冲击导致产出和杠杆率同方向变动，由于资本充足率直接影响银行部门，因此能够弥补贷款替代效应导致的政策效果减弱。这说明，在货币政策调控的基础上，加入资本充足率要求政策能有效维护宏观经济金融的稳定。2010年初至

2011年末，中国在4万亿经济刺激计划的背景下，资产市场和金融市场的流动性宽松受到金融管理部门的普遍重视。2010年10月20日、12月26日、2011年2月9日、4月6日，连续4次上调金融机构人民币存贷款基准利率，商业银行的货币创造能力大幅压缩，从而有效稳定经济增长。同时，将商业金融资本充足率要求由8%上升至11.5%，中小银行上升至10.5%，商业银行的风险资产及信贷规模被迫减少，从而积极控制杠杆率攀升。

下面分析技术增加1个百分点的冲击时，产出、杠杆率等主要内生变量的各自反应情况。面对正向技术冲击，在三种政策组合作用下都有不同程度的变动，其中利率政策下主要内生变量的波动相对较小且恢复到均衡状态的速度最快，因此该政策相对更有效。具体地，技术水平上升，提高了企业的生产效率，增强了企业的盈利能力，促进了企业的生产扩张，进而产出增加。生产扩大需要追加资本、劳动和房地产等要素投入，导致信贷和房价上升。房价上涨引致的财富效应和抵押品效应进一步激发居民的购房热情，刺激信贷上升，从而产出不断增加，房价和杠杆率上涨，房价上涨又导致通胀水平上升。

为抑制产出过度膨胀，中央银行通过提升政策利率采取逆周期的货币政策，经银行零售存款部门传导使存款利率上升，降低储蓄型家庭的消费，并经银行零售贷款部门传导使企业家贷款利率上升，降低其消费意愿，导致信贷需求减少，进而降低产出水平、抑制通胀。由于技术变革对实体经济的影响主要是投资和消费方面，对于金融体系的影响较小，因此单独使用货币政策改变信贷供给状况，可以较好的维护宏观经济的稳定，这也是2008年国际金融危机之前各国中央银行未重视利用宏观审慎政策对金融波动进行逆周期调节，而只是强调采取货币政策控制经济周期波动的原因所在。

如果中央银行提高商业银行的资本充足率要求，则将减少商业银行的可贷资金，使得银行批发贷款利率增加，并经银行零售贷款部门传导到借贷型居民和企业家，导致借贷型居民贷款下降，从而降低其对消费和房屋的需求；企业家贷款的可得性减少，导致产出下降，并且杠杆率出现降低趋势。由于资本充足率直接影响银行部门，而技术冲击对银行部门的影响较小，因此提高资本充足率可能导致对整个经济金融体系的收紧效果过度。

如果中央银行通过降低借贷型居民的 LTV 实施逆周期的宏观审慎政策，从而限制了借贷型居民的借贷能力，削弱了其消费和购房需求的增长，抑制了产出和房价的上涨。因此，宏观审慎政策有效降低了房价波动，使得产出和杠杆率下降。然而，借贷型居民贷款受到限制，由于贷款的替代效应使得企业家贷款增加，产出上升，最终导致货币政策过度紧缩和福利的下降。

下面分析房地产需求增加 1 个百分点的冲击时，产出、杠杆率等主要内生变量的各自反应情况。面对正向房地产需求冲击，在三种政策组合作用下都有不同程度的变动，其中利率政策与 LTV 政策下主要变量的波动相对较小且恢复到均衡状态的速度最快，因此该政策组合相对更有效。具体地，当房地产需求冲击提高时，由于房地产供给相对稳定，从而推动信贷规模扩张和房价上涨，进一步引起住房信贷抵押品价值升高。因此，企业扩大生产并增加对资本、劳动和房地产的需求，从而导致房地产投资增加，并促使信贷、房价和产出增长。同时，房价上涨还导致居民名义财富增加，从而加剧总需求的膨胀。

为了控制房价和产出过快增长，中央银行实施紧缩性货币政策，提高政策利率，进而传导至存款利率和贷款利率，推高了存、贷款利率，降低了消费和投资，减少了居民的住房需求，抑制了产出和通胀水平。然而，房地产价格容易脱离实体经济基本面而大起大落，单靠调整利率等货币政策很难达到精准调控的目的。当房地产价格快速上涨时，投资收益率往往大幅高于其他行业投资收益率，除非大幅提高利率，否则很难抑制房地产市场投机行为，但大幅提高利率又会对其他行业产生重大冲击，因此需要货币政策与宏观审慎政策相配合。

如果中央银行通过提高资本充足率要求实施紧缩性宏观审慎政策，使得银行批发贷款利率上升，进而使借贷型居民和企业家贷款利率上升，借贷型居民贷款有所降低，减少了其对住房的需求，导致住房信贷资金的减少，间接降低了房地产价格，减少了财富效应，使产出有所下滑，杠杆率下降。尽管此组政策工具也能影响房价，进而影响财富效应和产出增长，但由于资本充足率直接影响银行部门，不是直接针对借贷型居民，而借贷型居民是房价的主要推动力量，因此政策效果较弱。

如果中央银行通过降低借贷型居民的 LTV 实施逆周期的宏观审慎政策，削弱居民的资产抵押贷款能力，导致借贷型居民贷款急剧下降，使得借贷型居民对房屋需求大幅下降，降低了居民的购房冲动，制止了信贷和房价的进一步上涨，从而产出和杠杆率下降。由于借贷型居民的信贷与房价之间相互依存，宏观审慎政策通过限制借贷型居民信贷来限制房价，因此政策有效。2003 年起，我国房地产市场开始出现过热，但整体经济刚从之前长达数年的疲弱和通缩中复苏，尚未进入过热状态。这种形势并不适用于单纯采取大幅加息等总量措施，而应当配合采取收紧 LTV 等宏观审慎政策工具，更有针对性地对房地产市场适度降温，避免对整体经济造成冲击。2003 年，面对房价快速上涨的形势，中国政府要求控制房价过快上涨和抑制投资、投机性购房需求。2003 年 6 月，提高购买第二套（含）以上住房的首付款比例；2004 年 10 月，上调金融机构 1 年期存贷款基准利率 0.27 个百分点，以此促进房地产市场的持续健康发展。2006—2007 年，连续 8 次提高存贷款基准利率；2007 年，提高申请第二套（含）以上住房贷款家庭的首付比率和利率。2014 年后，房地产市场呈调整和回落态势，随着市场形势的逆转，房地产调控各项政策陆续放松。2015 年 5 次下调人民币存贷款基准利率，充分运用价格杠杆稳定市场预期，引导融资成本下行；2015 年 3 月和 9 月，先后降低了第二套住房贷款和首次购房贷款的最低首付款比例。

二　福利分析

参照 Angelini 等（2014）的做法，假设中央银行以通胀、杠杆率、产出、利率变化和资本充足率（或 LTV）变化的渐进方差为代理变量，以稳定通胀、杠杆率和产出为目标，选择如下福利损失函数分析各种政策组合下的社会福利情况：

$$L = \sigma_\pi^2 + \sigma_{B/Y}^2 + k_Y \sigma_Y^2 + k_r \sigma_{\Delta r}^2 + k_{mp} \sigma_{\Delta mp}^2 \tag{4.20}$$

其中，σ_π^2、$\sigma_{B/Y}^2$、σ_Y^2、$\sigma_{\Delta r}^2$、$\sigma_{\Delta mp}^2$ 分别为通胀、杠杆率、产出、利率变化和资本充足率（或 LTV）变化的渐进方差。k_Y、k_r、k_{mp} 分别为产出、利率变化和资本充足率（或 LTV）变化的反应系数。这里将 k_r 和 k_{mp} 的值均设定为 0.1，k_Y 分别设定为 0.5 和 1。模拟结果如表 5-2 所示：

表 5-2　　　　　　　　　　　　福利损失结果

外生冲击	政策组合	变量波动性					损失函数	
		π	B/Y	Y	Δr	Δmp	$k_Y=0.5$	$k_Y=1$
银行资本冲击	利率+资本充足率	0.0420	0.0992	0.0635	0.1129	0.1673	0.2010	0.2328
	利率+LTV	0.0936	0.1505	0.1232	0.2470	0.2884	0.3593	0.4209
	利率	0.1673	0.2391	0.3341	0.6257	—	0.6360	0.8031

面对银行资本冲击，"利率+资本充足率"政策组合下的福利损失值以及通胀、杠杆率、产出、利率变化和资本充足率（或LTV）变化的渐进方差都相对较小，"利率+LTV"政策组合下次之，而单独使用利率政策的福利损失和相应变量波动情况都相对最大，这再次验证了当经济受到金融冲击时，综合使用利率政策与资本充足率要求政策组合的调控效果优于其他两种政策组合，而单独使用利率政策和加入借贷型居民LTV之后，加剧了政策预期效果的不确定性。究其原因，在银行资本冲击发生时，提高政策利率会导致储蓄型居民零售存款利率上升，从而会促进储蓄型居民收益的增加；与此同时，由于借贷型居民和企业家不能像储蓄型居民那样通过欧拉方程平滑跨期消费路径上产生的波动，因此通过提高银行资本充足率要求收紧银行放贷，有助于平滑借贷型居民和企业家的信贷波动，进而平滑二者的消费波动。两方面力量共同作用，最终降低产出、杠杆率等变量的波动，有效减少社会福利损失，增进社会福利水平。然而，如果只是通过提高利率实施紧缩性货币政策，在宏观审慎政策工具未调整的情况下，货币政策的有效性将被削弱。因为在资本充足率约束未相应收紧的情况下，紧缩的货币政策不易通过商业银行的资产负债表减少货币供给，进而稳定经济增长。

第六节　进一步讨论

货币政策和宏观审慎政策二者不仅在职能上有所差异，而且两个支柱相互影响，并非彼此独立。货币政策主要调控宏观经济，宏观审慎政策主要维护金融稳定，而宏观经济与金融稳定是相互作用的，这就需要增强货币政策和宏观审慎政策之间的协调配合。积极探索研究货币政策和宏观审慎政策的调控机制,从而形成有效的政策合力,可以更好地保障金融的健康稳定以及推动经济的高质量发展。

一 货币政策与宏观审慎政策的相互影响

宏观审慎政策有助于调节货币政策目标。利用宏观审慎政策规范金融机构行为,可以有效避免非理性的、无序的金融市场行为导致货币政策的实施大打折扣,甚至失效,从而为货币政策传导及目标的实现创造有利环境,更好的维护金融市场有序发展。2016年中国人民银行正式引入宏观审慎评估体系(MPA),之前中央银行降准后,商业银行可以明显扩张资产,现在中央银行由只决定基础货币投放转变成直接控制广义货币供应量,通过MPA把住了最后的"总闸门"。MPA以广义信贷作为监测核心,而广义信贷增速以M2增速作为参考指标。在MPA对总规模的控制下,商业银行会选择更容易压缩的资产进行调节,比如买入返售、拆出资金等,从而对非银机构的流动性造成明显影响,即改变银行资产负债行为导致资金供给下降。2016年第一季度银行总资产增速下降,主要受MPA考核下同业资产同比显著负增长拖累,买入返售金融资产同比增速为-36.54%,较2015年末同比增速-8.2%大幅下滑,拆出资金同比增速降至6.21%,也远低于2015年末的31.21%。宏观审慎政策也会部分的抵消货币政策效果。当经济运行处于下行周期,中央银行采取宽松的货币政策刺激经济,也会导致降低商业银行的资本充足率,增大潜在的风险敞口,而此时实施逆周期的宏观审慎政策会阻止资本缓冲下降,提高商业银行的抗风险能力,从而与货币政策调控产生一定的冲突,使得中央银行的宽松货币政策达不到预期的效果。

货币政策能够为宏观审慎政策提供重要支持。虽然在维护金融稳定方面宏观审慎政策比货币政策更直接有效,但仅仅依靠宏观审慎政策应对金融体系的顺周期性,会导致过高的政策实施成本。货币政策通过保证通胀水平的稳定,从而为宏观审慎政策提供良好的操作环境,降低宏观审慎政策的实施成本。货币政策也会减小宏观审慎政策的效果。在经济低位运行时期,中央银行采取的宽松货币政策刺激经济带来的财富效应,导致居民手中的财富增加,从而会把货币资金投放到房地产等领域,加剧资产泡沫,这就需要配合偏紧的宏观审慎政策抑制资产价格上涨；与此同时，宽松的货币政策也会使商业银行的信贷投放能力提升，导致商业银行的资本充足率降低并且拨备减少。

二 货币政策与宏观审慎政策的配合机制

由于货币政策主要调控经济周期，而宏观审慎政策主要调控金融周期，因此经济周期和金融周期的一致性程度部分决定了两个政策的协调程度，而且IMF、G20等都一致认为配合使用货币政策和宏观审慎政策是维护金融体系稳定的最好方式。

（一）经济周期和金融周期同步时

如果经济周期处于繁荣期（或衰退期），同时金融周期也处于繁荣期（或衰退期），即二者是同步的，则此时实施货币政策和宏观审慎政策的效果是相互补充的。

"经济周期收缩+金融周期下降"。当经济处于下行周期，在宏观审慎政策工具未调整的情况下，货币政策的有效性将被削弱。因为在资本充足率约束未相应放松的情况下，宽松的货币政策不易通过商业银行的资产负债表增加货币供给，进而刺激经济增长。2008年下半年，受国际金融动荡影响，中国经济发展面临严峻考验，使保持经济平稳较快增长的难度加大，GDP增速从2007年6月15%的高点直线回落，金融机构和企业银根紧张、股市持续下跌，杠杆率仍承接前一时期的较低水平。在这一时期，中央银行实施了宽松的货币政策，从2008年9月开始，对存款准备金率进行下调，由17.5%下调至15.5%。同时，放松审慎监管使金融部门逐渐从冲击中恢复，从而放松银根、推动商业银行扩大信贷规模，向社会注入流动性，增加货币供应量，减少金融危机对实体经济的进一步影响。

"经济周期扩张+金融周期上升"。当经济受到正向的需求冲击时，产出和通胀上升，银行信贷膨胀。在采取紧缩货币政策的同时，宏观审慎政策提高逆周期资本缓冲，为银行减少资本金。此时两政策行动一致，政策效果互相促进，在适宜的宏观审慎政策下，中央银行不必大幅降低利率。2010年初至2011年末，中国经济逐渐从金融危机的阴影走出，这得益于前期政府实行的4万亿经济刺激计划，但过度宽松的货币政策导致信贷投放大幅增加，从而企业杠杆率迅速攀升，金融市场的流动性相对过多。在这种情况下，中国央行实行偏紧的货币政策，连续

12次上调法定存款准备金率，从15.5%一路调高至历史最高点21.5%。但紧缩货币政策不能有效抑制杠杆率的不断上涨，容易造成非金融部门杠杆率的绝对水平持续提高的局面。此时中国配合以严格的宏观审慎政策，将商业金融资本充足率要求由8%上升至11.5%，中小银行上升至10.5%。在这一时期，银行业受到两个政策工具双重约束变"紧"的影响，从而使经济周期和金融周期的扩张得到了有效的控制。

（二）经济周期和金融周期不同步时

如果经济周期处于繁荣期（或衰退期），而金融周期却处于衰退期（或繁荣期），即二者是不同步的，则此时实施货币政策和宏观审慎政策的效果是相反的，即一种政策的实施可能会削弱或抵消另一种政策的实施。

"经济周期收缩+金融周期上升"。在经济增速较低而信贷繁荣时期，为了抑制信贷的增长、降低金融风险，需要使用逆周期的宏观审慎政策，但偏紧的宏观审慎政策也会对经济增长产生下行压力。此时，如果实施宽松的货币政策刺激经济增长，将增加金融机构的风险承担行为，进一步刺激信贷增加。因此，需要保持货币政策的稳健中性或中性偏松促进经济增长并防范系统性金融风险爆发。自2010年以来，中国经济增长一直处于下行趋势，经济结构性问题凸显。金融危机后，经济刺激政策导致的信贷规模大增，使非金融部门的杠杆率高企，而且宽松货币政策使利率保持在较低水平，导致金融部门通过加杠杆获取高额收益。2011年上半年，中国央行对资本充足率较低、信贷增长过快、顺周期风险隐患增大的金融机构实施差别准备金要求，加强流动性管理，引导货币信贷增长平稳回调。2012年5月，继中国央行小幅下调法定存款准备金率后，存款准备金率基本处于稳定状态。经济的基本面较2011年变化不大，虽然市场流动性多次变化，并经历了2013年6月的"钱荒"事件，中国央行开始使用公开市场短期流动性条件工具（SLO）应对市场的流动性问题，在存款准备金的调整方面更加谨慎。2013年6月，中国开启了金融去杠杆进程。货币政策过快收紧将导致长期利率水平急剧上升，因此不应通过紧缩的货币政策去杠杆，而应通过加强宏观审慎政策促进金融部门去杠杆。根据《巴塞尔协议Ⅲ》要求，中国在这一阶段提出了银行业4%的杠杆率监管标准，杠杆率要求作为一项新的宏观审慎政策工具,为未来中国商业银行信贷的刚性扩张预埋了政策安排。因为货币政策在该时期调整的幅度较小,所以并没有和宏观审慎政策产生明显的抵消或叠加效应。

"经济周期扩张+金融周期下降"。当经济运行过热而信贷增速较低时,需要采取紧缩的货币政策,抑制经济过快增长,但这会进一步增加信贷成本,减少信贷需求。此时,如果实施宽松的宏观审慎政策推动信贷增长,将会加剧经济进一步过热。因此,这一时期的政策调整是需要在紧缩货币政策下,保持宏观审慎政策的稳健中性或中性偏松。2005—2007年上半年,中国经济开启了新一轮的增长周期,国有企业改革持续加快推动,银行业完成三轮不良资产剥离,杠杆率降至低位。因此,中国央行采取紧缩的货币政策控制经济过快增长,避免资产价格泡沫扩张,防止滋生系统性金融风险。在这一过程中,商业银行的货币创造能力已大幅压缩,在宏观审慎政策基本不变的背景下,商业银行为了满足监管要求,风险资产及信贷规模被迫减少,金融服务实体经济的能力有所削弱,也可一定程度上的防止经济过热。

第七节 小结

本章构建一个考虑银行不完全竞争性的 DSGE 模型,深入系统地研究中国在协调实现稳增长和去杠杆目标背景下面临的困境,以及运用不同类型的货币政策和宏观审慎政策组合对稳增长与去杠杆的调控效果及传导机制。脉冲响应和福利分析结果表明:①政策利率水平的上升增加了货币的收益率,不利于储蓄型居民将储蓄向投资转化,也增加资金的借贷成本,减弱借贷型居民和企业家的借贷意愿,阻碍资金用于生产、消费,导致产出水平下降。为了维持大量预算软约束的国有企业等部门运转,仍然需要筹集较高融资成本的资金,导致资金被低效率的使用,加剧经济增长的下滑,引起杠杠率大幅上升。②面对正向金融冲击,通过提高政策利率实施紧缩性货币政策,降低产出水平;同时,通过提高资本充足率要求实施逆周期性宏观审慎政策,导致可贷资金减少,抑制杠杆率水平。由于资本充足率直接影响银行部门,能够弥补贷款替代效应导致的政策效果减弱,因此在货币政策调控的基础上,加入资本充足率要求政策能有效维护宏观经济金融的稳定。当遇到技术冲击时，由于技术变革对实体经济的影响主要是投资和消费方面，对于金融体系的影响较小，因此单独使用货币政策改变信贷供给状况，可以较好的维护宏观经济的稳定，这也是2008年国际金融危机之前未重视宏观审慎政策对金融波动进行逆周期调节，而只是强调货币政策控制经济周期波动的原因所在。面对正向房地产需求冲击，不适用于单纯采取大幅加息等总量措施，而应当配合采取收紧LTV等宏观审慎政策工具，更有针对性地对房地产市场适度降温，避免对整体经济造成冲击，利率政策与LTV政策使经济增长和杠杆率的波动相对较小，政策组合相对更有效。③在正向金融冲击下，提高政策利率导致储蓄型居民零售存款利率上升，促进储蓄型居民收益的增加；借贷型居民和企业家不能通过欧拉方程平滑跨期消费路径上产生的波动，因此通过提高银行资本充足率要求收紧银行放贷，有助于平滑二者的信贷波动，进而减少其消费波动，最终降低产出、杠杆率等波动，增进社会福利水平。

第六章
利率并轨与货币政策传导

第一节 引言及相关文献回顾

从利率市场化整个过程来看，中国在边际上引入利率市场化，采取了存贷款管制利率和放开的金融市场利率并存的帕雷托式的渐进双轨制改革策略（易纲，2009）。这也是中国货币政策的一个显著特点，即存贷款基准利率由中央银行管制，债券和货币市场利率由市场决定。在利率双轨制安排下，已放开的金融市场利率仍然受存贷款利率的影响；同时，放开的金融市场利率更敏感地反映宏观经济形势和资金供求情况，从而显著影响管制利率水平。中国实施利率双轨制的部分原因在于国有企业和地方政府融资平台的预算软约束。虽然中国央行试图通过公开市场操作利率引导市场利率并进一步向实体经济传导，但是过低的存款利率导致过多的信贷供给和需求，这种价格型工具带来的扭曲需要用数量型工具进行纠正，中国央行通过管制利率和相应的数量型工具配合调控商业银行的信贷规模，因此利率双轨制决定了数量型和价格型多种货币政策工具并存，这也意味着中国的货币政策传导机制不同于发达国家。在过去十多年间中国信贷融资规模占社会总融资规模的比重在70%左右，即中国现阶段实体经济融资仍以间接融资为主，而资本市场发展仍不够成熟，债券市场规模相对较小，融资门槛相对较高。这样的融资结构造成了社会资金需求主要受存贷款基准利率影响，市场资金的供求状况不能由市场利率水平完全反映，甚至还可能出现"扭曲"资金配置的现象（陈彦斌等，2014）。存款利率管制的银行信贷融资成为融资主体，而市场融资在社会总融资中的占比较低，从而导致中国市场利率与社会总融资需求之间的相关性降低，中国货币政策的市场利率传导效果在利率双轨制下被削弱。2018年4月11日，中国人民银行行长易纲在博鳌论坛发表讲话时表示，中国未来基准利率和市场利率会越来越接近，基准利率将可能主要由市场决定，中国基准利率和市场利率的双轨将合并成一个市场化利率。这意味着，中国将更为彻底地放松对存贷款利率的限制，使存贷款利率能够反映货币市场利率的变化。在此过程中，需要关注：利率"两轨合一轨"到底有什么好处？利率"两轨合一轨"是否会影响收益分配？银行、企业、居民究竟谁得益了？资产泡沫与利率市场化有没有关系？总之，在当前构建货币政策和宏观审慎政策双支柱调控框架、推进利率市场改革的情况下，探索让基准利率和市场利率这两个轨道的利率逐渐统一，从而更有效地引导资金"脱虚向实"，使金融更好地服务实体经济发展，具有重要的理论和现实意义。

国内外一些文献以微观银行经济学理论为基础，通过对银行利润的优化，分析银行间市场利率和存贷款利率之间的相互关系和决定机制，对中国利率"双轨制"下放开的金融市场利率和受管制的存贷款利率之间的关系及其影响进行了相关研究（Freixas et al.，2008）。长期以来，银行主要通过锚定存贷款基准利率进行存贷款定价，根据存贷款基准利率开展内部利率管理，市场利率定价自律机制和宏观审慎政策评估等利率管理也主要依赖存贷款基准利率手段，因而我国仍存在事实上的利率双轨制（易纲，2018）。尽管目前已经放开了存款利率的浮动限制，但仍存在人为扭曲和压低金融市场利率的情况，从而导致市场利率明显低于稳态增长路径上的均衡利率水平（李宏瑾等，2016）。Porter等（2013）认为，货币政策的调控效果在利率市场化和利率双轨制情况下会显著不同，中国货币政策的实施需要考虑利率双轨制因素。张勇等（2014）的研究表明，短期内，利率双轨制决定了货币政策主要通过管制利率渠道传导，利率双轨制的效率取决于产品市场的扭曲程度，同时还与金融市场的扭曲程度密切相关。解决利率双轨制扭曲效应的关键是利率市场化，国内外文献对利率市场化问题也进行了相关的理论和实证探讨。Galbis（1993）、Lynch（1996）、Williamson等（1998）、

Honohan（2000）等基于宏观经济角度研究利差和实际利率的变化趋势，发现短期内利差收窄的可能性较大，利率市场化有助于推动实际利率水平上升。李北伟和耿爽（2020）认为，利率市场化具有"双刃剑"政策效应，在改善货币政策传导效果的同时，利率并轨也会加剧同业竞争，对银行经营发展带来影响和冲击。李宏瑾和苏乃芳（2021）认为，利率双轨制下市场利率和存贷款利率都受到明显的扭曲压抑，存贷款利率对市场利率的敏感性降低，利率传导效率受到明显损害。利率完全放开后，我国金融市场利率、存贷款利率和存贷利差都将出现明显上升。李宁（2017）的研究表明，目前中国利率市场化进程还没有完成，利率传导机制还不够畅通，各经济金融变量的关系错综复杂，因此，在推进利率市场化过程中，对于取消利率管制的影响、风险和时机都需要科学把握。冯传奇和洪正（2018）的分析显示，监管机构需警惕利率市场化带来的银行业风险加剧，根据银行不同微观特征构建更为有效的监管指标体系。

综上，可以发现，已有研究从不同角度探讨了利率双轨制及利率市场化对经济的影响，但还存在不足之处。一是很少在货币政策和宏观审慎政策双支柱框架下探讨利率"两轨合一轨"问题。二是大多缺乏微观基础的支撑，没有进行整个国民经济体系及运行的一般均衡研究，而只是以商业银行为考察对象。三是对利率"两轨合一轨"情况下的宏观金融政策传导路径和调控框架的探讨较少，鲜有文献关注从利率双轨制到利率完全市场化过程中，宏观金融政策的传导机制和效果有什么不同，利率"两轨合一轨"将对产出、通胀、消费、投资、资产价格等宏观变量产生怎样的影响。因此，本章试图从理论层面阐释中国现阶段的利率"两轨合一轨"对宏观金融政策传导和宏观经济的影响机制，并实证检验在"双轨"和"并轨"情况下宏观金融政策传导及效果的差异性。有鉴于此，本章拟参考 Gerali 等（2010）、Chen 等（2012）、马骏等（2016）动态随机一般均衡（DSGE）模型的特点，构建带有利率双轨和利率并轨情况的 DSGE 模型，研究双支柱框架下利率"两轨合一轨"过程中，宏观金融政策对实体经济、资产价格和不同经济主体的影响，以及当逐步提高利率市场化程度、放松银行体系面临的高存款准备金率约束时，宏观金融政策的传导机制和效果的差异以期能为进一步完善利率传导机制、推动利率市场化改革、促进货币政策框架从数量型向价格型转变，以更好引导金融资源支持实体经济发展提供决策参考。

第二节 理论模型构建

考虑到当前中国积极推进利率"两轨合一轨"的现实，本章探索构建中国利率双轨制和并轨特征的 DSGE 模型。模型中包括居民、企业家、零售商、商业银行和中央银行五个经济主体。储蓄型居民购买消费品，提供劳动力，并将剩余收入存入商业银行获得利息收入。借贷型居民购买消费品和房地产，提供劳动力，并从商业银行获得贷款。企业家作为生产者的属性，利用劳动力和资本存量并从金融市场融资生产中间产品卖给零售商；作为消费者的属性，购买消费品，在预算约束下实现效用最大化。零售商从企业家手中以批发价格购买中间产品，并将中间产品转化为最终产品[①]。商业银行吸收储蓄型居民存款，受资产负债表约束，具有积累和分配资金的市场力量。中央银行同时采取货币政策和宏观审慎政策，其中的货币政策分别刻画了利率双轨和并轨情况下的规则。

一 居民

假设经济中存在大量无限期的储蓄型居民，储蓄型居民选择最优路径是在预算约束下最大化效用的期望现值。储蓄型居民的目标函数和预算约束分别为：

$$\max E_0 \sum_{t=0}^{\infty} \beta_P^t \left[(1-a^P) \log(c_t^P - a^P c_{t-1}^P) + \varepsilon_t^h \log h_t^P - (l_t^P)^{1+\phi}/(1+\phi) \right]$$

$$\text{s.t.} \quad c_t^P + q_t^h(h_t^P - h_{t-1}^P) + d_t = w_t^P l_t^P + (1+r_{t-1}^d) d_{t-1}/\pi_t + J_t^R$$

其中：d_t 为储蓄型居民的实际存款余额；h_t^P 为房屋存量；w_t^P 为单位实际工资；r_t^d 为存款利率；l_t^P 为向企业家提供的劳动力；c_t^P 为消费；π_t 为通货膨胀率；q_t^h 为房屋实际价格；ε_t^h 为房地产需求冲击，$\varepsilon_t^h = \rho_h \varepsilon_{t-1}^h + \eta_t^h$，$\rho_h$ 为一阶自回归系数，而 η_t^h 为随机扰动项，服从 N（0，

[①] 由零售商利润最大化的一阶条件可得到新凯恩斯 Phillips 曲线。

σ_h^2); J_t^R 为从零售商分得的一次性红利收入。对于储蓄型居民从零售商分得一次性红利收入的设定，主要借鉴了 Gerali 等（2010）、Angelini 等（2014）、方意（2016）等的研究，这些文献都没有考虑来自企业家的投资分红收入，因为企业家利用劳动力和资本存量并从金融市场融资生产中间商品卖给零售商，并不为居民提供分红收入；而零售商以批发价格从企业家手中购买中间产品，将中间商品转化为最终商品并为居民提供分红收入。β_P 为储蓄型居民的主观贴现因子，a^P 为消费惯性因子，ϕ 为劳动供给弹性的倒数。

上述预算约束的拉格朗日乘子为 λ_t^P，则储蓄型居民效用最大化的一阶条件：

$$(1-a^P)/(c_t^P - a^P c_{t-1}^P) = \lambda_t^P \tag{6.1}$$

$$\lambda_t^P q_t^h = \varepsilon_t^h / h_t^P + \beta_P E_t(\lambda_{t+1}^P q_{t+1}^h) \tag{6.2}$$

$$\lambda_t^P = \beta_P E_t(\lambda_{t+1}^P (1+r_t^d)/\pi_{t+1}) \tag{6.3}$$

假设经济中存在大量无限期的借贷型居民，借贷型居民选择最优路径不仅在预算约束下最大化效用的期望现值，还面临以抵押品约束形式存在的借款约束。借贷型居民的目标函数、预算约束和借贷约束分别为：

$$\max E_0 \sum_{t=0}^{\infty} \beta_I^t [(1-a^I)\log(c_t^I - a^I c_{t-1}^I) + \varepsilon_t^h \log h_t^I - (l_t^I)^{1+\phi}/(1+\phi)]$$

$$\text{s.t.} \quad c_t^I + q_t^h(h_t^I - h_{t-1}^I) + (1+r_{t-1}^b)b_{t-1}/\pi_t = w_t^I l_t^I + b_t(1+r_t^b) \quad b_t \leq m_t^I E_t(q_{t+1}^h h_t^I / \pi_{t+1})$$

其中，b_t 为借贷型居民的实际贷款余额，h_t^I 为房屋存量，w_t^I 为单位实际工资，m_t^I 为贷款价值比，r_t^b 为贷款利率，l_t^I 为向企业家提供的劳动力，c_t^I 为消费。β_I 为借贷型居民的主观贴现因子，a^I 为消费惯性因子，且 $\beta_I < \beta_P$（为保证稳态时借贷型居民是经济体的净借款方）。由于当前中国的资本市场还不够发达，仍然存在很多体制机制不完善等方面的问题，因此，居民、企业等经济主体的资金融通，更多的还是通过银行体系的间接融资，而不是资本市场的直接融资。货币政策通过资本市场传导存在传导不畅和效率较低等问题。中国股市基本上是跟随经济周期及投资者对经济增长的预期来变动的，存贷款利率对股市的影响有限。在许多国家尤其是发达国家，股票价格指数往往是宏观经济的

"晴雨表"。然而在中国，现阶段似乎尚未发现这种较强的相关性。综合上述因素考虑，文中的"借贷型居民"只考虑房屋抵押或按揭贷款，没考虑资本市场上的融资融券。

上述预算约束的拉格朗日乘子为 λ_t^I，则借贷型居民效用最大化的一阶条件：

$$(1-a^I)/(c_t^I - a^I c_{t-1}^I) = \lambda_t^I \tag{6.4}$$

$$\lambda_t^I q_t^h = \varepsilon_t^h/h_t^I + \beta_I E_t(\lambda_{t+1}^I q_{t+1}^h) + s_t^I m_t^I q_{t+1}^h \pi_{t+1} \tag{6.5}$$

$$\lambda_t^I = \beta_I E_t(\lambda_{t+1}^I (1+r_t^b)/\pi_{t+1}) + s_t^I (1+r_t^b) \tag{6.6}$$

二 企业家

假设经济中存在大量无限期的同质的企业家，企业家选择最优路径是在预算约束下以最大化效用的期望现值，在资本和融资上做最优选择，这里的企业家效用函数只考虑企业家的消费。企业家的目标函数和预算约束分别为：

$$\max E_0 \sum_{t=0}^{\infty} \beta_E^t [(1-a^E) \log(c_t^E - a^E c_{t-1}^E)]$$

$$\text{s. t.} \quad c_t^E + w_t^P l_t^{E,P} + w_t^I l_t^{E,I} + (1+r_{t-1}^m) IB_{t-1}/\pi_t + q_t^k k_t^E = y_t^E/x_t + IB_t + q_t^k(1-\delta) k_{t-1}^E$$

其中，k_t^E 为企业家的资本品数量，IB_t 为在金融市场上的融资余额，c_t^E 为消费，r_t^m 为金融市场的市场利率，$1/x_t$ 为中间产品相对于最终产品的价格（x_t 为成本加成），q_t^k 为资本品的实际价格。β_E 为企业家的主观贴现因子，且 $\beta_E < \beta_P$，a^E 为消费惯性因子，δ 为资本折旧率。

上述预算约束的拉格朗日乘子为 λ_t^E，则企业家效用最大化的一阶条件：

$$(1-a^E)/(c_t^E - a^E c_{t-1}^E) = \lambda_t^E \tag{6.7}$$

$$\lambda_t^E = \beta_E E_t(\lambda_{t+1}^E (1+r_t^m)/\pi_{t+1}) \tag{6.8}$$

$$\lambda_t^E q_t^k = \beta_E E_t \lambda_{t+1}^E (r_{t+1}^k + q_{t+1}^k (1-\delta)) \tag{6.9}$$

企业家通过 C-D 生产技术生产无差别的中间产品：$y_t^E = A_t^E (k_{t-1}^E)^\alpha ((l_t^{E,P})^\mu (l_t^{E,I})^{1-\mu})^{1-\alpha}$。其中，$A_t^E$ 为生产技术冲击，$A_t^E = \rho_A A_{t-1}^E + \eta_t^A$，$\rho_A$ 为一阶自回归系数，而 η_t^A 为随机扰动项，服从 $N(0, \sigma_A^2)$。α 为资本品收入份额，μ 为储蓄型居民提供劳动力所占比重。资本积累方程为：$k_t^E - (1-\delta) k_{t-1}^E = I_t$。它表示从零售商购买 I_t 单位最终产品，并从企业家购买

上期未折旧资本品 $(1-\delta)k_{t-1}^E$，用来一同生产资本品 k_t^E，即利用资本存量和投资生产新资本品。

根据企业家成本最小化，企业家的工资支出和单位资本成本支出满足的一阶条件：

$$w_t^P = \mu(1-\alpha)(y_t^E/l_t^{E,P})(1/x_t) \tag{6.10}$$

$$w_t^I = (1-\mu)(1-\alpha)(y_t^E/l_t^{E,I})(1/x_t) \tag{6.11}$$

$$r_t^k = \alpha A_t^E (k_{t-1}^E)^{\alpha-1}((l_t^{E,P})^\mu (l_t^{E,I})^{1-\mu})^{1-\alpha}(1/x_t) \tag{6.12}$$

三 零售商

假设零售商在产品需求约束下最大化利润，零售商采用 Rotemberg 二次调整成本形式调整产品价格，即存在价格黏性，而且零售商为居民提供分红收入，即实际利润 $J_t^R = y_t(j)(1-1/x_t)-(\kappa_P/2)(\pi_t-\pi_{t-1}^{lP}\pi^{1-lP})^2 y_t$。零售商的名义利润函数和产品需求函数分别为：

$$\max E_0 \sum_{t=0}^\infty \Lambda_{0,t}^P [P_t(j)y_t(j)(1-1/x_t)-(\kappa_P/2)(\pi_t-\pi_{t-1}^{lP}\pi^{1-lP})^2 P_t y_t]$$

$$\text{s.t.} \quad y_t(j) = (P_t(j)/P_t)^{-\varepsilon_t^y} y_t$$

其中，$\Lambda_{0,t}^P = \beta_P^t \lambda_t^P/\lambda_0^P$ 为随机贴现因子，$y_t(j)$ 为零售商对中间产品的需求，y_t 为最终产品产出，$P_t(j)$ 为中间产品价格，P_t 为最终产品价格，ε_t^y 为零售商的需求价格弹性，κ_P 为零售商的调整成本系数，lP 为上期通胀相对稳态通胀的权重。

零售商利润最大化的一阶条件：

$$1-\varepsilon_t^y+(\varepsilon_t^y/x_t)-k_P(\pi_t-\pi_{t-1}^{lP})\pi_t+\beta_P E_t((\lambda_{t+1}^P/\lambda_t^P)k_P(\pi_{t+1}-\pi_t^{lP}\pi^{1-lP})\pi_{t+1}^2 (y_{t+1}/y_t)) = 0 \tag{6.13}$$

四 商业银行

商业银行以利润最大化为目标，并有一定的激励去调整存款、贷款、在货币和债券市场的净头寸等资产配置组合，改变各个金融市场中金融资产的供求关系。在每一期内，商业银行从储蓄型居民部门吸收存款 D_t，并从中央银行短期拆借资金 NB_t，向借贷型居民发放贷款 B_t，对企业家进行融资 IB_t。

假设商业银行的利润函数和约束条件为：

$$\max \sum_{t=0}^\infty \beta_B^t$$

$$\left\{\begin{array}{l} r_t^b\left(\dfrac{B_t+B_{t-1}}{2}\right)+r_t^z\kappa\left(\dfrac{D_t+D_{t-1}}{2}\right)-r_t^d\left(\dfrac{D_t+D_{t-1}}{2}\right)+r_t^m\left(\dfrac{IB_t+IB_{t-1}}{2}\right)-r_t^n\left(\dfrac{NB_t+NB_{t-1}}{2}\right) \\ -\dfrac{1}{2}(\varphi_d D_t^2+\varphi_b B_t^2+\varphi_m IB_t^2)-\dfrac{\gamma_d}{2}(D_t-D_{t-1})^2-\dfrac{\gamma_b}{2}(B_t-B_{t-1})^2-\dfrac{\gamma_m}{2}(IB_t-IB_{t-1})^2 \end{array}\right\}$$

s.t. $B_t+IB_t=NB_t+(1-\kappa)D_t$

其中：β_B 为商业银行的主观贴现因子，且 $\beta_B>\beta_P$；κ 为中央银行规定的法定存款准备金率。r_t^n 为商业银行向中央银行短期拆借资金的利率，r_t^z 为商业银行上缴存款准备金的利率。由于本章关注的重点是利率"两轨合一轨"下的货币政策传导问题，借鉴 He 等（2012）的研究，因此这里将金融市场看作一个非管制的自由资金市场，其利率就用一个金融市场的市场利率 r_t^m 来表示。

考虑到商业银行持有居民存款和贷款、中央银行拆借资金等金融资产的动态特征，产生净盈利的金融资产总额就用第 t 期与第 t-1 期的平均金融持有量来表示。比如考虑到贷款市场资产的变现能力较差，并且由于不同期限贷款合约的存在，选择第 t-1 期期末与第 t 期期末商业银行贷款持有量的均值表示在第 t 期内收益率为 r_t^b 的贷款规模，即 $(B_t+B_{t-1})/2$。

考虑到商业银行的分散风险需求，它有激励分散其资产配置组合，因此用商业银行边际递增的运营成本来描述，即 $\dfrac{1}{2}(\varphi_d D_t^2+\varphi_b B_t^2+\varphi_m IB_t^2)$，表示商业银行持有金融资产的二次型运营成本，它是关于存款、贷款、企业家融资的函数。其中，φ_d、φ_b、φ_m 分别为商业银行对于存款、贷款、企业家融资的边际运营成本系数。二次型运营成本反映了风险和市场竞争因素，因为商业银行同类资产规模越大，那么风险就越集中，扩张该类资产规模的难度也随着市场逐渐饱和而增加，从而使商业银行的边际运营成本随着商业银行同类资产规模的增加而增加。

假设商业银行在动态增持或减持贷款、存款等金融资产时存在一定的调整成本，即 $\dfrac{\gamma_d}{2}(D_t-D_{t-1})^2+\dfrac{\gamma_b}{2}(B_t-B_{t-1})^2+\dfrac{\gamma_m}{2}(IB_t-IB_{t-1})^2$ 表示商业银行调整其所持有金融资产的二次型调节成本，其取决于商业银行当期金融资产持有量偏离上一期的绝对量，即商业银行金融资产变动的规模。其中，γ_d、γ_b、γ_m 分别为商业银行对于存款、贷款、企业家融资的边际调节成本系数。如果用(B_t-B_{t-1})来表示商业银行的新增贷款，那么$\gamma_b(B_t-B_{t-1})^2/2$就可以被理解为商业银行新增贷款时计提的坏账成本。由于中国的商业银行无法快速发放或收回贷款，而是偏好于渐进平缓地调节贷款存量以应对外生冲击，因此该调节成本较好的限制了外生冲击发生时商业银行对贷款存量的过快调节。

商业银行关于存款、贷款、企业家融资的一阶条件分别为：

$$\kappa(r_t^z+\beta_B r_{t+1}^z)+(1-\kappa)(r_t^n+\beta_B r_{t+1}^n)=r_t^d+\beta_B r_{t+1}^d+2\varphi_d D_t+2\gamma_d(D_t-D_{t-1})-2\beta_B\gamma_d(D_{t+1}-D_t) \quad (6.14)$$

$$r_t^b+\beta_B r_{t+1}^b=r_t^n+\beta_B r_{t+1}^n+2\varphi_b B_t+2\gamma_b(B_t-B_{t-1})-2\beta_B\gamma_b(B_{t+1}-B_t) \quad (6.15)$$

$$r_t^m+\beta_B r_{t+1}^m=r_t^n+\beta_B r_{t+1}^n+2\varphi_m IB_t+2\gamma_m(IB_t-IB_{t-1})-2\beta_B\gamma_m(IB_{t+1}-IB_t) \quad (6.16)$$

商业银行的运营和调节成本是影响货币政策传导的重要因素，$(\varphi_d, \varphi_b, \varphi_m, \gamma_d, \gamma_b, \gamma_m)$直接影响利率向不同金融市场的传导，$(\gamma_d, \gamma_b, \gamma_m)$只影响外生冲击发生后商业银行对不同金融资产的跨期调节效率，不影响金融市场的稳态条件。

五 中央银行

中央银行持有资产，即向商业银行拆出的短期资金为NB_t，NB_t可正可负，当$NB_t<0$时，表示中央银行在负债端通过公开市场操作等手段回收流动性。中央银行面临的资本约束为：

$$NB_{t+1}-(1+r_t^n)NB_t=\kappa D_{t+1}-(1+r^z)\kappa D_t \quad (6.17)$$

当前中国仍处于利率双轨制阶段，一方面存在债券和货币市场利率，另一方面还存在存贷款基准利率。在利率双轨情况下，市场利率r_t^m由市场供求决定，即由前面求得的关于r_t^m的均衡方程决定；存款利率r_t^d由中央银行通过调控存款管制利率r_t^{cd}直接指导进行政策干预。鉴于此，将利率双轨时的存款管制利率及其对存款利率作用的政策规则设定为：

$$1+r_t^{cd}=(1+r^{cd})^{(1-\phi_R)}(1+r_{t-1}^{cd})^{\phi_R}(\pi_t/\pi)^{\phi_\pi(1-\phi_R)}(y_t/y_{t-1})^{\phi_y(1-\phi_R)}\varepsilon_t^{rcd} \quad (6.18)$$

$$r_t^d=(1-\phi_{rd})r_t^{cd}+\phi_{rd}r_{t-1}^d \quad (6.19)$$

其中，ϕ_y 和 ϕ_π 分别为存款管制利率对产出和通胀的反应系数，ϕ_R 为存款管制利率的惯性，ϕ_{rd} 为当期存款利率根据上一期存款利率调整的权重，r^{cd} 为存款管制利率的稳态，π 为通胀的稳态，ε_t^{rcd} 为存款管制利率冲击。

当利率实现完全市场化时，利率双轨合流，中央银行不再对存款利率进行直接管制，因此，在利率并轨情况下中央银行的货币政策通过控制市场利率来实施，进一步地，市场利率会传导以影响商业银行的存贷款利率，从而最终实现逆周期调控宏观经济波动的目标。鉴于此，将利率并轨时的市场利率政策规则设定为：

$$1+r_t^m = (1+r^m)^{(1-\phi_R)} (1+r_{t-1}^m)^{\phi_R} (\pi_t/\pi)^{\phi_\pi(1-\phi_R)} (y_t/y_{t-1})^{\phi_y(1-\phi_R)} \varepsilon_t^r \tag{6.20}$$

其中，ε_t^r 为市场利率冲击，r^m 为市场利率的稳态。式（6.20）与式（6.18）在形式上相同，只是利率变量类型不同，ϕ_R 仍然为利率的惯性，ϕ_y 和 ϕ_π 仍然分别为利率对产出和通胀的反应系数。

在双支柱框架下，中央银行在实施货币政策的同时还实施宏观审慎政策。卜林（2016）、罗娜（2017）等国内学者设定宏观审慎政策较多使用贷款价值比（LTV）工具，因此本章关于中央银行的宏观审慎政策工具也使用借贷型居民贷款价值比 m_t^I 这一指标，LTV 会进一步传导以影响商业银行的贷款利率，从而最终实现逆周期调控金融周期波动的目标。这里引入信贷 B_t 作为中央银行的金融稳定目标，因此，将宏观审慎政策规则方程设定为：

$$m_t^I = m^{I(1-\rho_{mI})} (m_{t-1}^I)^{\rho_{mI}} (B_t/B_{t-1})^{(1-\rho_{mI})\phi_{mI}} \varepsilon_t^{mI} \tag{6.21}$$

其中，m_t^I 为LTV宏观审慎政策，ρ_{mI}（$0<\rho_{mI}<1$）为LTV宏观审慎政策的惯性，m^I 为LTV宏观审慎政策的稳态，ϕ_{mI} 为LTV宏观审慎政策的敏感性参数，ε_t^{mI} 为贷款价值比冲击。

六 市场出清

当最终产品市场出清时，总消费加上总投资等于总产出，即资源约束方程为：$y_t = c_t^P + c_t^I + c_t^E + I_t$，其中 $y_t = y_t^E$。房地产供给方程为：$h_t^P + h_t^I = 1$，即房地产总供给外生给定标准化为1，因为不存在房地产生产部门，房地产市场是一个存量市场。

第三节 参数校准和贝叶斯估计

本章主要参考国内外已有的相关研究成果对模型中需要校准的部分参数值进行设置。借鉴戴金平和陈汉鹏（2013），本章将借贷型居民的主观贴现因子 β_I 校准为 0.975，而且将企业家的主观贴现因子 β_E 校准为相同的值；将储蓄型居民的主观贴现因子 β_P 校准为 0.994，而且将零售商的主观贴现因子校准为相同的值。因为商业银行在一般情况下会比储蓄型居民具有更中性的风险偏好，且拥有更多的信息，从而使商业银行比储蓄型居民更有耐心，更倾向于长期的投资回报，所以本章将商业银行的主观贴现因子 β_B 校准为 1。根据 Kannan 等（2012）的做法，把劳动供给弹性的倒数 ϕ 设定为 1。对于资本折旧率 δ 的校准，本章参考了 Iacoviello 等（2010）、黄志刚（2010）的做法，将其设定为 0.025。参照马骏等（2016）的研究，把商业银行对于贷款、存款、企业家融资的边际调节成本系数 γ_b、γ_d、γ_m 分别设定为 0.004、0.000008、0.00024。参考 Angelini 等（2014）的研究，把储蓄型居民劳力所占比重 μ 校准为 0.8。国内主流文献将资本品收入份额 α 的校准值控制在 0.3—0.5，参考崔光灿（2006）、简志宏等（2013）的计算结果，本章将其值校准为 0.33。借鉴 Chen 等（2012）的研究，把当期存款利率根据上一期存款利率调整的权重 ϕ_{rd} 校准为 0.7。

本章使用贝叶斯方法对利率双轨和利率并轨情况下的模型待估参数进行估计。原始数据来源于 Wind 资讯，使用产出和通胀两个观测变量，选取数据样本期为 2001 年第一季度至 2017 年第四季度，共 68 个数据样本。借鉴王彬等（2014）的处理，通货膨胀率用 CPI 的季度环比指数代表；再对名义季度 GDP 利用 CPI 的季度定基指数进行转换，得到实际季度 GDP 数据，然后对其取对数，再利用 HP 滤波剔除长期趋势；最后通过 X-12 方法剔除各变量季节波动。参考 Gerali 等（2010）、庄子罐等（2016），经过多次尝试和比较后，选取模型参数的先验分布。采取 Metropolis-Hastings 算法模拟 20000 次，最终使用 10000 个模拟数对模型参数进行贝叶斯估计，利率双轨和利率并轨情况下模拟过程中使用两条马尔科夫链的最终接受率分别为 32.1734% 和

36.0032%、22.6914%和23.3088%,二者都在20%—40%的合理区间内,且差异都较小,模型的单变量和多变量的收敛性检验也都较好,因此模型和参数都比较稳定。本章运用Dynare工具箱在Matlab环境中编程实现模型的参数估计和仿真分析。表6-1给出了利率双轨和利率并轨情况下模型待估参数的先验分布和贝叶斯估计结果。

表6-1　　　　　　　参数的先验分布和贝叶斯估计

参数	先验分布	利率双轨 后验均值	利率双轨 后验区间	利率并轨 后验均值	利率并轨 后验区间
a^I	Beta [0.856, 0.1]	0.9277	[0.9080, 0.9452]	0.8748	[0.8723, 0.8765]
a^P	Beta [0.856, 0.1]	0.6050	[0.5841, 0.6209]	0.7078	[0.6910, 0.7226]
a^E	Beta [0.856, 0.1]	0.9997	[0.9996, 0.9998]	0.8505	[0.8494, 0.8516]
κ_P	Gamma [28.650, 20.0]	27.7578	[26.9591, 29.8459]	53.8156	[50.1803, 57.1648]
lP	Beta [0.160, 0.1]	0.2244	[0.1932, 0.2632]	0.2125	[0.2034, 0.2220]
ϕ_R	Beta [0.750, 0.1]	0.7179	[0.6781, 0.7457]	0.7802	[0.7757, 0.7830]
ϕ_π	Gamma [2.000, 0.1]	2.0580	[2.0471, 2.0715]	2.0360	[2.0281, 2.0453]
ϕ_y	Normal [0.1, 0.1]	0.3099	[0.2905, 0.3321]	0.1032	[0.0945, 0.1119]
ϕ_{mI}	Gamma [3.000, 0.1]	2.9245	[2.9040, 2.9390]	3.0626	[3.0603, 3.0648]
ρ_{rz}	Beta [0.700, 0.1]	0.5744	[0.5540, 0.5903]	0.6975	[0.6826, 0.7117]
ρ_A	Beta [0.970, 0.1]	0.9877	[0.9784, 0.9999]	0.9785	[0.9657, 0.9866]
ρ_h	Beta [0.940, 0.1]	0.9987	[0.9951, 1.0000]	0.8935	[0.8820, 0.9039]
ρ_{mI}	Beta [0.925, 0.1]	0.9899	[0.9829, 1.0000]	0.9235	[0.9141, 0.9337]

第四节　政策效果分析

一　不同体制环境下政策效果比较

下面利用模型通过脉冲响应方法探讨在利率双轨和利率并轨情况下,金融政策冲击的宏观经济效果差异。

(一)管制(市场)利率冲击

图6-1给出了在利率双轨和利率并轨情况下,主要内生经济变量在存款管制利率和市场利率分别增加1个百分点的正向冲击后的动态响应情况。

图 6-1 管制（市场）利率冲击的脉冲响应

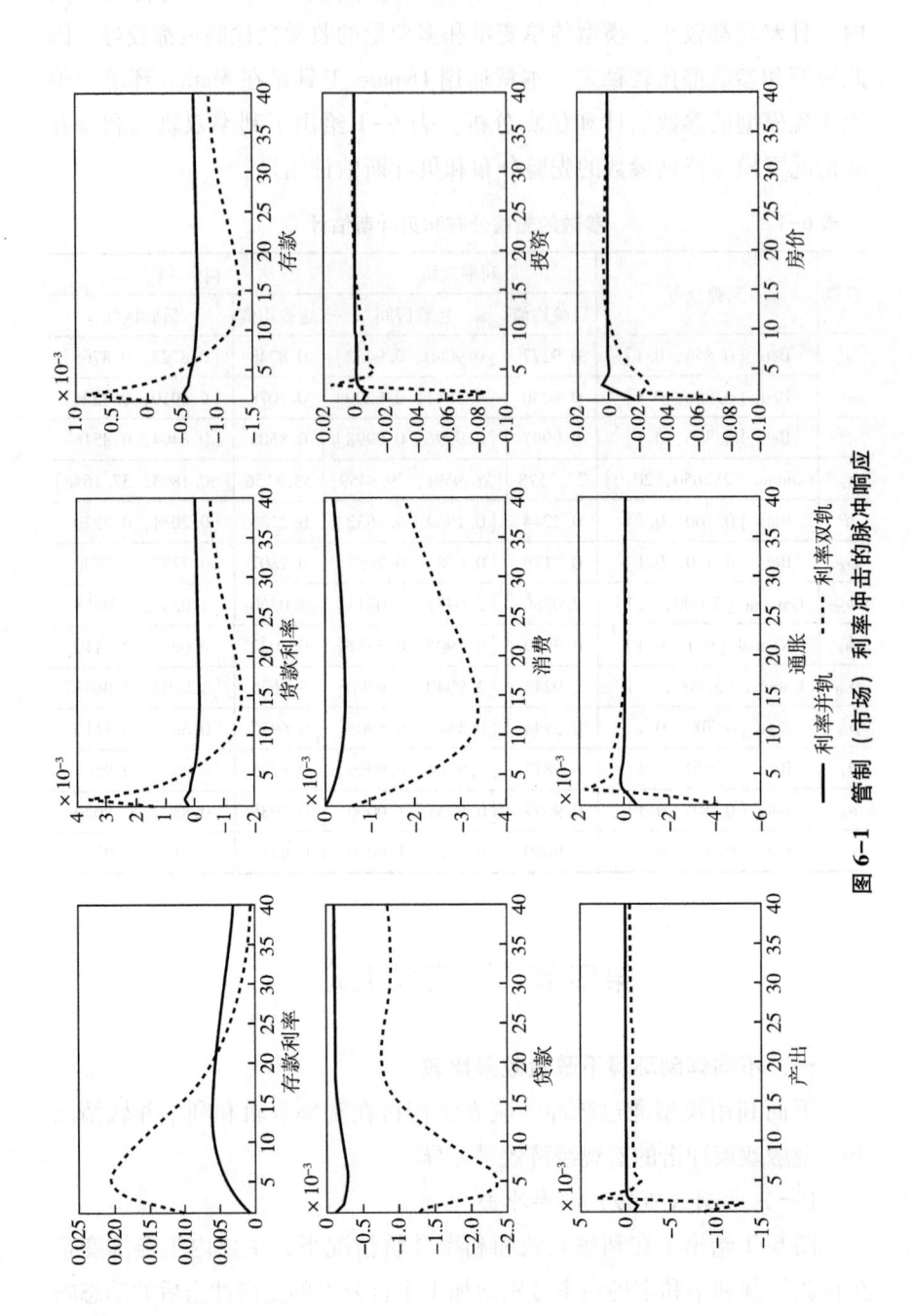

第六章 利率并轨与货币政策传导

在利率双轨情况下，正向的存款管理利率政策冲击导致存款管制利率当期上升，存款管理利率的基准作用，引起其他利率跟随性上升。存款管制利率提高，最直接地导致存款利率上升：对居民来说，激发了储蓄型居民的存款储蓄动机，减弱了居民的消费需求；对银行来说，不仅增加了商业银行的存款规模，也提升了银行的付息成本。消费支出短期内下调，并逐渐向稳态收敛。存款利率上升，导致借贷型居民贷款利率和企业家融资市场利率随之提高，贷款利率在第 2 期达到最大值。贷款利率和市场利率上升，增加了借贷型居民和企业家的融资成本，降低了借贷型居民贷款和企业家融资的热情，促使贷款和企业家融资规模下降，从而引起房价和投资下降，投资和消费的降低，最终导致产出的减少，产出在第 2 期达到最低点，之后逐渐向稳态水平收敛。与此同时，通胀也降低，但在第 2 期开始通胀又步入缓慢上升的通道。商品市场价格出现上涨的原因可能在于，单位商品的成本上升导致零售商通过提高商品价格把增加的成本转嫁到消费者身上，从而促使通胀上升，但不久通胀又回到稳态水平。通胀上升导致企业家增加对劳动的需求，以加快生产赚取更多的利润。有效劳动增加使企业家能更充分利用闲置资本，从而导致资本回报率上升，企业家收入增加，企业家消费提高，这也是利率双轨时期总消费降低较少的一个原因。总之，利率双轨制下提高存款管制利率能够在一定程度上促进实体经济紧缩式地调整，但政策传导效果仍然不够充分，即通过调节被非市场化力量抑制的存款管制利率来改善宏观经济的作用有限。

在利率并轨情况下，当市场利率受到暂时性正向冲击时，存款利率随市场利率的上升而上升。由于市场利率和存款利率的上升，即商业银行的融资成本上升，进而导致商业银行从中央银行和储蓄型居民吸收的资金规模下降，因此商业银行会惜贷，短期内借贷型居民贷款市场也面临供不应求，贷款利率上升，房价下降。在收入不变的情况下，存款利率与消费负相关、与存款正相关，利率并轨导致存款利率上升可以增加存款、减少消费。在考虑收入变动的情况下，利率并轨导致存款利率上升会增加居民的利息收入，而收入是消费的来源，进而会刺激消费。利率并轨最终对存款和消费的影响效果，需要通过收入效应和替代效应的相对强弱体现出来。由于存款利率上升更容易导致替代效应大于收入效应，因此居民存款上升，消费减少。为应对 2008 年国际金融危机带来的不利影响，中国政府采取宽松的货币政策刺激经济复苏，这也在一定程度上造成了国内通胀压力加大，存款利率实际低于通胀率。在这种情况下，存款开始寻找新的出口。商业银行通过理财产品将居民存款转向金融市场进行投资，特别是在通胀严重时期，存款理财化加剧了存款搬家。由于利率双轨时期存贷利差是商业银行利润的主要来源，因此利率并轨对商业银行的存贷款利率水平带来直接影响，导致存贷利差的变化趋势发生改变，从而在一定程度上冲击商业银行的传统赢利模式。商业银行在取消利率管制之后采用更具竞争性的利率吸收存款，即资金成本有所上升，利率并轨导致商业银行存贷利差逐渐缩小。市场利率的上升，造成投资的迅速降低，也引致产出的下降，在 8 期后产出开始逐步向稳态水平收敛。通胀在费雪效应作用下先下降后上升，5—6 期后开始回调至均衡状态。从动态模拟的作用大小来看，利率并轨后，利率传导渠道更为顺畅，市场利率的调控政策能够更加深度地影响经济动态。

（二）贷款价值比冲击

图 6-2 给出了在利率双轨和利率并轨情况下，主要内生经济变量在贷款价值比增加 1 个百分点的正向冲击后的动态响应情况。

在利率双轨情况下，当贷款价值比受到正向冲击时，商业银行放贷冲动导致借贷型居民贷款规模即期上升并于第 8 期左右向稳态收敛。扩张的贷款规模导致贷款利率快速下滑，此后逐渐调整接近稳态水平。贷款价值比上升降低了借贷型居民购房的首付比例，以至于助推房价上涨。存款利率和市场利率伴随贷款利率的下滑而协整下调，促进了投资的增长，同时居民理性地提高消费并降低存款。投资和消费的上升导致产出当期发生正向调整，随后又逐渐回落，且在冲击发生后的第 3 期开始下降，并逐步向稳态水平回调。尽管产出上升可能拉动工资上升，但由于贷款利率下降得更多，第 3 期后通胀出现下降。因此，利率双轨时，贷款价值比正向冲击导致存贷款利率和市场利率下降更多，从而导致居民消费能力提高较快且投资增长较多，这表明在利率双轨制条件下，贷款价值比的成本激励传导到实体经济活动中的程度会更大。

在利率并轨情况下，当贷款价值比受到正向冲击后，宽松的贷款价值比宏观审慎政策激励商业银行更积极地发放贷款，借贷型居民贷款规

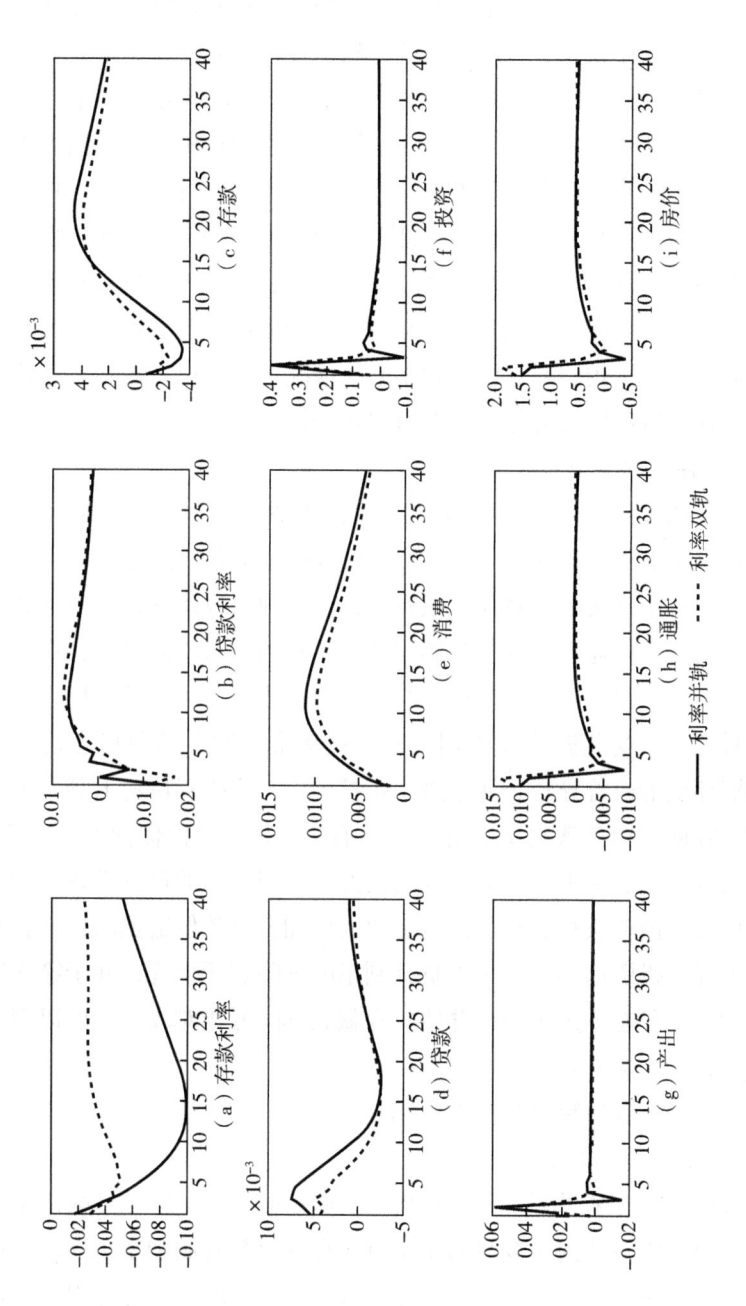

图 6-2 贷款价值比冲击的脉冲响应

模即期增长，并推动房价上涨，在短期内市场中充裕的资金供给导致贷款利率下滑，但贷款利率从第5期开始上升。在利率并轨时，存款利率下降较少，导致存款具有资产投资的比较优势，因此在变化不大的存款利率影响下存款减少较小，同时贷款利率下降也带动市场利率下降，导致投资增加带动产出的增长，也加大了居民的存款动机。存款相对于其他变量的波动较小、收敛速度更慢。消费在短期内平稳上升，并在10期左右时达到最大值，然后开始向稳态水平逐渐回归。在消费的影响下，产出平稳上升，然后较快下降，在第3期后变为负增长，并逐渐向稳态水平恢复。通胀的变化趋势也和消费比较接近，但通胀的动态调整过程更加迅速。比较利率双轨和利率并轨情况不难发现，在利率并轨进程中，贷款价值比增长可能会减弱对宏观经济的影响。

（三）存款准备金利率冲击

图6-3给出了在利率双轨和利率并轨的情况下，主要内生经济变量在法定存款准备金利率增加1个百分点的正向冲击后的动态响应情况。存款准备金率实际上对商业银行来说是一项征税条款，因而上调存款准备金利率是商业银行的一种利好消息。在利率双轨情况下，存款准备金利率受到正向冲击后，商业银行的贷款供给提高，然后向稳态逐渐收敛。贷款利率受此影响在当期下降，且从第3期开始向稳态逐渐恢复。融资环境的改善导致企业家进一步扩大生产，投资快速上升。由于贷款利率降低带动存款利率下滑，因此消费增加，进而促使产出上升，并逐步收敛至稳态水平。在利率并轨情况下，当正向的存款准备金利率冲击发生时，商业银行的存款准备金收入增加，贷款供给提高，贷款利率即期下降，投资增加，产出因贷款利率的下降有所上升，并于第5期后快速收敛至稳态。由于利率并轨，存款利率降低相对较少，所以消费增加较少，产出上升有限。

二 放松体制约束时政策效果比较

（一）利率市场化程度变动

图6-4显示了在当前的利率双轨到并轨过程中，利率市场化水平变动时，模型中主要内生变量对1个百分点的存款管制利率正向冲击的脉冲响应。这里，用存款利率的稳态值r^d来反映利率市场化程度，该值越大，表示利率市场化程度越高，反之亦然。借鉴李宏瑾等（2015）

第六章 利率并轨与货币政策传导

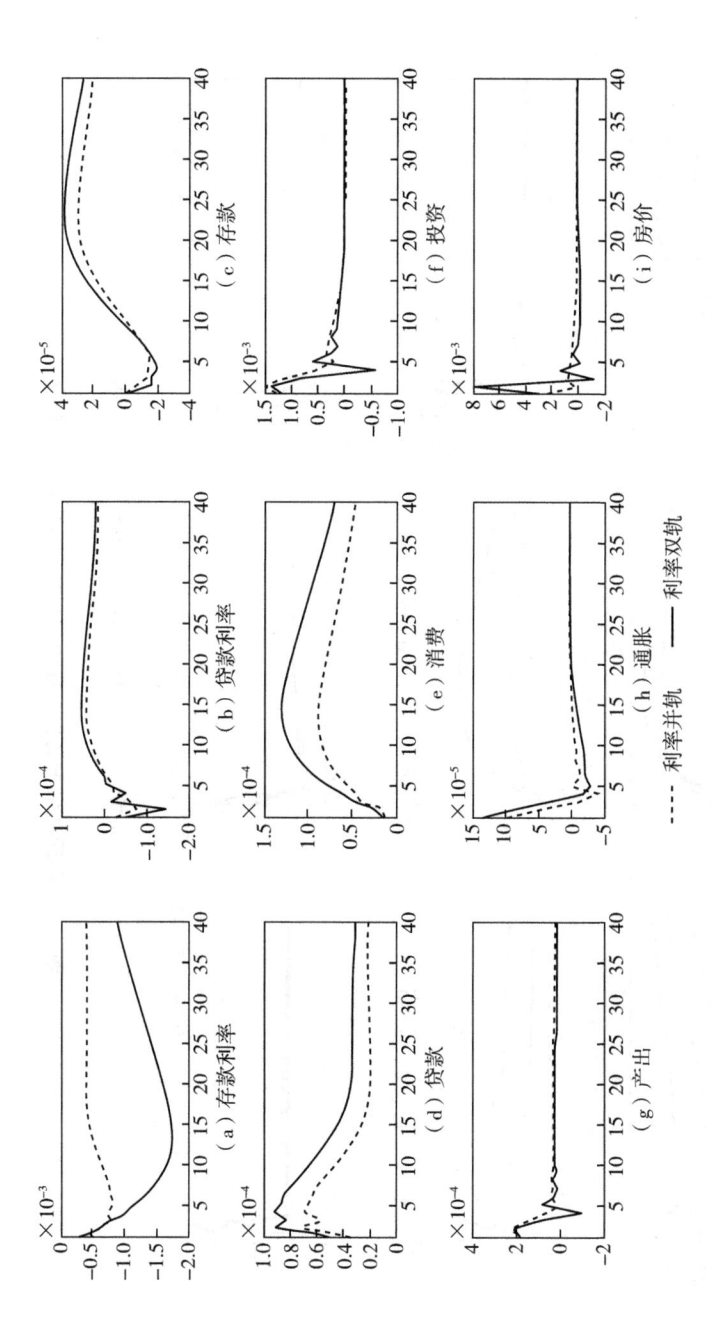

图 6-3 存款准备金利率冲击的脉冲响应

图 6-4 不同利率市场化下存款管制利率冲击的脉冲响应

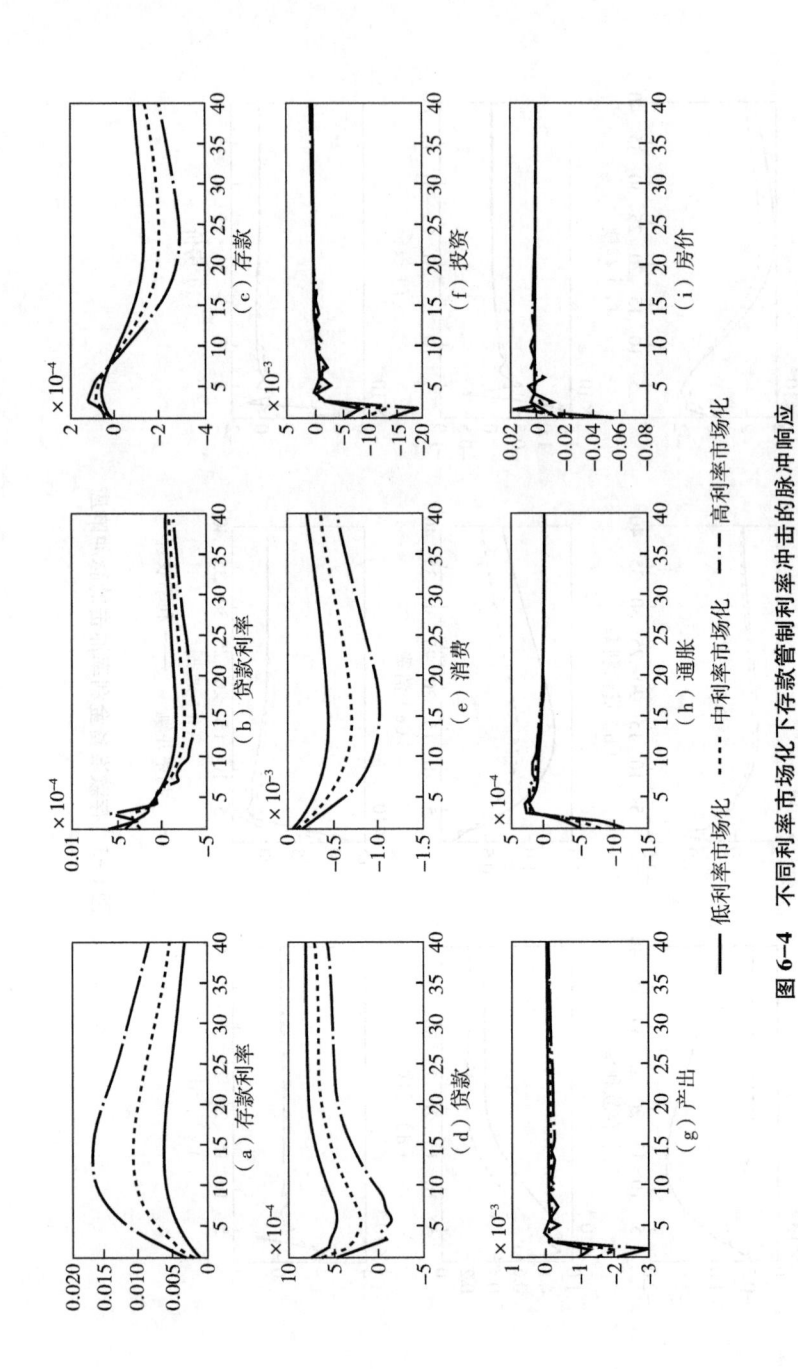

关于利率稳态值的设定方式，设定本章不同利率市场化水平下存款利率稳态值。给定存款管制利率暂时性上升时，比较 $r^d = 0.06$（低利率市场化）、$r^d = 0.07$（中利率市场化）与 $r^d = 0.08$（高利率市场化）三种情形下存款管制利率的传导效果。从模拟结果来看，提高利率市场化程度一段时期后会使贷款利率下降，原因在于存款的价格弹性较低，更多的可贷资金能够被存款利率的提高所吸引，从而可以帮助缓解贷款供给的压力，但由于贷款的价格弹性较高，需要较多数量资金才能引起贷款利率大幅变化，所以贷款利率降低的幅度较小。然而，存款利率显著提升，利差收窄，商业银行的利润空间受到挤压，居民得到更多的收益，因此利率市场化程度的提高使贷款市场的融资成本小幅降低，并将财富从商业银行部门向居民部门转移。随着利率市场化水平的上升，存款管制利率冲击导致产出、消费、投资等经济变量的初始值反应和持续程度都不断增强。由此可见，随着利率市场化改革的积极推进，利率传导渠道更加畅通，存款管制利率冲击对实体经济的影响逐渐增强。

（二）存款准备金率调整

当外汇占款成为创造基础货币的主要渠道时，中央银行主要通过提高存款准备金率来深度冻结外汇占款导致的过多流动性。但是，倘若流动性创造的主要来源不再是由于外汇占款的增加时，那么为了提高货币乘数、保持合理的流动性增长速度，就需要存款准备金率的降低才能实现。因此，我们有必要进一步探讨利率并轨时，下调存款准备金率对市场利率的传导效果产生的影响。具体地，利率并轨时，比较 $\alpha = 20\%$（高存款准备金率）、$\alpha = 10\%$（中存款准备金率）与 $\alpha = 5\%$（低存款准备金率）三种情形下[1]，当市场利率暂时性上升1个百分点时存贷款利率和实体经济等变量的脉冲响应，如图6-5所示。研究表明，在正向市场利率的冲击下，存款利率和贷款利率均随市场利率同向变动，随着

---

[1] 这里所研究的不同存款准备金情形下的政策利率传导，均为不同稳态情形下的传导，即商业银行在保证资产配置最优化，预算约束条件为紧约束条件下的传导，关注于存款准备金率这一结构性参数发生改变后新的稳态和原稳态之间传导之间的差异。给定足够的调整时间，商业银行一定会将多余的流动性配置于贷款或债券等金融资产，在满足瓦尔拉斯条件的前提下实现目标收益最大化。

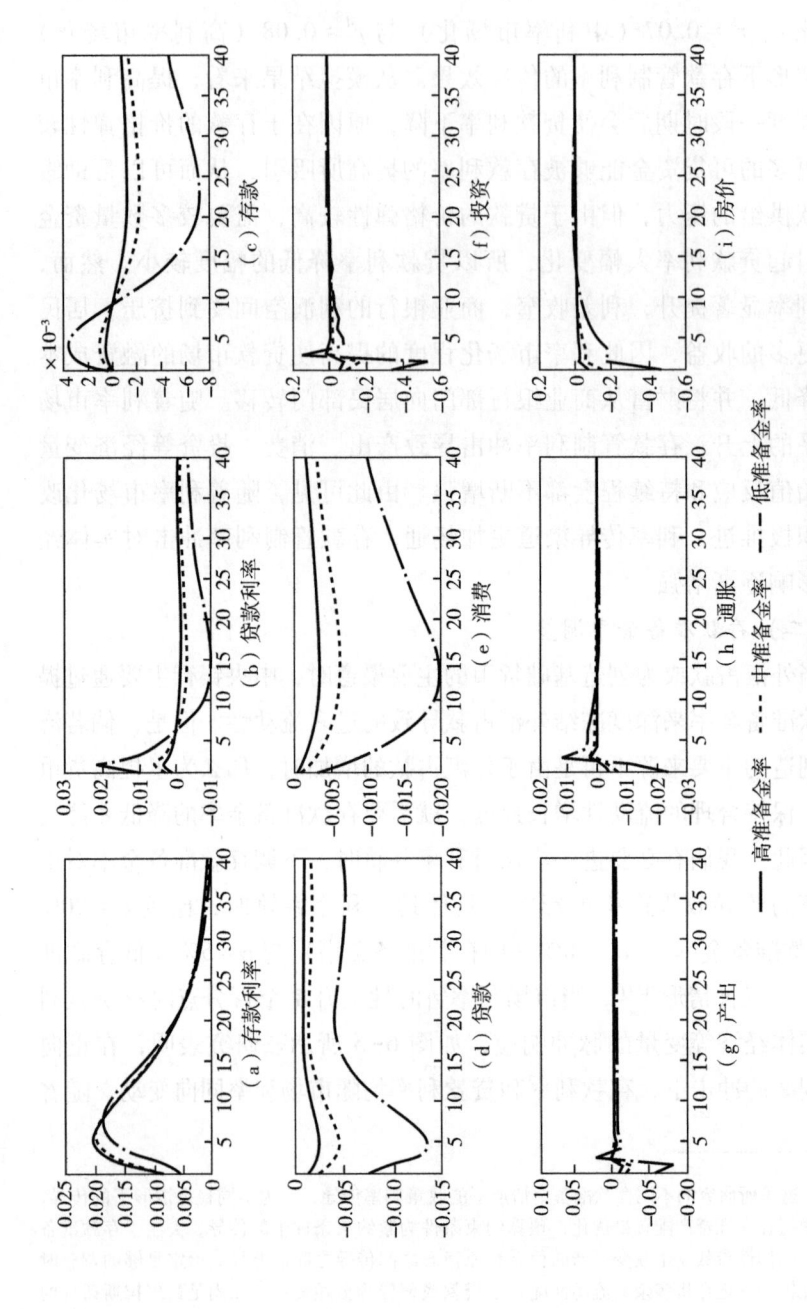

图 6-5 不同存款准备金率下市场利率冲击的脉冲响应

—— 高准备金率　---- 中准备金率　-·- 低准备金率

存款准备金率的不断降低，市场利率的传导效果不断增强。实际上，目前许多中央银行都降低了存款准备金要求，甚至有近20个国家实行了"零存款准备金制度"。

三　不同体制环境下社会福利比较

借鉴 Angelini 等（2014）等的福利分析方法，假设中央银行的调控目标是稳定通胀、产出和信贷，以通胀、产出、信贷、利率变化和贷款价值比变化的渐进方差为代理变量，设定福利损失函数 $L=\sigma_\pi^2+\sigma_B^2+k_Y\sigma_Y^2+k_r\sigma_{\Delta r}^2+k_{ml}\sigma_{\Delta ml}^2$，分析各种政策组合下的社会福利情况。其中，$\sigma_\pi^2$、$\sigma_B^2$、$\sigma_Y^2$、$\sigma_{\Delta r}^2$、$\sigma_{\Delta ml}^2$ 分别为通胀、信贷、产出、利率变化和贷款价值比变化的渐进方差；k_Y、k_{ml}、k_r 分别为产出、贷款价值比变化和利率变化的反应系数，本章将 k_Y 的值分别设置为 1 和 0.5，将 k_{ml} 和 k_r 的值均设置为 0.1。表 6-2 给出了福利损失分析的模拟结果。

表 6-2　　　　　　　　　　福利损失结果

冲击类型	体制环境	变量波动性					损失函数	
		π	B	Y	Δr	Δml	$k_Y=0.5$	$k_Y=1$
管制利率冲击	利率双轨	0.0037	0.0061	0.0091	0.0148	0.0021	0.0115	0.0156
市场利率冲击	利率并轨	0.0055	0.0090	0.0167	0.0043	0.0011	0.0253	0.0392
贷款价值比冲击	利率双轨	0.0172	0.0193	0.0649	0.0136	0.0279	0.2871	0.4977
贷款价值比冲击	利率并轨	0.0202	0.0126	0.0502	0.0184	0.0269	0.1933	0.3193
准备金利率冲击	利率双轨	0.0020	0.0030	0.0040	0.0020	0.0070	0.0026	0.0034
准备金利率冲击	利率并轨	0.0010	0.0020	0.0040	0.0010	0.0050	0.0016	0.0024
冲击同时发生	利率双轨	0.0229	0.0284	0.0780	0.0304	0.0370	0.3012	0.5167
冲击同时发生	利率并轨	0.0267	0.0236	0.0709	0.0237	0.0330	0.2201	0.3609

面对利率双轨情况下的存款管制利率冲击，福利损失值以及通胀、产出、信贷、利率变化和贷款价值比变化的渐进方差都相对较小，而面对利率并轨情况下的市场利率冲击，福利损失情况和相应变量波动都相对较大，这就验证了当经济受到利率冲击时，虽然利率并轨可以有效改善货币政策的传导机制，但同时也在短期内加剧了宏观经济波动。在利率双轨情况下，由于存款利率受管制，货币政策的有效性将被削弱。然

而，在利率并轨后，提高市场利率会导致存款利率上升，从而会促进储蓄型居民收益的增加，但最终提高产出、信贷等变量的波动，增加了社会福利损失。面对贷款价值比冲击，利率并轨情况下各变量的波动性以及福利损失值都相对较小，而利率双轨情况下都相对较大，这就验证了当经济受到贷款价值比冲击时，由于借贷型居民不能像储蓄型居民那样通过欧拉方程平滑跨期消费波动，因此在贷款价值比冲击下，利率并轨可以促进金融系统的稳定，有效平滑信贷，进而使消费环境更稳定，产出波动更小，社会福利水平得到更好的改善，而利率双轨制则加剧了政策预期效果的不确定性。类似地，面对存款准备金利率冲击，利率并轨情况下相应变量的渐进方差以及福利损失值都相对较小，而利率双轨情况下都相对较大，这就验证了当经济受到存款准备金利率冲击时，利率双轨制加剧了政策预期效果的不确定性。

第五节　小结

本章构建带有利率双轨和利率并轨情况的 DSGE 模型，深入系统地研究在双支柱框架下利率"两轨合一轨"的过程中，宏观金融政策对实体经济、资产价格和不同经济主体的影响，以及当逐步提高利率市场化程度、放松银行体系面临的高存款准备金率约束时，宏观金融政策的传导机制和效果的差异。研究结果表明：

（1）利率双轨制下提高存款管制利率能够在一定程度上促进实体经济紧缩式地调整，但政策传导效果仍然不够充分，即通过调节被非市场化力量抑制的存款管制利率来改善宏观经济的作用有限；商业银行在取消利率管制之后采用更具竞争性的利率吸收存款，即资金成本有所上升，利率并轨导致商业银行存贷利差逐渐缩小，利率并轨后，利率传导渠道更为顺畅，市场利率的调控政策能够更加深度地影响经济动态。

（2）在利率并轨情况下，当贷款价值比受到正向冲击后，宽松的贷款价值比宏观审慎政策激励商业银行更积极地发放贷款，存款利率下降较少，消费在短期内平稳上升，产出在消费的影响下平稳上升，贷款价值比增长减弱对宏观经济的影响；当正向的存款准备金利率冲击发生时，商业银行的存款准备金收入增加，贷款供给提高，贷款利率下降，存款利率降低相对较少，消费增加较少，产出上升有限。

（3）随着利率市场化水平的上升，利率传导渠道更加畅通，存款管制利率冲击对实体经济的影响逐渐增强；利率并轨后，在正向市场利率的冲击下，逐步降低存款准备金率，市场利率传导效果更好。

（4）当经济受到存款管制利率和市场利率冲击时，虽然利率并轨可以有效改善货币政策的传导机制，但同时也在短期内加剧了宏观经济波动；面对存款准备金利率冲击和贷款价值比冲击，利率并轨可以促进金融系统的稳定，有效平滑信贷，进而使消费环境更稳定，产出波动更小，社会福利水平得到更好的改善。

第七章
利率与汇率的联动效应

第一节 引言

在开放经济条件下,汇率和利率作为调节宏观经济、引导资源配置的重要杠杆,在维护国家经济金融安全、寻求内外经济平衡的过程中,发挥着至关重要的作用,二者的联动关系被视作实现经济内外均衡和减缓全球性经济失衡的重要手段。在经济全球化迅速发展、各国内外经济联系日趋紧密的背景下,汇率与利率的内在联动效应不断增强。在我国进入全面深化改革的新时期,党的二十大报告明确提出,实现第二个百年奋斗目标必须坚持以人民为中心的发展思想,坚持深化改革开放。坚持社会主义市场经济改革方向,坚持高水平对外开放(习近平,2022)。因此,实现货币内外动态均衡、发挥两种政策工具的协同效应成为我国金融改革的关键。然而,伴随我国金融业全面开放、人民币国际化进程的逐步推进,我国的人民币汇率形成机制和利率市场化改革经历了不同的发展阶段,人民币汇率与利率的联动效应也会表现出不同的特点,即非线性关系。因此,探讨人民币汇率与利率的互动机制及其非线性特征,无疑有助于把握汇率与利率的变动趋势及规律、减少外部冲击对经济的影响、促进经济金融的稳定持续发展,对制定我国汇率和利率政策、促进内外经济均衡发展具有极为重要的理论和现实意义。

国外学者对具有代表性的国家或地区的汇率与利率关系进行了实证检验。MacDonald 和 Nagayasu(1999)以 1976 年第一季度至 1997 年第四季度 14 个工业化国家为对象进行研究,结果表明,当利率为长期利率时，实际汇率与实际利率差存在协整关系。Hironobu Nakagawa（2002）通过非线性的门限方法，根据交易成本设置门限，对实际汇率和实际利率差的理论关系提供了实证支持，研究表明，不同汇率制度和政策下实际汇率与实际利率差的价格及波动的表现是不一样的。Mark 和 MOH（2005）运用非线性可调整动态模型通过美元利率和对其他国家的汇率，验证了利率和汇率之间在较长区间内的联动关系大于短区间。Carlos C. Bautista（2006）对亚洲 6 个国家的汇率和利率数据进行的实证表明，实际利差与实际汇率之间的确存在联系，尽管它们仍然是盯住美元的汇率机制。Mathias Hoffmann 和 Ronald MacDanald（2009）基于 VAR 模型对 1978—2007 年的时间序列数据进行了实证，结果表明真实汇率与真实利率之间存在明确关系，而且真实利率的利差准确解释了这一时间区间的贬值。

  国内学者近年来对人民币汇率与利率关系问题也进行了一些有益的探讨。刘威和吴宏（2010）对中美两国利率与汇率的相互影响效应进行实证发现，中国利率政策变动对美元兑人民币汇率和美国利率政策的影响较小，而美国利率政策变动对美元兑人民币汇率和中国利率政策变动的影响相对较大。陈福中和陈诚（2012）在非抛补利率平价理论框架基础上，对发达经济体利率与汇率交互效应的动态机制进行分析发现，在美日两国货币利率与汇率交互影响体系内，变量间存在长期的均衡协整关系，且具有较为密切的相互作用。孙少岩等（2019）认为，2017 年以后人民币利率与汇率存在显著的反向联动关系，人民币汇率对利率的影响较强，利率对汇率的影响较弱。钟永红和邓数红（2020）发现，2015 年"8·11"汇改推进，离岸与在岸市场利率波动溢出的"信息传递作用有限"，离岸市场人民币利率的"异常波动"主要受到离岸汇率波动的影响。何青和刘尔卓（2022）认为，汇率敏感性与企业贷款利率之间显著正相关，随着我国市场化改革的进一步深化，贷款利率将会更加显著地反映企业的汇率敏感性特征。

  上述关于汇率与利率联动效应的国内外研究文献，为理解我国汇率与利率的联动效应提供了可供借鉴的分析思路。然而，它们仍存在不足之处：首先，很多国内学者试图根据汇率与利率的相关理论，继承发达国家汇率与利率的经验研究方法，分析我国汇率与利率的联动效应问题，但他们只是将相关变量简单地糅合到所建立的计量模型中，很少有引入规范的理论模型再进行实证检验的；其次，相关实证研究多集中于汇率与利率联动效应是否显著以及影响路径与机制的探讨，而忽视二者存在非线性特征。综上所述，国内现有相关文献在研究视角和研究方法上存在缺陷，其研究结论与我国汇率与利率联动的现实情况很可能不符。

针对上述研究存在的不足，本章将引入 Frankel 的实际利差模型作为研究我国汇率与利率联动效应的理论基础，并借助两区制门限协整检验方法对我国汇率与利率联动效应的非线性特征进行实证分析，从而为理论分析提供更为合理的中国经验证据，也为我国汇率政策和利率政策的改革、构建合理的开放经济条件下汇率与利率协调机制提供科学的决策参考。本章后续研究按照如下思路展开：第二节，引入一个揭示汇率与利率联动效应的理论模型；第三节，运用两区制门限协整检验方法对理论模型进行实证检验，分析中美两国汇率与利率联动效应的非线性特征，即探讨在不同阶段汇率与利率的长期均衡关系和短期动态调整机制；第四节，对主要结论进行总结。

第二节 模型构建

一 理论框架

本章引入 Frankel 的实际利差模型，由此推导出汇率与实际利差的关系，该模型是 Frankel（1979）对 Dornbusch（1976）的黏性价格模型进行的扩展。

首先，将购买力平价和货币数量方程写成自然对数形式：

$$e_t = p_t - p_t^* \tag{7.1}$$

$$m_t - p_t = k + \varphi y_t - \lambda i_t \tag{7.2}$$

$$m_t^* - p_t^* = k^* + \varphi^* y_t^* - \lambda^* i_t^* \tag{7.3}$$

其中，e 为直接标价法下名义汇率，p 和 p^* 分别为国内和国外的物价水平（*表示国外，下同），m 和 m^* 为名义货币供给，k 和 k^* 为常数项，y 和 y^* 为产出，φ 和 φ^* 为实际货币余额对产出的弹性系数，i 和 i^* 为名义利率，λ 和 λ^* 为实际货币余额对利率的弹性系数。

令 k 和 k^* 为 0，且 $\lambda = \lambda^*$，由式（7.1）、式（7.2）和式（7.3）得到一般货币模型：

$$e_t = m_t - m_t^* - \varphi y_t + \varphi^* y_t^* + \lambda(i_t - i_t^*) \tag{7.4}$$

然后，用两国的预期通货膨胀替代式（7.4）中的利率，即两国的名义利率差异等于两国的预期通货膨胀差异 $i_t - i_t^* = \pi_{t+1} - \pi_{t+1}^*$，于是得到弹性价格模型：

$$e_t = m_t - m_t^* - \varphi y_t + \varphi^* y_t^* + \lambda(\pi_{t+1} - \pi_{t+1}^*) \tag{7.5}$$

Dornbusch（1976）又提出黏性价格模型，该模型允许短期中名义价格和实际价格调整的汇率超出长期均衡水平，利率的初始上升会导致汇率的升值，之后为了保证购买力平价的成立，汇率会慢慢发生贬值，于是建立了汇率预期方程：

$$i_t - i_t^* = x_t - e_t = \alpha(\bar{e} - e_t) \tag{7.6}$$

其中，$\bar{e}$ 为长期均衡汇率，x_t 为预期汇率，α 为预期汇率和即期汇率差异对长期均衡汇率和即期汇率差异的弹性系数。Frankel（1979）在弹性价格模型式（7.5）的基础上改写模型为长期均衡状态方程：

$$\bar{e}_t = m_t - m_t^* - \varphi y_t + \varphi^* y_t^* + \lambda(\pi_{t+1} - \pi_{t+1}^*) \tag{7.7}$$

Frankel（1979）指出预期汇率和即期汇率的差异，不仅与长期均衡汇率和即期汇率的差异有关，而且与两国的预期通货膨胀差异有关，于是将式（7.6）扩展为：

$$i_t - i_t^* = x_t - e_t = \alpha(\bar{e} - e_t) + (\pi_{t+1} - \pi_{t+1}^*) \tag{7.8}$$

由式（7.8）可以导出实际利差模型：

$$e_t = \bar{e} - \frac{1}{\alpha}[(i_t - \pi_{t+1}) - (i_t^* - \pi_{t+1}^*)] \tag{7.9}$$

式（7.9）得到了两国之间即期汇率与实际利差之间的关系。具体地，汇率除了决定于两国的相对货币供应量、相对实际产出和相对通货膨胀之外（包含在 $\bar{e}$ 中），还决定于两国的相对实际利率，本外币利差与本国货币汇率变化呈正向关系，即本外币利差与本国货币汇率水平呈反向关系。

二　研究方法

在实际经济中，协整系统中变量向长期均衡的调整并不一定在每个时期都发生，协整变量对误差修正项的调整可能存在不连续性；同时，当短期中对长期均衡的偏离的方向和大小不同时，调整的速度也可能是非对称的。对此，Balke 和 Fomby（1997）最早提出非线性门限协整的概念，在此基础上，Hansen 和 Seo（2002）提出了一种以误差修正项为门限变量的两区制门限协整模型，并给出基于门限值未知情况下模型参数的估计方法，该模型依据误差修正项值的不同可分为两个区制。滞后阶数为 l 的两区制门限协整模型如下所示：

$$\Delta x_t = \begin{cases} A'_1 X_{t-1}(\beta) + u_t & w_{t-1}(\beta) \leq \gamma \\ A'_2 X_{t-1}(\beta) + u_t & w_{t-1}(\beta) > \gamma \end{cases} \tag{7.10}$$

其中：$X_{t-1}(\beta) = \{1, w_{t-1}(\beta), \Delta x_{t-1}, \Delta x_{t-2}, \cdots, \Delta x_{t-l}\}'$，$X_t$ 是 p 维一阶单整时间序列，即 $I(1)$ 过程，β 是 $p \times 1$ 维的协整向量。$w_t = \beta' X_t$ 是 $I(0)$ 过程的误差修正项，u_t 是误差项，A_1 和 A_2 是描述每个区制动态变化的系数矩阵，γ 为门限参数。

Hansen 和 Seo（2002）提出用于检验模型是否存在门限效应的 SupLM 检验，其零假设为 H_0 应用线性误差修正模型拟合变量之间的动态关系，即不存在门限效应；备择假设为 H_1 应用非线性误差修正模型拟合变量之间的动态关系。

在真实协整向量未知的情况下，检验统计量为：

$$supLM = supLM(\tilde{\beta}, \gamma) \tag{7.11}$$

其中，$\tilde{\beta}$ 为模型(7.10)中 β 的估计值，$[\gamma_L, \gamma_U]$ 为设定的 γ 值的搜索区间，γ_L 和 γ_U 分别为 w_{t-1} 的 ϕ 和 $(1-\phi)$ 百分位点。Andrews（1993）指出，参数 ϕ 不应该太接近于 0，否则会降低势，ϕ 的设置在 0.05 和 0.15 之间通常是好的选择。对于上述检验，Hansen 和 Seo（2002）建议采用 Bootstrap 法获得 LM 检验的临界值和 p 值。

第三节 实证检验

一 变量选取及数据说明

本章的实证分析主要涉及人民币兑美元汇率和中美实际利差两个序列。人民币兑美元汇率采用人民币兑美元加权平均汇率，数据来源于中国经济统计数据库。中美实际利差通过中美两国各自名义利率减同期物价指数后的实际利率再相减而得。考虑到银行间同业拆借利率与货币市场利率高度相关，因此人民币利率采用中国银行间7天内同业拆借加权平均利率，中国银行间7天内同业拆借加权平均利率和国内的物价月指数均来源于中国经济统计数据库。美元利率采用美国联邦基金利率月均值，美国联邦基金利率月均值和美国物价月指数均来源于美国经济统计网。本章选取2000年1月至2013年4月的月度样本数据，共包括160个样本点。选择这一时期，是因为近年来我国利率市场化进程在不断加快，并且于2005年7月21日开始，实行以市场供求为基础的、参考一篮子货币进行调节、有管理的浮动汇率制，将人民币兑美元汇率上调2.1%，增加了浮动范围，2007年5月的浮动范围扩大到0.5%，使人民币汇率与利率的联动性有加强的可能。

二 门限协整分析

（一）单位根检验

在检验人民币汇率与中美实际利差联动效应之前，应首先对两个变量进行平稳性检验，进而确定这两个时间序列的单整阶数。本章使用ADF单位根检验方法，检验结果如表7-1所示。

表7-1　　　　　　　　　单位根检验结果

变量	ADF检验统计值	5%临界值	1%临界值	结论
e	0.1978	−2.8800	−3.4725	非平稳
Δe	−3.2899**	−2.8800	−3.4725	平稳
r	−0.6178	−2.8796	−3.4717	非平稳
Δr	−12.9806***	−2.8797	−3.4720	平稳

注：（1）***和**分别表示统计值在1%和5%水平下显著；（2）最优滞后阶数依据AIC准则确定；（3）检验方程只包含截距项而不包含趋势项。

从表7-1可以看出，对于人民币汇率和中美实际利差的水平项，在5%水平下相应的统计值不显著，因此无法拒绝存在单位根的零假设；而对于其一阶差分序列，分别在5%和1%水平下拒绝存在单位根的零假设，即为平稳序列。这表明人民币汇率和中美实际利差同为一阶单整序列，即I（1）过程。

(二) 门限协整模型估计

由于人民币汇率和中美实际利差均为一阶单整序列，因此可能存在长期稳定的协整关系。然而，线性协整模型可能会忽略系统内协整变量在短期内调整的非连续性与非对称性，因此本章运用Hansen和Seo (2002) 的非线性门限协整模型对两者关系进行刻画。由于不同的滞后期下模型估计结果会有差异，因此假定模型最大滞后阶数为4，依次选择不同滞后阶数进行门限协整检验，然后用Bootstrap LM检验法对门限值进行检验，用极大似然估计法对协整方程进行估计，最后根据AIC和BIC最小准则选择最优模型，估计与检验结果如表7-2所示。

表7-2　　　　　　　　门限协整模型估计与检验结果

	Sup LM 检验			
	滞后1期	滞后2期	滞后3期	滞后4期
门限值	1.9892	2.0337	2.0244	2.0227
协整向量	-0.0514	-0.0969	-0.0992	-0.0991
AIC	-1176.8646	-1168.8711	-1151.8014	-1130.4814
BIC	-1173.6860	-1164.1695	-1145.6214	-1122.8681
区制1比重	0.0759	0.3057	0.3013	0.2968
区制2比重	0.9241	0.6943	0.6987	0.7032
Sup LM 统计值	20.1568	19.9581	21.2847	25.4341
Bootstrap p值	0.0250	0.2080	0.5050	0.5100

从表7-2可以看出，LM检验的结果显示，LM统计值为20.1568，其中Bootstrap次数取1000次，对应的p值为0.0250，即在5%的显著性水平下拒绝不存在门限效应的零假设，且此时AIC和BIC均最小，即滞后1期的门限协整模型为最优模型。由表6-2最优模型的估计结果看，门限值为1.9892，而协整向量为β = (1, -0.0514)，这意味着人民币汇率和中美实际利差之间存在协整关系，人民币汇率对中美实际利差的长期弹性系数为负值，中美实际利差与人民币汇率变化是正向变动关系，中美实际利差增加1%，人民币汇率升值0.0514%，该结果支持实际利差模型在我国成立，且与实际利差模型揭示的"本外币利差

与本国货币汇率变化呈正向关系,即本外币利差与本国货币汇率水平呈反向关系"是相符的。门限值 1.9892 意味着人民币汇率与中美实际利差的联动效应在协整残差 $w_{t-1}=1.9892$ 的位置发生机制转换,从而体现动态调节的非线性,于是将系统分为两个区制:区制 1 的条件为 $w_t=e_t+0.0514r_t \leqslant 1.9892$;相应地,区制 2 的条件为 $w_t=e_t+0.0514r_t>1.9892$。由于考虑了非线性调整的特点,因此研究结论会更为可靠,也更符合我国人民币汇率形成机制和利率市场化改革的阶段性特征以及经济周期波动的实际情况。

图 7-1 给出了误差修正项 w_{t-1} 在不同区制的分布情况:大约有 7.5949% 的样本落在区制 1(图 7-1 中水平直线下方),大约有 92.4051% 的样本落在区制 2(图 7-1 中水平直线上方)。误差修正项在区制 1 较小,即汇率和利率的联动性较大,因此区制 1 可定义为"联动效应较强区制";而误差修正项在区制 2 较大,即汇率和利率的联动性较小,因此区制 2 可定义为"联动效应较弱区制"。由图 7-1 可以看出,误差修正项处于区制 1 时,样本分布在时间上比较集中,即全部处于 2007—2009 年,而这一期间正好是国际金融危机时期,同时误差修正项在区制 1 明显小于在区制 2,这说明人民币汇率和中美实际利差两者的偏离程度在金融危机时期小于其他时期。从图 6-1 中还可以发现,我国从 2005 年 7 月开始实行有管理的浮动汇率制度以来,误差修正项呈现出均值回归的特征,这表明非线性分析结果对"汇改"这一事件是稳健的,即随着近年来人民币汇率形成机制及利率市场化改革的加快推进,人民币汇率和中美实际利差对长期均衡的偏离逐渐缩小,两者关系更为紧密、相互影响正在逐渐增强。

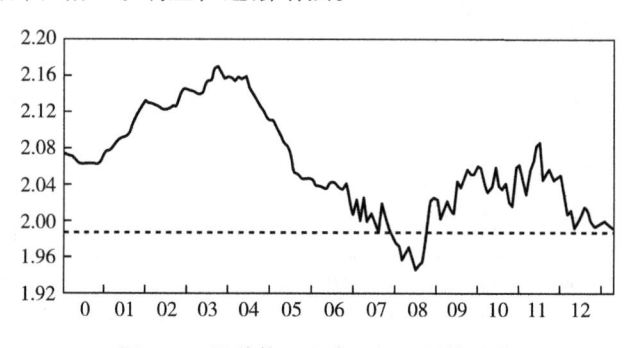

图 7-1 误差修正项在不同区制的分布

人民币汇率和中美实际利差尽管在长期构成一个稳定的均衡系统，但短期调节效应却不同，存在非对称调整，即不同时点的调整不仅取决于上期偏离的大小，还取决于该时点上自身所处的区制，而且在不同区制中调整的速度也不同。最优模型所估计得到的门限值 1.9892 将系统分为两个区制，用式（7.12）和式（7.13）表示即为反映人民币汇率和中美实际利差门限协整关系的两区制误差修正模型（括号内数值为 t 值，***、** 和 * 分别表示估计值在 1%、5% 和 10% 水平下显著）。

$$\Delta e_t = \begin{cases} \underset{(2.6144^{***})}{0.4832} - \underset{(-2.6332^{**})}{0.2477} w_{t-1} + \underset{(2.9977^{***})}{0.5074} \Delta e_{t-1} + \underset{(1.1842)}{0.0063} \Delta r_{t-1} + u_{1t}, \ w_{t-1} \\ \underset{(-2.4046^{***})}{-0.0181} + \underset{(2.3518^{**})}{0.0084} w_{t-1} + \underset{(3.0165^{***})}{0.4418} \Delta e_{t-1} - \underset{(-1.3228)}{0.0015} \Delta r_{t-1} + u_{2t}, \ w_{t-1} \end{cases}$$

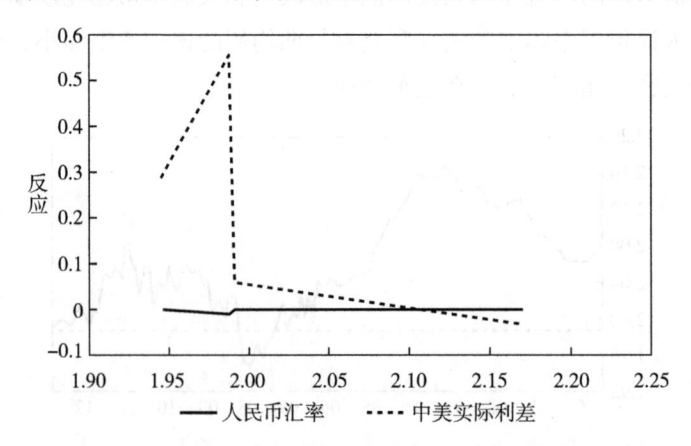

$$\text{(7.12)}$$

$$\Delta r_t = \begin{cases} \underset{(-1.3089^*)}{-12.0793} + \underset{(1.3585)}{6.3573} w_{t-1} + \underset{(1.9916^{**})}{25.1039} \Delta e_{t-1} - \underset{(-0.2217)}{0.0656} \Delta r_{t-1} + u_{2t}, \ w_{t-1} \\ \underset{(1.5675^*)}{1.0539} - \underset{(-1.5648^*)}{0.5001} w_{t-1} + \underset{(1.4276^*)}{8.3649} \Delta e_{t-1} - \underset{(-0.8899)}{0.0774} \Delta r_{t-1} + u_{2t}, \ w_{t-1} \end{cases}$$

$$\text{(7.13)}$$

为了考察不同区制下人民币汇率和中美实际利差对误差修正项的反应，从而了解不同区制下误差修正收敛速度的差异性，在其他变量保持不变的情况下，将 Δe_t 和 Δr_t 视为误差修正项 w_{t-1} 的函数，绘制出图 7-2。在趋向长期均衡的短期调整过程中，人民币汇率和中美实际利差对于误差修正效应都存在非线性的调整，即误差修正速度在门限值的左右两个区制内收敛速度不一致，其调整方向与力度在不同区制存在差异。

图 7-2 人民币汇率和中美实际利差对误差修正项的反应

从调整方向上看，在门限值左边，即当 $w_{t-1} \leq 1.9892$ 时，人民币汇率向下调整，中美实际利差向上调整；而在门限值右边，即当 $w_{t-1} > 1.9892$ 时，人民币汇率向上调整，中美实际利差向下调整。从调整速度上看，汇率方程中误差修正项系数在区制 1 和区制 2 分别为 0.2477 和 0.0084，而利率方程中误差修正项系数在区制 1 和区制 2 分别为 6.3573 和 0.5001，可见利率的调整速度明显快于汇率的调整速度，这一结果由图 7-2 也可以看到，利率方程的斜率明显大于汇率方程的斜率，也就是说，利率对误差修正的反应较为迅速，从而在短期非均衡状态中，中美实际利差会使系统偏离其长期均衡状态的程度更大，人民币汇率变化将使系统趋向长期均衡。值得注意的是，两个汇率方程的误差修正项在 1% 的水平下显著，而两个利率方程的误差修正项在 10% 的水平下显著。

式（7.12）和式（7.13）还表明，中美实际利差对人民币汇率的短期影响还相当小，汇率变化主要受其自身的影响，这充分说明，中国的利率政策还有待改进，利率的调整目前还很难通过货币市场和汇率市场间的传导机制影响汇率，利率市场化进程和传导机制的建设仍需进一步深化。中美汇率和利率尚不能形成良好的联动效应，其主要原因是：汇率与利率之间的相关性是以开放经济下汇率和利率不存在管制为前提的，然而，目前我国的外汇市场尚不完善，弹性的汇率机制尚未形成，汇率对社会经济产生作用的传导过程还不完全由市场途径实现；同时，我国的货币市场尚不健全，利率还未市场化，货币调节仍有相当部分通过信贷管理等行政手段完成，对汇率的反作用有限。

第四节 小结

本章首先指出多数实证研究中都忽视汇率与利率联动效应存在非线性的事实，然后基于实际利差模型分析汇率与利率的联动效应，从而为非线性模型的设定提供了理论基础，并进一步运用新近发展的两区制门限协整模型，对人民币兑美元汇率和中美实际利差的长期均衡关系与短期非对称调整特征进行实证分析，重新检验了人民币汇率与利率的联动效应，得出如下基本结论：

第一，人民币汇率与中美实际利差之间存在非线性的门限协整关系。门限效应检验表明，两者组成的误差修正系统显著存在门限效应，而且门限效应同时存在于动态系数和误差修正项中，这意味着如果两者发生偏离，系统向长期均衡位置进行的调整在门限值两边不同，因此是一种非线性的、非连续的调整。近期两者对长期均衡的偏离正在逐步缩小，预计未来可能通过中美实际利差的调整回归至长期均衡位置，但这种调整可能是一个缓慢的过程。

第二，人民币汇率与中美实际利差在不同区制有不同的调整特点。门限值将整个汇率与利率联动效应的发展过程分成两个区制，在门限值左、右两边不同区制内，人民币汇率和中美实际利差的调整速度并不一致，即短期偏离向长期均衡的调整具有非对称特点。无论是在区制1还是在区制2，中美实际利差调整的速度都大于人民币汇率的调整速度，即中美实际利差对误差修正的反应较快。

第三，人民币汇率与中美实际利差短期内联动影响程度比较低，其中，汇率对利率的传导影响作用要大于利率对汇率的传导影响作用。此外，汇率的变动更多的取决于其自身历史数据，而不是利率的历史数据；利率的变动更多的取决于汇率的历史数据，而不是其自身历史数据。总之，在有管理的浮动汇率机制下，人民币汇率与中美实际利差联动关系有一定程度的改善，但从整体来看联动效应仍然不足。

第八章

汇率调整与货币政策传导

第一节 引言

自 2005 年人民币汇率形成机制改革以来，人民币汇率中间价作为基准汇率，对于稳定市场汇率和引导市场预期发挥了重要作用。但由于中国货物贸易保持较大顺差，市场主体对人民币汇率的趋势认识不同，导致人民币汇率中间价偏离市场汇率幅度较大，持续时间较长，影响了中间价的权威性和市场基准地位。为避免失衡过度积累，需要通过增强中间价的基准性和市场化程度加以调整。2015 年 8 月 11 日，中国央行宣布完善人民币汇率中间价形成机制，做市商在每日银行间外汇市场开盘前，参考上日银行间外汇市场收盘汇率，综合考虑外汇供求情况以及国际主要货币汇率变化向中国外汇交易中心提供中间价报价。这样，顺应市场的力量对人民币汇率适当调整，使汇率向合理均衡水平回归，从而中间价的基准作用明显增强，中间价与市场汇率之间的偏离得到校正；同时，在机制上加大市场供求对汇率形成的决定性作用，提高中间价的市场化程度。此次改革取得了预期效果，人民币汇率双向浮动特征明显，汇率弹性显著增强。在人民币汇率市场化程度不断提高的同时，中国的货币政策框架也在积极转变。随着金融创新的发展，作为中介目标的货币供应量与经济增长、物价稳定等最终目标之间的相关性有所降低。中国利率市场化步伐的不断加快，促使利率真正发挥调节市场供求和配置资源的作用，从而推动货币政策调控方式从数量型向价格型转变。从国际经验看,由于汇率贬值导致的金融危机在世界各地屡次爆发①,强化价格型调控是提高宏观调控效率的必然选择。那么在中国货币政策框架转型过程中,面对汇率调整导致的宏观经济波动,哪种货币政策规则(数量型、价格型)的平抑效果更好?同时更能有效改善社会福利水平?汇率市场化程度的提高是否有效减小了经济波动?这正是本章的主要研究目标。厘清这些问题,将对进一步推动中国货币政策框架转型以及完善人民币汇率形成机制改革具有重要的理论和现实意义。

第二节 文献综述

国内外学者关于汇率变动对宏观经济波动的影响进行了一些研究。Cespedes 等(2001)在小国开放经济模型中引入金融加速器和负债美元化,分析得出,本币贬值导致更大的产出损失以及更长时间的经济衰退。Calvo 和 Reinhart(2002)研究发现,由于债务美元化,担心汇率贬值导致银行和企业遭受破产的威胁。梅冬州等(2013)将 Bemanke 等(1999)模型推广到小国开放经济中,考察人民币升值能否降低贸易顺差,分析显示,在考虑金融加速器效应的情况下,货币升值会导致企业投资和投资品的进口大幅下降,由此使得进口的减少超过出口的减少,可能导致进一步扩大贸易顺差,从而使得经济陷入衰退。吴安兵(2019)发现,人民币升值短期内会抑制经济增长,降低物价水平,不利于就业的提升和实际工资的增长,但中长期内几乎没有影响,随着人民币汇率改革,人民币升值对中国产出增长、物价水平与实际工资呈现出越来越显著的负向冲击。王金明和肖苏艺(2022)认为,汇率上升的正向冲击在短期内有利于经济基本面,而长期中起到抑制作用,汇率冲击对经济具有非对称影响。上述关于汇率变动对宏观经济影响的研究做了较好的探讨,但几乎没有与货币政策转型这一背景相结合,也很少有探讨人民币汇率市场化程度的提高对宏观经济波动的影响。

国内学者关于中国货币政策转型过程中不同货币政策规则对宏观经济影响效果的研究尚未达成一致。汪潘义等(2014)通过构建包含金

---

① 关于金融危机预警研究详见附录 3。

融加速器的 DSGE 模型分析利率市场化过程中价格型和数量型货币政策的有效性，分析发现，在促进经济增长方面数量型货币政策更有优势，在熨平经济波动方面价格型货币政策更有优势。卞志村和胡恒强（2015）构建具有微观基础的 DSGE 模型，考察了中国央行不同货币政策规则的选择对经济的影响，研究表明，数量型调控更有利于物价稳定，而价格型调控更能有效熨平产出波动。张龙等（2020）发现，价格型货币政策在经济周期扩张期更为有效，数量型货币政策在经济周期收缩时更为有效，并且价格型货币政策具有中长期经济效应，数量型货币政策仅存在短期经济效应。吴昊和姜思同（2021）认为，M2、信贷以及社会融资规模等数量型货币政策对产出的影响效应更显著。上述关于不同货币政策规则对宏观经济影响效果的研究已经进行了很好的讨论，但很少有比较分析数量型规则和价格型规则对熨平人民币汇率调整导致的宏观经济波动的效果。

鉴于此，与国内外已有研究相比，本章的创新性工作主要体现在：在货币政策转型背景下研究汇率调整对宏观经济波动的影响，通过构建一个符合中国实际情况的开放经济 DSGE 模型，以识别和分析在中国货币政策转型的过程中，哪种货币政策规则对熨平汇率调整导致的宏观经济波动的效果更好，以及汇率市场化程度的提高是否有利于减少宏观经济波动。

本章后续研究按照如下思路展开：第三节，建立符合中国实际情况的开放经济 DSGE 模型；第四节，对模型参数进行极大似然估计；第五节，通过脉冲响应和福利损失方法探讨货币政策转型背景下汇率调整对宏观经济的影响；第六节，总结全文。

第三节　理论框架

本章以 Smets 和 Wouters（2003，2007）、Christiano 等（2005）的封闭经济体 DSGE 模型为基准，并借鉴 Gali 和 Monacelli（2005）、Adolfson 等（2008）、Justiniano 和 Preston（2010）开放经济 DSGE 模型的基本特征，在进行必要改进和拓展的基础上建立理论框架。模型中包括家庭、企业、国外部门、中央银行四个行为主体，我们引入汇率因素，而且中央银行分别采取数量型和价格型规则调控宏观经济，以此反映当前中国正处于货币政策转型这一特殊背景。

一 家庭部门

假设经济中存在可以活无限期的同质家庭组成的连续统，每个家庭试图最大化其一生期望效用：

$$E_0 \sum_{t=0}^{\infty} \beta^t [C_t^{1-\sigma_c}/(1-\sigma_c) + (M_t/P_t)^{1-\sigma_m}/(1-\sigma_m) - L_t^{1+\sigma_l}/(1+\sigma_l)]$$

其中，β 为主观贴现因子，L_t 为家庭的即时消费，σ_c 为家庭持有的货币量，L_t 为家庭提供的劳动，σ_L 为价格总水平，σ_c 为消费跨期替代弹性的倒数，σ_m 为货币需求弹性的倒数，σ_l 为劳动供给弹性的倒数。

家庭部门在追求预期终生效用最大化过程中，面临的流动性跨期预算约束方程为：

$$P_t C_t + P_t I_t + T_t + B_{t+1} + S_t B_{t+1}^* + M_t = W_t L_t + r_t^K P_t K_t + D_t + R_{t-1} B_t + R_{t-1}^* S_t B_t^* + M_{t-1}$$

其中，I_t 为家庭的投资，T_t 为家庭缴纳的税收，$C_t = [(1-a)^{1/\rho}(C_{H,t})^{(\rho-1)/\rho} + a^{1/\rho}(C_{F,t})^{(\rho-1)/\rho}]^{\rho/(\rho-1)}$ 为家庭对本国债券的持有量，B_t^* 为家庭对外国债券的持有量，S_t 为名义汇率，W_t 为名义工资，r_t^K 为资本租金率，K_t 为资本存量，D_t 为家庭从企业获得的利润，R_t 为本国名义利率，R_t^* 为外国名义利率冲击，假设 R_t^* 服从一阶自回归过程，$R_t^* = \rho_{RF} R_{t-1}^* + \varepsilon_{RF,t}$，$\rho_{RF}$ 为一阶自回归系数，$\varepsilon_{RF,t}$ 为随机扰动项，服从 $N(0, \sigma_{RF}^2)$。

家庭拥有经济中的初始资本存量，每期把资本租给企业以获得租金，并且通过投资来扩大自己的资本存量，假设资本折旧率为 δ，因此资本积累方程为：

$$K_t = (1-\delta) K_{t-1} + I_t \tag{8.1}$$

家庭在资本积累过程和预算约束下最大化终身效用，得到如下一阶条件：

$$C_t^{-\sigma_c} = \beta E_t (C_{t+1}^{-\sigma_c} R_t / \pi_{t+1}) \tag{8.2}$$

$$L_t^{\sigma_l} = W_t C_t^{-\sigma_c} / P_t \tag{8.3}$$

$$R_t = E_t (S_{t+1}/S_t) R_t^* \tag{8.4}$$

$$\beta C_{t+1}^{-\sigma_c} C_t^{\sigma_c} (1-\delta) = 1 - r_t^K \tag{8.5}$$

$$(M_t/P_t)^{-\sigma_m} = C_t^{-\sigma_c}(1-1/R_t) \tag{8.6}$$

式(8.4)为非抛补利率平价方程，假设 S_t 受到冲击 $\eta_{s,t}$，$\eta_{s,t}$ 服从一阶自回归过程，$\eta_{s,t}=\rho_s\eta_{s,t-1}+\varepsilon_{s,t}$，$\rho_s$ 为一阶自回归系数，$\varepsilon_{s,t}$ 为随机扰动项，服从 $N(0,\sigma_s^2)$。家庭消费 C_t 由本国商品 $C_{H,t}$ 和进口外国商品 $C_{F,t}$ 以 CES 形式复合而成。假设经济中一价定律成立，外国商品在外国的价格单位化为 1，则其在本国的名义价格即为名义汇率 S_t。C_t 的具体形式和消费 1 单位复合商品的最小花费 P_t 为：

$$C_t = [(1-b)^{1/\rho}(C_{H,t})^{(\rho-1)/\rho} + b^{1/\rho}(C_{F,t})^{(\rho-1)/\rho}]^{\rho/(\rho-1)} \tag{8.7}$$

$$P_t = [(1-b)(P_{H,t})^{1-\rho} + b(S_t)^{1-\rho}]^{1/(1-\rho)} \tag{8.8}$$

其中，b 反映了本国家庭对外国商品的偏好，ρ 衡量了本国消费品对外国消费品的替代弹性，$P_{H,t}$ 为本国消费品的价格。

根据式（8.7）和式（8.8），可得最优消费品分配为：

$$C_{H,t}/C_{F,t} = [(1-b)/b](P_{H,t}/S_t)^{-\rho} \tag{8.9}$$

二　企业部门

（一）最终品生产企业

假设最终品生产企业在完全竞争市场上从中间品生产企业手中购买中间品，并将各种差异中间品复合生产最终品：$Y_t = (\int_0^1 Y_t(z)^{(\varepsilon-1)/\varepsilon})^{\varepsilon/(\varepsilon-1)}$，其中 $\varepsilon(\varepsilon>1)$ 为不同中间品之间的替代弹性，在中间品价格 $P_t(z)$ 和最终品价格 $P_{H,t}$ 给定的情况下，最终品生产企业追求利润最大化，得到对中间品的需求函数 $Y_t(z) = (P_t(z)/P_{H,t})^{-\varepsilon}Y_t$ 和最终品的价格指数 $P_{H,t} = (\int_0^1 P_t(z)^{1-\varepsilon})^{1/(1-\varepsilon)}$。

（二）中间品生产企业

中间品生产企业每期雇佣劳动，用资本品进行生产，其生产函数为 $Y_t(z) = A_t K_t^\alpha L_t^{1-\alpha}$。其中，$\alpha$ 为资本在产出中的份额，A_t 为技术进步冲击，假设 A_t 服从一阶自回归过程，$A_t = \rho_A A_{t-1} + \varepsilon_{A,t}$，$\rho_A$ 为一阶自回归系数，$\varepsilon_{A,t}$ 为随机扰动项，服从 $N(0,\sigma_A^2)$。在生产函数约束下，中间品生产企业最小化成本，得到产出的边际成本和资本劳动选择方程：

$$mc_t = (1-\alpha)^{\alpha-1}\alpha^{-\alpha}(r_t^K)^\alpha(w_t)^{1-\alpha}/A_t \tag{8.10}$$

$$K_t/L_t = [\alpha/(1-\alpha)](w_t/r_t^K) \tag{8.11}$$

假设中间品生产企业采取 Calvo（1983）形式设定价格，每期只有 $1-\theta$ 比例的企业可以调整价格，其余的企业则依照上一期价格不能进行调整。这样企业制定价格 $P_t^*(z)$ 最大化利润，得到最优性条件：

$$E_t \sum_{k=0}^{\infty} (\beta\theta)^k Y_{t+k}(z) \{1-\varepsilon+\varepsilon P_{t+k} mc_{t+k}/P_t^*(z)\} = 0 \qquad (8.12)$$

三 出口和市场均衡

根据 Gertler et al.（2007）的假设，外国对本国商品的需求即本国出口 EX_t 由其上一期需求以及国内外商品的相对价格决定：

$$EX_t = EX_{t-1}^{\tau}(P_{H,t}/S_t)^{\lambda} \qquad (8.13)$$

其中，$\tau(0<\tau<1)$ 刻画了出口受上一期的影响程度，$\lambda(\lambda<0)$ 为出口的价格弹性，由此可以得到本国经济的资源约束方程：

$$Y_t = C_{H,t} + I_t + EX_t \qquad (8.14)$$

由式（8.9）和式（8.13）可知，汇率政策通过对国内外商品的相对价格以及家庭的消费决策产生作用，进而影响商品的进出口。

四 中央银行

开放经济条件下中央银行可以采用货币数量型规则，即货币供应量对产出、通胀和汇率作出反应：

$$\hat{m}_t = \hat{m}_{t-1} - \hat{\pi}_t + \hat{v}_t \qquad (8.15)$$

$$\hat{v}_t = \xi_v \hat{v}_{t-1} - \xi_\pi E_t \hat{\pi}_{t+1} - \xi_y \hat{Y}_t - \xi_s \hat{S}_t + \eta_{v,t} \qquad (8.16)$$

$$\eta_{v,t} = \rho_v \eta_{v,t-1} + \varepsilon_{v,t} \qquad (8.17)$$

其中，^表示变量的缺口，$\eta_{v,t}$ 为货币供应量增长率冲击，服从一阶自回归过程，ρ_v 为一阶自回归系数，$\varepsilon_{v,t}$ 为随机扰动项；ξ_v 为货币供应量增长率平滑系数，平滑系数越高表示政策更具连续性；ξ_y、ξ_π 和 ξ_s 分别为货币供应量增长率对偏离产出、通胀和汇率的反应系数；$\xi_s = 0$ 为实际货币余额，$\xi_s = 0$ 为货币供应量增长率。基于逆周期调控原则，在经济增长过快时适当紧缩货币供应量；在通货膨胀过高时适当紧缩货币供应量；在本币贬值时减少货币供应量，在本币升值时增加货币供应量，以稳定货币价值，即为一种有管理的浮动汇率制度。当 $\xi_s = 0$ 时，数量型规则不对汇率反应，即为完全的浮动汇率制度；当 ξ_s 趋向于无穷大时，数量型规则不能容忍汇率出现丝毫的波动，通过货币数量手段将汇率稳定在极小的范围内，即为固定汇率制度。

开放经济条件下中央银行也可以采取货币价格型规则,即通过调节名义利率对产出、通胀和汇率进行反应:

$$\hat{R}_t = \lambda_R \hat{R}_{t-1} + \lambda_\pi E_t \hat{\pi}_{t+1} + \lambda_y \hat{Y}_t + \lambda_s \hat{S}_t + \eta_{R,t} \tag{8.18}$$

$$\eta_{R,t} = \rho_R \eta_{R,t-1} + \varepsilon_{R,t} \tag{8.19}$$

其中,$\eta_{R,t}$为利率冲击,服从一阶自回归过程,ρ_R为一阶自回归系数,$\varepsilon_{R,t}$为随机扰动项;λ_R为利率平滑系数,λ_y、λ_π和λ_s分别为利率对偏离产出、通胀和汇率的反应系数。λ_s越大,通过价格型规则对汇率的变化管理越强,当λ_s趋向于无穷大时,利率对汇率偏离均衡水平反应无限大,这意味着$S_t = S_{t-1} = \bar{S}$,与固定汇率制相对应;λ_s越小,通过价格型规则对汇率的变化管理越弱,汇率更倾向于自由浮动。

第四节　参数估计

一　估计方法和数据处理

本章根据 Uhlig（1999）在稳态附近对数线性化的方法将均衡性条件转化为线性方程。下面我们采用极大似然方法估计模型的结构参数[①]。选择的可观测变量的个数不应超过外生冲击的个数,以避免模型中估计中的奇异性问题[②]。考虑到数据的可得性等情况,我们在参数估计时选择产出、通货膨胀率、货币供应量增长率和利率4个变量作为可观测变量,其余变量作为不可观测变量。具体地,将上述方程的模型系统表示成矩阵形式的理性预期差分方程组:

$$AE_t[X_{t+1}] = BX_t + C\zeta_t$$

其中,数量型规则下 $X_t = \{\hat{C}_t\ \hat{R}_t\ \hat{\pi}_t\ \hat{w}_t\ \hat{L}_t\ \hat{S}_t\ \hat{K}_t\ \hat{I}_t \hat{r}_t^K\ \hat{C}_{H,t}\ \hat{C}_{F,t}\ \hat{P}_t\ \hat{P}_{H,t}\ \hat{Y}_t\ \hat{m}_t\ \hat{c}_t\ E\hat{X}_t\ \hat{v}_t\ \hat{m}_t\}'$, $\zeta_t = \{\hat{R}_t^*\ \hat{A}_t\ \hat{\eta}_{S,t}\ \hat{\eta}_{M,t}\}'$;价格型规则下 $X_t = \{\hat{C}_t\ \hat{R}_t\ \hat{\pi}_t\ \hat{w}_t\ \hat{L}_t$

[①] 其基本步骤是:首先运用 Blanchard 和 Kahn（1980）和 Klein（2000）方法求解,得到理性预期方程,把模型的解表示成状态空间形式,再建立刻画可观测变量与状态内生变量之间关系的测量方程,然后采用状态空间 Kalman 滤波方法得到参数的极大似然估计。

[②] 运用极大似然方法估计模型结构参数可能会遇到"随机奇异性"问题（stochastic singularity problem）,即极大似然方法要求用于估计的观测变量个数不能超过模型中所包含的外生随机扰动的个数。其原因在于,当观测变量个数大于模型中所包含的外生随机扰动时,观测变量之间将存在一个线性组合,从而将随机因素完全消除,这会使得极大似然估计不可靠。

129

$\hat{S}_t \hat{K}_t \hat{I}_t \hat{r}_t^K \hat{C}_{H,t} \hat{C}_{F,t} \hat{P}_t \hat{P}_{H,t} \hat{Y}_t m \hat{c}_t E \hat{X}_t \}'$，$\zeta_t = \{R_t^* \hat{A}_t \hat{\eta}_{S,t} \hat{\eta}_{R,t}\}'$。$f_t = \{\hat{Y}_t \hat{\pi}_t \hat{m}_t\}'$为条件期望运算，A、B 和 C 为依赖于结构参数的矩阵。求解模型即可得到不包含期望运算的差分方程组，并写成如下的状态空间形式：

$$s_t = \Gamma s_{t-1} + \Omega \varepsilon_t$$

$$f_t = U s_t$$

其中，Γ、Ω 和 U 同样依赖于模型的结构参数，s_t 为模型的状态变量，f_t 为模型的可观测变量。数量型规则下 $f_t = \{\hat{Y}_t \hat{\pi}_t \hat{m}_t\}'$，$\varepsilon_t = \{\varepsilon_{R^*,t} \varepsilon_{S,t} \varepsilon_{A,t} \varepsilon_{M,t}\}'$；$s_t = \{\hat{C}_t \hat{R}_t \hat{\pi}_t \hat{w}_t \hat{L}_t \hat{S}_t \hat{K}_t \hat{I}_t \hat{r}_t^K \hat{C}_{H,t} \hat{C}_{F,t} \hat{P}_t \hat{P}_{H,t} \hat{Y}_t m \hat{c}_t E \hat{X}_t \hat{v}_t \hat{m}_t R_t^* \hat{A}_t \hat{\eta}_{S,t} \hat{\eta}_{M,t}\}'$；价格型规则下 $f_t = \{\hat{Y}_t \hat{\pi}_t \hat{R}_t\}'$，$\varepsilon_t = \{\varepsilon_{R^*,t} \varepsilon_{S,t} \varepsilon_{A,t} \varepsilon_{R,t}\}'$，$s_t = \{\hat{C}_t \hat{R}_t \hat{\pi}_t \hat{w}_t \hat{L}_t \hat{S}_t \hat{K}_t \hat{I}_t \hat{r}_t^K \hat{C}_{H,t} \hat{C}_{F,t} \hat{P}_t \hat{P}_{H,t} \hat{Y}_t m \hat{c}_t E \hat{X}_t R_t^* \hat{A}_t \hat{\eta}_{S,t} \hat{\eta}_{R,t}\}'$。由此得到了 Kalman 滤波算法标准的状态空间模型。

本章选取的数据为季度数据，样本区间为1996年第一季度至2015年第四季度，共80个数据样本。原始数据来源于国家统计局网站、中国人民银行网站、Wind 资讯。模型估计中使用的观测样本：产出由国内生产总值（GDP）表示，通货膨胀率由消费者价格指数（CPI）计算，货币供应量增长率由广义货币供应量（M2）增长率表示，利率由银行间7天同业拆借利率的加权值表示[①]。名义 GDP 变量通过除以定基 CPI 得到相应的实际值，所有变量均经过 X-12 季节性调整和 H-P 滤波去除趋势处理。本章运用 Dynare 4.4.2 工具箱，在 Matlab 7.8 环境中编程完成下文的模型参数估计以及仿真分析。

二 估计结果

受可得数据个数的限制，模型中的参数不可能全部通过估计直接得到，因此部分参数需要根据已有文献的研究结果进行设定。本章也借鉴该做法，在参数估计前对部分参数进行了校准：主观贴现率季度值 β 取 0.99，季度折旧率 δ 取 0.025，相当于年折旧率为 0.1，货币政策对汇率的反应系数 ξ_s 和 λ_s 均为 0.5。在此基础上，利用基于 Kalman 滤波的极大似然方法得出模型中其余参数的估计值如表 8-1 所示。

---

① 由于中国的利率还未完全市场化，因此选取具有市场利率特征的银行间7天同业拆借利率。

表 8-1　　　　　　　　模型参数的极大似然估计结果

数量型规则				价格型规则			
参数	估计值	标准差	t-统计量	参数	估计值	标准差	t-统计量
σ_c	2.0006	0.0000	163582.3292	σ_c	1.2328	0.0000	0.0000
σ_l	6.1603	0.0000	0.0000	σ_l	2.7012	0.0002	12340.7136
ρ_{RF}	0.7488	0.0000	5439961.0177	ρ_{RF}	0.9209	0.0000	0.0000
ρ_s	0.8003	0.0000	0.0000	ρ_s	0.9700	0.0001	7721.0418
ρ	0.9996	0.0000	0.0000	ρ	1.1723	0.0000	0.0000
b	0.1129	0.0000	2130987.6354	b	0.0398	0.0000	0.0000
α	0.6003	0.0000	755483.9275	α	0.4291	0.0000	11185.2201
ρ_A	0.8003	0.0000	0.0000	ρ_A	0.7991	0.0001	7721.0791
θ	0.8001	0.0000	2568143.3586	θ	0.9994	0.0002	6296.8956
τ	0.5903	0.0000	Inf	τ	0.7903	0.0001	10693.2620
λ	0.9007	0.0000	0.0000	λ	1.0674	0.0001	11308.5164
ξ_v	0.7983	0.0000	402625.9237	λ_R	0.9507	0.0000	0.0000
ξ_π	0.9993	0.0000	554379.5519	λ_π	0.8201	0.0001	11570.1612
ξ_y	0.4931	0.0000	0.0000	λ_y	0.3198	0.0000	0.0000
ρ_v	0.7503	0.0000	0.0000	ρ_R	0.5088	0.0000	12381.9614
σ_m	3.1275	0.0000	—	—	—	—	—
σ_{RF}^2	2.9662	0.0000	181985.7495	σ_{RF}^2	3.0018	0.0000	0.0000
σ_s^2	4.9980	0.0000	0.0000	σ_s^2	4.9995	0.0032	1545.0811
σ_A^2	4.9993	0.0000	953250.8908	σ_A^2	5.0017	0.0084	594.7170
σ_v^2	2.1826	0.0000	0.0000	σ_R^2	3.0144	0.0000	0.0000

从表 8-1 可以看出，所估参数均在合理范围内，大部分均显著不为零。技术冲击的持续性较高，体现为 ρ_A 的估计值都在 0.8 左右；货币供应量平滑系数 ξ_v（0.7983）和利率平滑系数 λ_R（0.9507）较高，说明货币政策强调持续性；通货膨胀预期系数 ξ_π（0.9993）和 λ_π（0.8201）均远大于产出缺口系数 ξ_y（0.4931）和 λ_y（0.3198），表明货币当局在短期内对产出和通胀进行权衡时更倾向于控制通胀。

三 模型的适用性分析

基于 Kalman 滤波的极大似然方法，不仅可以得到结构参数的估计，还可得到我们关心的不可观测变量的光滑估计。下面我们根据估计模型结构参数时所得到的外生冲击的光滑估计，考察该模型对中国经济现实的刻画能力[①]。图 8-1 分别为估计数量型规则和价格型规则模型参数时所得到的货币冲击和利率冲击的光滑估计结果。具体地，从各个历史阶段来看：第一阶段（2003—2008 年上半年）应对通货膨胀压力：始于 2003 年的新一轮高速增长导致中国经济呈现偏热势头，部分地区和行业出现了投资增长过快问题，通货膨胀压力明显加大。为了缓解经济过热的情况，央行开始逐步紧缩银根，多次调高利率，从而图 8-1 中这一时期货币供应量冲击的光滑估计大部分时候为负，利率冲击的光滑估计大部分时候为正。第二阶段（2008 年下半年以后）应对国际金融危机：从 2008 年下半年开始，由美国次贷危机引发的国际金融危机导致中国经济一度陷入低迷状态。为应对国际金融危机的负面影响，中国的货币政策转向适度宽松，央行多次下调利率，从而图 8-1 中此时的利率光滑估计大部分时候为负，货币供应量冲击的光滑估计大部分时候为正。综上所述，外生冲击的光滑估计结果为本章所构建模型的适用性提供了充分的支持证据，也说明了上述模型体系对中国经济现实刻画的合理性，我们可以用它来分析货币政策转型背景下人民币汇率调整对经济影响的效果。

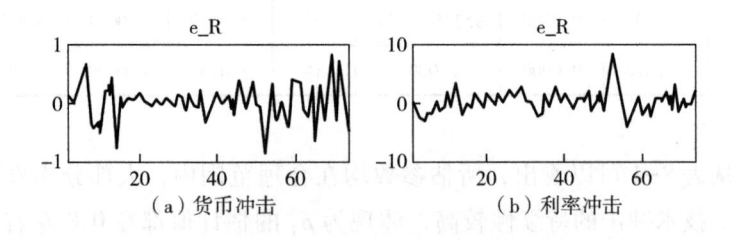

图 8-1 外生冲击的光滑估计

---

① 外生冲击的光滑估计是在估计模型结构参数时所得到的"副产品"，它用来考察所构建模型对经济现实的刻画能力，以此评价该模型是否可以用来分析研究主题。如果外生冲击的光滑估计值与经济发展路径较为吻合，就在一定程度上为所构建模型的适用性提供了充足的证据。

第五节 政策模拟

一 脉冲响应分析

首先，我们分析不同货币政策规则（数量型规则、价格型规则）下经济变量对汇率贬值冲击的脉冲响应情况。在此之前，我们简要描述汇率贬值对本国经济的影响机制。从图 8-2 可以看到，一方面，本国汇率贬值将导致本国进口的外国商品价格上升，从而本国商品的价格总水平也上升，于是本国居民的购买力会下降，进而本国居民的总消费水平下降，这样本国居民将减少对本国商品和外国商品的消费；另一方面，本国汇率贬值将导致外国居民对本国商品的购买增加，即本国出口增加。因此，本国产出的最终变化主要取决于，汇率贬值导致的本国对本国商品消费下降与汇率贬值导致的外国对本国商品消费（即本国出口）上升这两者的比例。

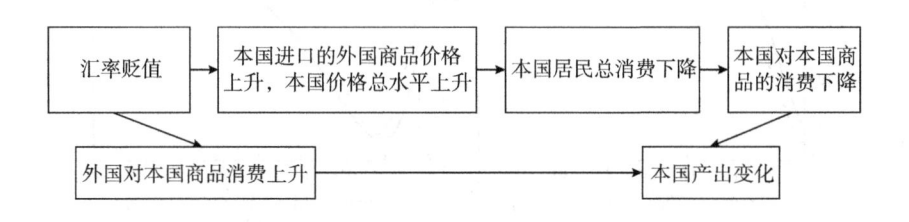

图 8-2 汇率贬值对本国经济的影响机制

我们观察图 8-3 的脉冲响应图看到，无论在数量型规则下，还是在价格型规则下，汇率贬值冲击都导致了本国价格总水平的上升，从而本国的总体消费减少，而且本国对本国商品的消费也减少；同时，汇率贬值冲击又导致外国对本国消费品的需求上升，即本国出口上升。在两方面力量共同作用下，本国产出水平总体呈现先下降后上升的态势。与价格型规则相比，数量型规则下的汇率贬值冲击导致的价格、消费、出口和产出等经济变量的波动都较小，即汇率贬值使本国价格上升较少，由价格水平上升带来的对本国商品的消费下降较少，同时汇率贬值使本国出口上升较少，从而本国的产出偏离均衡产出水平较小。因此，当汇率冲击导致经济波动时，数量型规则比价格型规则对烫平经济波动的作用更有效。

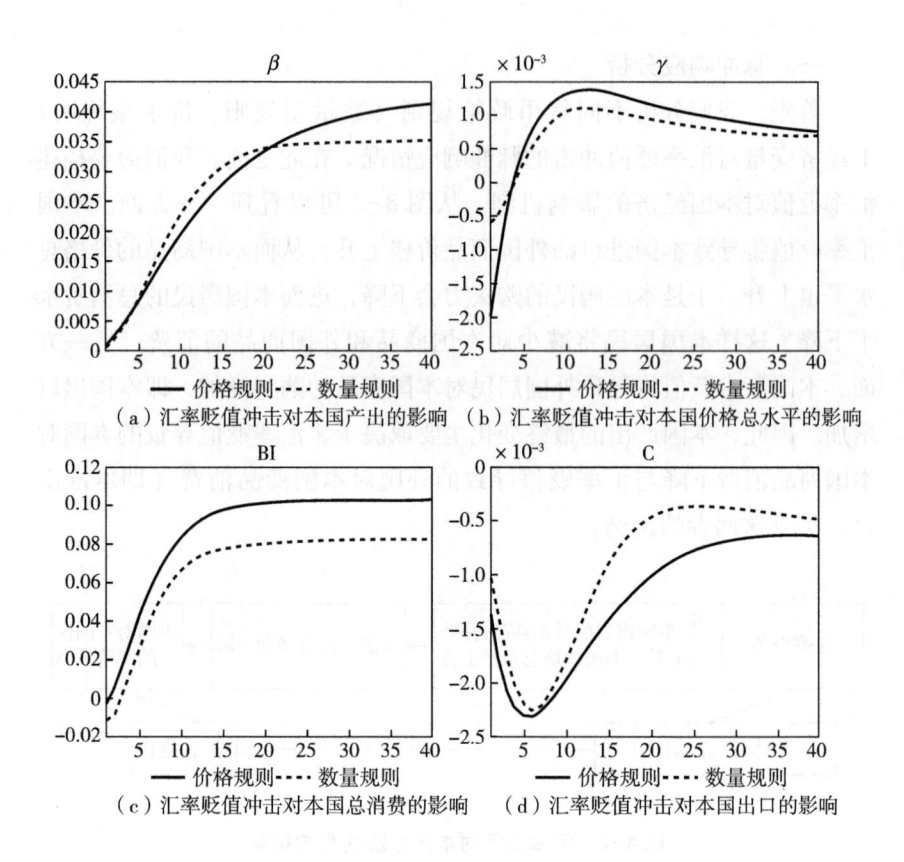

（a）汇率贬值冲击对本国产出的影响　（b）汇率贬值冲击对本国价格总水平的影响

（c）汇率贬值冲击对本国总消费的影响　（d）汇率贬值冲击对本国出口的影响

图 8-3　不同货币政策规则下汇率贬值冲击对经济的影响

其次，我们分析不同货币政策规则（数量型规则、价格型规则）下经济变量对外国利率冲击的脉冲响应情况。我们观察图 8-4 的脉冲响应图看到，无论在数量型规则下，还是在价格型规则下，外国利率冲击都导致了本国价格总水平的上升，从而本国的总体消费减少，而且本国对本国商品的消费也减少；同时，外国利率冲击又导致外国对本国消费品的需求上升，即本国出口上升。在两方面力量共同作用下，本国产出水平总体呈现先下降后上升的态势。与价格型规则相比，数量型规则下的外国利率冲击导致的价格、消费、出口和产出等经济变量的波动都较小,即外国利率冲击使本国价格上升较少,由价格水平上升带来的对本国商品的消费下降较少,同时外国利率冲击使本国出口上升较少,从而本国的产出偏离均衡产出水平较小。因此,当外国利率冲击导致经济波动时,数量型规则比价格型规则对烫平经济波动的作用更有效。

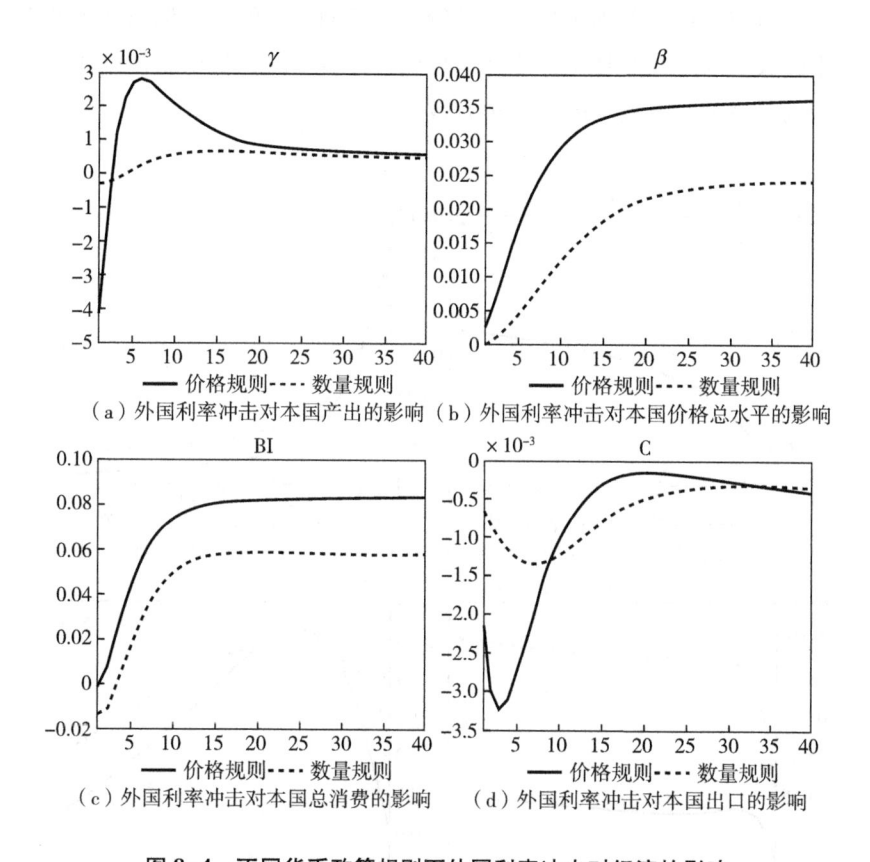

(a) 外国利率冲击对本国产出的影响　(b) 外国利率冲击对本国价格总水平的影响

(c) 外国利率冲击对本国总消费的影响　(d) 外国利率冲击对本国出口的影响

图 8-4　不同货币政策规则下外国利率冲击对经济的影响

最后,我们分析不同货币政策规则(数量型规则、价格型规则)下经济变量对技术进步冲击的脉冲响应情况。我们观察图 8-5 的脉冲响应图看到,无论在数量型规则下,还是在价格型规则下,技术进步冲击都导致了本国价格总水平的先下降后上升,从而本国的总体消费先增加后减少,而且本国对本国商品的消费也先增加后减少;同时,技术进步冲击又导致外国对本国消费品的需求上升,即本国出口上升。在两方面力量共同作用下,本国产出水平总体呈现先上升后下降的态势。与价格型规则相比,数量型规则下的技术进步冲击导致的价格、消费、出口和产出等经济变量的波动都较大,即技术进步使本国价格先下降后上升较多,由价格水平下降和上升带来的对本国商品的消费上升和下降较多,同时技术进步使本国出口上升较多,从而本国的产出偏离均衡产出水平较大。因此,当技术进步冲击导致经济波动时,价格型规则比数量型规则对烫平经济波动的作用更有效。

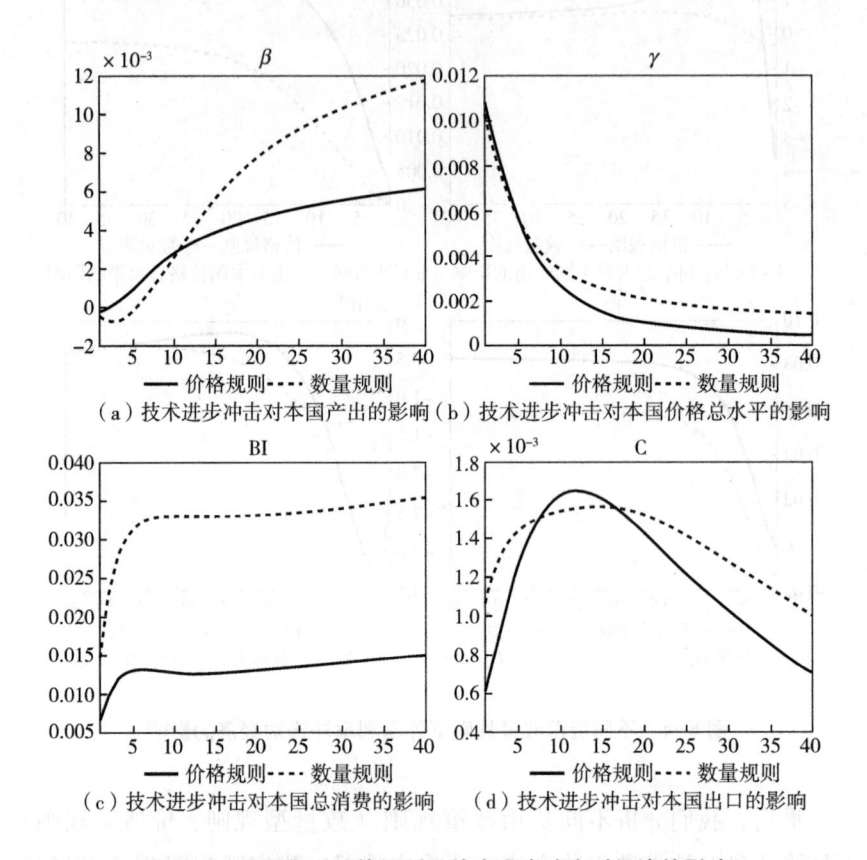

(a) 技术进步冲击对本国产出的影响　(b) 技术进步冲击对本国价格总水平的影响

(c) 技术进步冲击对本国总消费的影响　(d) 技术进步冲击对本国出口的影响

图 8-5　不同货币政策规则下技术进步冲击对经济的影响

下面我们分析不同汇率市场化程度下经济变量对货币政策冲击(货币供应量冲击、利率冲击)的脉冲响应情况。我们考虑了两种情况：一种情况是货币政策对汇率的反应系数 ξ_s 和 λ_s 为 0.5，将其作为参照组；另一种情况是将货币政策对汇率的反应系数变大为 0.9，其他参数都不变，数值增大刻画了汇率市场化程度的降低。从图 8-6 中可以看到，随着汇率市场化程度的提高，货币冲击和利率冲击导致产出对均衡水平偏离程度都变小了，这说明提高汇率市场化程度能够减小产出波动。究其原因，汇率市场化程度较低时由于其严格盯住汇率，放弃了货币政策的独立性及其调节经济波动的能力，为了应对外部冲击对经济的影响，只能通过价格的调整对其进行反应，这在价格黏性下必然引起经济的波动；而在本国价格黏性的情况下，汇率市场化程度提高能够通过汇率的自由浮动对外部冲击进行调整，避免本国价格调整给经济带来的波动。

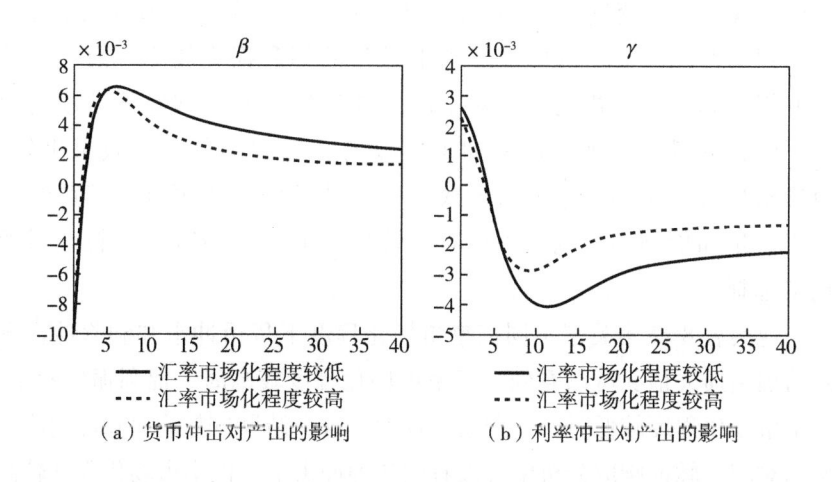

(a) 货币冲击对产出的影响　　(b) 利率冲击对产出的影响

图 8-6　不同汇率市场化程度下货币政策冲击对经济的影响

二　福利分析

下面我们分析外生冲击导致的福利损失情况，利用 Woodford（1999）及刘斌（2004）的方法，将每期平均福利损失函数表达为：$L = E_t \sum_{i=0}^{\infty} \beta^i (\hat{\pi}_{t+i}^2 + \chi \hat{Y}_{t+i}^2)$，$\chi$ 代表中央银行对于产出和通胀的关注程度，这里 χ 取 0.5。表 8-2 报告了不同货币政策规则和汇率市场化程度下的福利损失。

表 8-2　不同货币政策规则和汇率市场化程度下福利损失的结果比较

外生冲击	不同货币政策规则		外生冲击	不同汇率市场化程度	
	数量型	价格型		较高	较低
汇率冲击	0.0085041	0.0087995	货币冲击	0.00053563	0.0012759
技术冲击	0.02447	0.02372	利率冲击	0.07164	0.13741

观察表 8-2 中关于不同货币政策规则下汇率冲击和技术冲击导致的福利损失情况可以看到：汇率冲击在数量型规则下导致的福利损失较小，在价格型规则下导致的福利损失较大，这个结果也与上面的脉冲响应分析相对应，脉冲响应分析中可以看到在数量型规则下汇率冲击导致产出、消费、价格水平和出口等经济变量偏离均衡值较小，在价格型规则下各变量偏离均衡值较大。技术冲击在数量型规则下导致的福利损失较大，在价格型规则下导致的福利损失较小。总之，数量型规则和价格型规则在面对不同的外生冲击时平抑经济波动的效果不同：数量型规则对汇率冲击导致的经济波动的平抑效果更好；而价格型规则平抑技术冲击导致的经济波动的效果更好，因此综合运用数量和价格两种调控手段对于转型中的中国而言是比较合适的现实选择。

观察表 8-2 中关于不同汇率市场化程度下货币冲击和利率冲击导致的福利损失情况可以看到：汇率市场化程度较高时，福利损失较小；汇率市场化程度较低时，福利损失较大。这个结果也与前面脉冲响应分析相对应，脉冲响应分析中可以看到各种冲击下，汇率市场化程度较高时产出偏离均衡值较小，汇率市场化程度较低时产出偏离均衡值较大。这说明汇率市场化程度较高时，政府对经济的干预比较少，导致产出波动较小，所以福利损失较小；相反，汇率市场化程度较低时，政府对经济的干预比较频繁，导致产出波动较大，所以福利损失较大。总之，汇率市场化程度较低会在一定程度上失去货币政策调节经济的功能，加剧产出的波动造成较大的福利损失，因此适当提高汇率市场化程度对于转型中的中国而言是比较合适的现实选择。

第六节 小结

本章在货币政策转型背景下研究汇率调整对宏观经济波动的影响，通过构建符合中国实际情况的开放经济 DSGE 模型，对比分析数量型和价格型的货币政策规则对烫平汇率调整导致的宏观经济波动的效果，以及汇率市场化程度的提高对宏观经济波动的影响。结果表明：当汇率冲击导致经济波动时，数量型规则比价格型规则对烫平经济波动的作用更有效，且能够更好的减小社会福利损失；同时，随着汇率市场化程度的提高，货币冲击和利率冲击导致产出对均衡水平偏离程度都变小了，这说明提高汇率市场化程度能够减小产出波动，并能够有效改善社会福利水平。因此，在货币政策逐渐从数量型向价格型转变的过程中，综合运用数量和价格两种调控手段、适当提高汇率市场化程度对于转型中的中国而言是比较合适的现实选择。与以往相关研究比较（梅冬州等，2013；方成和丁剑平，2012），本章既突出了不同货币政策规则对烫平汇率调整导致的宏观经济波动的不同效果，还体现了汇率市场化对宏观经济的影响。

第九章

资本流动与宏观审慎管理

第一节 引言

随着人民币国际化进程的不断推动,资本账户开放的步伐逐步加快,为资本的跨境流动创造了更多的渠道。如果美国进入加息周期,人民币存在贬值预期,中国资本跨境流出的压力进一步加大。跨境资本的持续流出会导致汇率贬值、投资下降,还会产生正反馈效应,严重影响中国金融体系的稳定,甚至容易引发系统性金融风险。因此,中央银行需要采取相应政策,减少资本跨境流出,稳定汇率预期,切断正反馈路径。中央银行可以利用宏观审慎政策,通过降低资金借贷成本,提高资本盈利空间,以增强对国际资本的吸引力,限制跨境资本大规模流出。"8·11"汇改以来,中国人民银行不断完善人民币汇率中间价形成机制,顺应市场的力量对人民币汇率适当调整,使人民币汇率双向浮动特征明显。弹性灵活的人民币汇率形成机制能够有效抑制短期跨境资本套利,汇率保持在合理均衡区间有利于避免刚性汇率突变对经济产生巨大影响。因此,如何在稳步推进人民币汇率市场化的同时,避免国际资本大幅流出对中国宏观经济的冲击,是当前中国经济需要解决的重要问题。探索人民币汇率市场化、资本项目开放以及宏观审慎政策下资本流动冲击的宏观经济效应,为中国结构性改革营造适宜的货币金融环境,以及防范和化解系统性金融风险,具有重要的现实和理论意义。

第二节 文献综述

2008年国际金融危机后，跨境资本流动可能引发系统性金融风险问题受到国际社会的广泛关注。Mendoza（2008）研究发现，当一国经济的基本面不好时，容易增大跨境资本流入突然中断的可能，从而引发金融风险。Ostry（2011）分析显示，跨境资本的大量流入容易引起资产价格的快速上涨和信贷资金的过度投放，从而加剧金融部门资产负债表的脆弱性，并且最终传导到住户和非金融企业部门。Augusto和Alain（2013）研究认为，金融放大效应使跨境资本大规模流动扭曲私人部门的投融资决策，影响资产负债表和经济总需求，加大金融体系的脆弱性。Unsal（2011）分析认为，传统的货币政策框架很难抵制跨境资本流动的不利冲击，而宏观审慎政策能有效维护金融稳定并提高社会福利。Forbes等（2013）的研究也证明，宏观审慎政策可以有效降低金融系统的脆弱性。

近年来，跨境资本流动对宏观经济的影响及其宏观审慎管理也引起了国内学者的高度重视。郝大鹏等（2020）认为，为应对美联储的利率变动，适当限制国际资本流动能有效稳定我国经济波动，而实施固定汇率和央行盯住美国利率的政策会加大宏观经济的波动。童相彬和张书华（2021）发现，跨境资本流入的增加能够降低我国系统性风险水平且两者之间存在负反馈机制，跨境资本流动可对我国通货膨胀水平产生直接的正向影响且两者之间存在正反馈机制。喻海燕和赵晨（2022）发现，相比单独实施货币政策，我国实施"双支柱"调控框架下宏观审慎政策工具搭配能更有效地调控跨境资本流动，缓解外生冲击对国内经济金融的影响。谭小芬等（2023）认为，在正常情况下资金流出国宏观审慎政策对跨境资本流动的影响更为明显，而在美国货币政策对跨境资本流动产生冲击时，资金流入国宏观审慎政策更有助于缓解冲击造成的不利影响。

尽管上述文献对相关问题进行了很好的讨论，但仍存在一些不足之处。首先，目前国内相关文献主要集中在探讨资本流入对宏观经济的影响，较少有探讨资本流出对宏观经济的影响。其次，在现有文献中，很少有涉及在汇率市场化、资本账户开放进程中以及在不同宏观审慎政策水平下，资本流动冲击对宏观经济影响的差异。鉴于此，本章在已有相关研究基础上，做了如下创新性工作：借鉴 Ozkan 和 Unsal（2014）等包含汇率以及宏观审慎政策的动态随机一般均衡（DSGE）模型的建模思想，并进行一定的改进和拓展，建立符合中国现实情况的开放经济 DSGE 模型，深入系统地研究不同的汇率市场化程度、资本账户开放程度以及宏观审慎管理水平下资本流动冲击的宏观经济效应，为中国央行更加有效地进行逆周期调节和防范系统性风险提供决策参考。

本章研究按照如下思路展开：第一节，介绍选题背景和研究意义；第二节，综述国内外相关研究文献，并提出本章创新之处；第三节，建立包含汇率、资本流动与宏观审慎政策的开放经济 DSGE 模型；第四节，运用脉冲响应和福利损失方法对不同情境下资本流动冲击对宏观经济的影响进行政策模拟；第五节，总结全文主要观点。

第三节 理论框架

一 居民部门

假设经济中每个居民试图最大化其一生期望效用：

$$E_0 \sum_{t=0}^{\infty} \beta^t [C_t^{1-\sigma_C}/(1-\sigma_C) + (M_t/P_t)^{1-\sigma_M}/(1-\sigma_M) - L_t^{1+\sigma_L}/(1+\sigma_L)]$$

其中，E_0 为期初时的数学期望，L_t 为居民的即时消费，σ_C 为居民持有的货币量，σ_L 为价格总水平，L_t 为居民提供的劳动，$0<\beta<1$ 为主观贴现因子，$\sigma_C>0$、$\sigma_M>0$、$\sigma_L>0$ 分别为消费跨期替代、货币需求、劳动供给的弹性的倒数。

假设居民面临流动性跨期预算约束：

$$P_t C_t + P_t I_t + S_t B_{t+1}^* + M_t + D_t = W_t L_t + r_{h,t} P_t K_{h,t} + \Pi_t + R_{t-1}^* S_t B_t^* + M_{t-1} + R_{d,t-1} D_{t-1}$$

其中，I_t 为居民投资，D_t 为居民存款，W_t 为名义工资，S_t 为名义汇率，Π_t 为居民获得的厂商利润，B_t^* 为居民持有的外国债券量，$K_{h,t}$ 为本国资本存量，$R_{d,t}$ 为本国存款利率，R_t^* 为外国利率。

假设资本折旧率为 δ，资本积累方程为：

$$K_{h,t} = (1-\delta)K_{h,t-1} + I_t$$

居民在预算约束下和资本积累过程中最大化其终身效用，得到一阶条件：

$$C_t^{-\sigma_C} = \beta E_t(C_{t+1}^{-\sigma_C} R_{d,t}/\pi_{t+1}) \tag{9.1}$$

$$L_t^{\sigma_L} = W_t C_t^{-\sigma_C}/P_t \tag{9.2}$$

$$R_{d,t} = E_t(S_{t+1}/S_t) R_t^* \tag{9.3}$$

$$\beta C_{t+1}^{-\sigma_C} C_t^{\sigma_C}(1-\delta) = 1 - r_{h,t} \tag{9.4}$$

$$(M_t/P_t)^{-\sigma_M} = C_t^{-\sigma_C}(1 - 1/R_{d,t}) \tag{9.5}$$

其中，式（9.3）为非抛补利率平价方程。居民消费 C_t 由本国商品 $C_{h,t}$ 和进口外国商品 $C_{f,t}$ 以 CES 形式复合而成：

$$C_t = [(1-b)^{1/\rho}(C_{h,t})^{(\rho-1)/\rho} + b^{1/\rho}(C_{f,t})^{(\rho-1)/\rho}]^{\rho/(\rho-1)}$$

其中，ρ 为本国消费品对外国消费品的替代弹性，b 为本国居民对外国商品的偏好。

假设经济中一价定律成立，消费 1 单位复合商品的最小花费为：

$$P_t = [(1-b)(P_{h,t})^{1-\rho} + b(S_t)^{1-\rho}]^{1/(1-\rho)}$$

其中，$P_{h,t}$ 为本国消费品的价格。

最优消费品分配为：

$$C_{h,t}/C_{f,t} = [(1-b)/b](P_{h,t}/S_t)^{-\rho} \tag{9.6}$$

二 厂商部门

（一）最终产品厂商

假设最终产品厂商在完全竞争市场上将各种差异中间产品复合生产最终产品：

$$Y_t = (\int_0^1 Y_t(j)^{(\varepsilon-1)/\varepsilon})^{\varepsilon/(\varepsilon-1)}$$

其中，$\varepsilon > 1$ 为不同中间产品之间的替代弹性。在中间产品价格 $P_t(j)$ 和最终产品价格 $P_{h,t}$ 给定的情况下，最终产品厂商追求利润最大化，得到对中间产品的需求函数和最终产品的价格指数：

$$Y_t(j) = (P_t(j)/P_{h,t})^{-\varepsilon} Y_t$$

$$P_{h,t} = (\int_0^1 P_t(j)^{1-\varepsilon})^{1/(1-\varepsilon)}$$

(二) 中间产品厂商

假设每个中间产品厂商的生产函数为：

$$Y_t(j) = A_t [K_{h,t}^{\varphi}(j) K_{f,t}^{1-\varphi}(j)]^{\alpha} L_t^{1-\alpha}(j)$$

其中，A_t 为技术进步冲击，$L_t(j)$ 为劳动投入，$K_{h,t}(j)$ 为本国资本，$K_{f,t}(j)$ 为外国资本，$0<\alpha<1$ 为资本在产出中的份额，$0<\varphi<1$ 为本国资本在总资本投入中的比重。

假设每期中间产品厂商需要向银行借款用于工资支付，其成本函数为：

$$TC_t(j) = (1+R_{b,t})w_t L_t(j) + r_{h,t} K_{h,t}(j) + r_{f,t} K_{f,t}(j)$$

其中，$R_{b,t}$ 为本国贷款利率，$r_{h,t}$ 和 $r_{f,t}$ 分别为厂商使用本国资本和外国资本的成本。

在生产函数约束下，中间产品厂商最小化成本，得到产出的边际成本和资本选择方程：

$$mc_t = (1-\alpha)^{\alpha-1} \alpha^{-\alpha} \varphi^{-\varphi\alpha} (1-\varphi)^{(\varphi-1)\alpha} r_{h,t}^{\varphi\alpha} r_{f,t}^{(1-\varphi)\alpha} (w_t)^{1-\alpha} (1+R_{b,t})^{1-\alpha} / A_t \tag{9.7}$$

$$K_{h,t}/K_{f,t} = (\varphi/(1-\varphi))(r_{f,t}/r_{h,t}) \tag{9.8}$$

假设中间产品厂商采取 Calvo（1983）形式设定价格，每期有 θ 比例的厂商只能采取上一期产品的价格而不能进行价格调整，只有 $1-\theta$ 比例的厂商可以调整价格。中间产品厂商制定价格 $P_t^*(j)$ 最大化利润，得到最优性条件：

$$E_t \sum_{k=0}^{\infty} (\beta\theta)^k Y_{t+k}(j) \{1-\varepsilon+\varepsilon P_{t+k} mc_{t+k}/P_t^*(j)\} = 0 \tag{9.9}$$

三 商业银行

假设商业银行吸收的存款需要缴纳存款准备金，同时通过吸收居民存款和资本积累为中间产品厂商提供贷款用来支付工人工资，即 $B_t(i) = W_t L_t(i)$。

商业银行预算约束为：

$$B_t(i) + \omega D_t(i) = D_t(i) + K_{b,t}(i)$$

其中，$D_t(i)$ 为银行存款，$B_t(i)$ 为银行贷款，$K_{b,t}(i)$ 为银行资本，ω 为存款准备金率。

假设中间产品厂商贷款需求弹性为 γ，则有：

$$B_t(i) = [R_{b,t}(i)/R_{b,t}]^{-\gamma} B_t$$

商业银行在预算约束条件下制定使其利润最大化的贷款利率：

$$\max E_0 \sum_{t=1}^{\infty} \beta^t \left[R_{b,t}(i) B_t(i) + R_{\omega,t} \omega D_t(i) - R_{d,t} D_t(i) - \frac{\zeta}{2} \left(\frac{K_{b,t}(i)}{D_t(i) + K_{b,t}(i)} - z \right)^2 K_{b,t}(i) \right]$$

其中，$R_{\omega,t}$ 为存款准备金利率。在宏观审慎政策下，中央银行要求商业银行资本充足率 $\frac{K_{b,t}(i)}{D_t(i)+K_{b,t}(i)}$ 在偏离监管水平 z 时需要付出单位调整成本 $\frac{\zeta}{2}\left(\frac{K_{b,t}(i)}{D_t(i)+K_{b,t}(i)}-z\right)^2$，$\zeta$ 为调整成本系数。

在对称均衡下求解银行利润最大化问题可得：

$$\frac{(1-\gamma)(1-\omega)}{\gamma} R_{b,t} = \omega R_{\omega,t} - R_{d,t} + \zeta \left(\frac{K_{b,t}}{D_t + K_{b,t}} - z \right) \left(\frac{K_{b,t}}{D_t + K_{b,t}} \right)^2 \qquad (9.10)$$

四 出口和市场均衡

假设本国出口 EX_t 由国内外商品的相对价格和上一期出口决定：

$$EX_t = EX_{t-1}^{\tau} (P_{h,t}/S_t)^{\mu} \qquad (9.11)$$

其中，$\mu<0$ 为出口的价格弹性，$0<\tau<1$ 为出口受上一期的影响程度。

本国经济的资源约束方程：

$$Y_t = C_{h,t} + I_t + EX_t \qquad (9.12)$$

五 资本账户开放和跨境资本流动

随着资本账户开放，国内外资本的收益差异引起跨境资本的流动。借鉴刘仁伍（2011）的研究结果，设定跨境资本流动与资本账户开放之间的关系为：

$$K_{f,t} = \kappa \psi (r_{h,t} - r_{f,t}) \eta_{K,t} \qquad (9.13)$$

其中，$0<\kappa<1$ 为资本账户开放程度，ψ 为资本收益变动系数，$K_{f,t}$ 为跨境资本流动规模，$\eta_{K,t}$ 为跨境资本流动冲击。

六 中央银行

（一）货币政策

开放经济条件下中央银行可以采用货币数量型规则：

$$\hat{m}_t = \hat{m}_{t-1} - \hat{\pi}_t + \hat{v}_t \qquad (9.14)$$

$$\hat{v}_t = \xi_v \hat{v}_{t-1} - \xi_\pi E_t \hat{\pi}_{t+1} - \xi_Y \hat{Y}_t - \xi_S \hat{S}_t + \eta_{v,t} \qquad (9.15)$$

其中，^表示变量的缺口，m_t 为实际货币余额，v_t 为货币供给增长率，ξ_v 为货币供给增长率平滑系数，ξ_Y、ξ_π 和 ξ_S 分别为货币供给增长率对偏离产出、通胀和汇率的反应系数，$\eta_{v,t}$ 为货币供给增长率冲击。基于逆周期调控原则，在经济增长过快、通货膨胀过高、本币贬值时，中央银行紧缩货币供给；在经济增长过慢、通货膨胀过低、本币升值时，中央银行扩张货币供给。

开放经济条件下中央银行也可以采取货币价格型规则：

$$\hat{R}_{d,t} = \lambda_R \hat{R}_{d,t-1} + \lambda_\pi \hat{\pi}_{t+1} + \lambda_Y \hat{Y}_t + \lambda_S \hat{S}_t + \eta_{R,t} \qquad (9.16)$$

其中，λ_R 为利率平滑系数，λ_Y、λ_π 和 λ_S 分别为利率对偏离产出、通胀和汇率的反应系数，$\eta_{R,t}$ 为存款利率冲击。基于逆周期调控原则，在经济增长过快、通货膨胀过高、本币贬值时，中央银行调高利率；在经济增长过慢、通货膨胀过低、本币升值时，中央银行调低利率。

（二）宏观审慎政策

本章借鉴 Ozkan 和 Unsal（2014）的思想，构建宏观审慎政策：

$$R_{b,t} = r_{h,t} - \zeta \left(\frac{K_{b,t}}{D_t + K_{b,t}} - z \right) \left(\frac{K_{b,t}}{D_t + K_{b,t}} \right)^2 \qquad (9.17)$$

金融体系具有顺周期性是导致金融风险的重要原因，金融风险在信用扩张时期积累而在信用收缩时期显现。中央银行利用宏观审慎政策工具使缓冲资本在经济上行时期得到积累而在经济下行时期开始动用，起到逆周期调节的作用。在经济上行时期，中央银行通过提高资本充足率要求，使商业银行资产收益率和市场利率的利差缩小，从而间接提高商业银行贷款利率，减少商业银行放贷；在经济下行时期，中央银行通过降低资本充足率要求，使商业银行资产收益率和市场利率的利差扩大，从而间接降低商业银行贷款利率，增加商业银行放贷。

第四节 政策模拟

一 参数校准

本章通过参数校准的方法对模型的基本参数进行赋值，如表 9-1

所示。参数校准值的设置主要参考了 Smets 和 Wouters（2003）、庄子罐等（2016）、Zhang（2009）等国内外学者的研究成果。具体地，借鉴庄子罐等（2016）的研究，将资本折旧率 δ、消费跨期替代弹性的倒数 σ_c、劳动供给弹性的倒数 σ_L、劳动供给弹性的倒数 σ_m 分别校准为 0.03、1.2、2.5、3.13；参考 Smets 和 Wouters（2003）的研究，将主观贴现因子 β 校准为 0.99；借鉴梅冬州等（2013）的文献，将本国家庭对外国商品的偏好 b、本国消费品对外国消费品的替代弹性 ρ 分别校准为 0.04 和 1；参考 Zhang（2009）的文献，将资本在产出中的份额 α 校准为 0.4；借鉴肖卫国等（2016）的研究，将本国资本在总资本投入中的比重 φ、宏观审慎监管水平 z 分别校准为 0.75、0.06；参考梅冬州等（2015）的研究，将不能调整价格的厂商比例 θ、出口受上一期的影响程度 τ、出口的价格弹性 μ 分别校准为 0.8、0.59、0.9；借鉴刘仁伍等（2012）的文献，将中间产品厂商贷款需求弹性 γ、银行资本充足率偏离监管水平的调整成本系数 ζ、资本收益变动系数 ψ 分别校准为 2.7、11.1、7.92；参考 Agénor 和 Alper（2012）的文献，将存款准备金率 ω 校准为 0.18；借鉴王彬等（2014）的研究，将资本账户开放程度 κ 校准为 0.55；参考梅冬州和龚六堂（2011）的研究，将利率对偏离汇率的反应系数 λ_s 校准为 0.05；借鉴张伟进和方振瑞（2014）的文献，将货币供给增长率对偏离汇率的反应系数 ξ_s 校准为 0.3。同时，结合模型中各部门的基本方程及一阶条件求解模型的稳态值。通过参数校准值及模型的稳态值对模型方程及一阶条件进行对数线性化，再借助 Dynare 实现各种政策模拟分析。

表 9-1   参数校准

参数	校准结果	参考依据
资本折旧率 δ	0.03	庄子罐等（2016）
消费跨期替代弹性的倒数 σ_c	1.2	庄子罐等（2016）
劳动供给弹性的倒数 σ_L	2.5	庄子罐等（2016）
主观贴现因子 β	0.99	Smets and Wouters（2003）
本国家庭对外国商品的偏好 b	0.04	梅冬州等（2013）

续表

参数	校准结果	参考依据
本国对外国消费品的替代弹性 ρ	1	梅冬州等（2013）
资本在产出中的份额 α	0.4	Zhang（2009）
本国资本在总资本投入中比重 φ	0.75	肖卫国等（2016）
不能调整价格的厂商比例 θ	0.8	梅冬州等（2015）
中间产品厂商贷款需求弹性 γ	2.7	刘仁伍等（2012）
存款准备金率 ω	0.18	Agénor and Alper（2012）
资本充足率的调整成本系数 ζ	11.1	刘仁伍等（2012）
宏观审慎监管水平 z	0.06	肖卫国等（2016）
出口受上一期的影响程度 τ	0.59	梅冬州等（2015）
出口的价格弹性 μ	0.9	梅冬州等（2015）
资本账户开放程度 κ	0.55	王彬等（2014）
资本收益变动系数 ψ	7.92	刘仁伍等（2012）
利率对汇率的反应系数 λ_s	0.05	梅冬州和龚六堂（2011）
劳动供给弹性的倒数 σ_m	3.13	庄子罐等（2016）
货币供给对汇率的反应系数 ξ_s	0.3	张伟进和方振瑞（2014）

二 脉冲响应分析

我们利用脉冲响应函数分别考察在不同的汇率市场化程度、资本账户开放程度、宏观审慎管理水平下，产出、投资、利率、汇率等宏观经济变量对资本流动冲击的反应情况，结果如图 9-1、图 9-2 和图 9-3 所示。

（一）不同汇率市场化程度

我们采用中央银行通过货币政策对汇率管理的灵活程度来衡量汇率市场化程度。关键参数是包含汇率的货币政策规则中的 ξ_s 和 λ_s，该参数越大，汇率市场化程度越低。参考张伟进和方振瑞（2014）、梅冬州和龚六堂（2011）的研究，将货币供给和利率对汇率的反应系数 ξ_s 和 λ_s 分别设定为 0.3 和 0.05，以此作为汇率市场化的基本情形。同时，设定 $\xi_s = 0.2$ 和 $\lambda_s = 0.04$ 为汇率市场化程度较高的情形，$\xi_s = 0.1$ 和 $\lambda_s = 0.03$ 为汇率市场化程度更高的情形。图 9-1 展示了在汇率市场化进程中，1%的负向资本流动冲击对主要经济变量的动态影响。

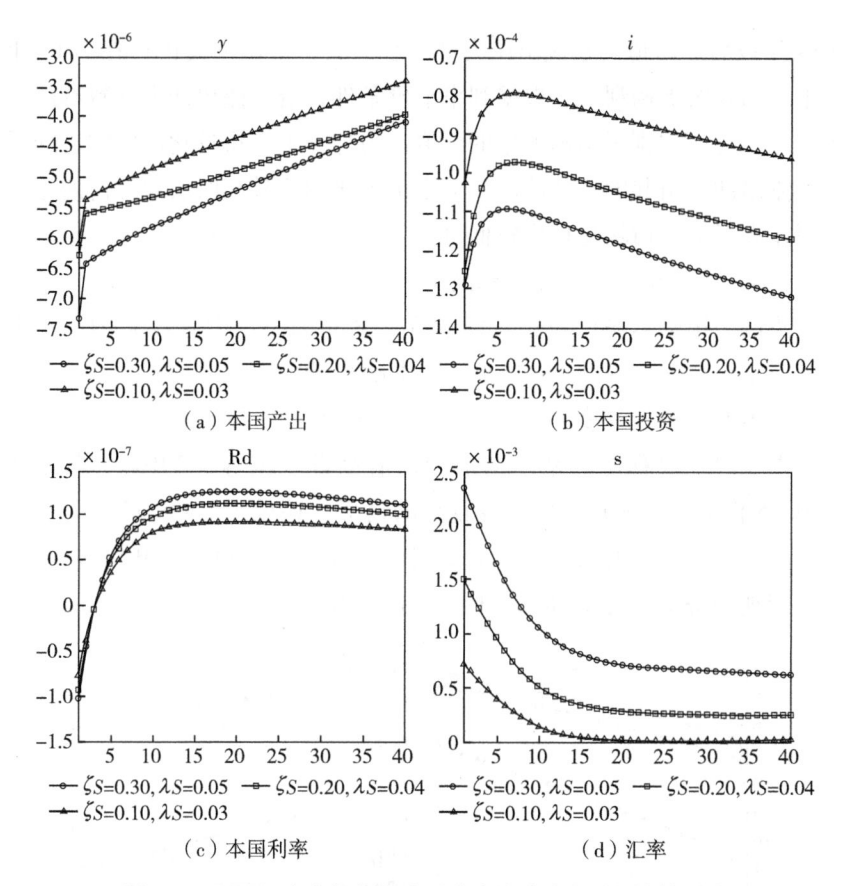

图9-1 不同汇率市场化程度下资本流动冲击对经济的影响

从图9-1可以看出，资本流出冲击导致本国产出水平下降；同时，根据加速数原理，产出降低对本国投资带来不利影响，引起本国投资下降。无论汇率市场化程度是高还是低，本国产出都在初期负向响应达到最大，汇率市场化程度在基准和较高情况下的响应分别为-0.74×10^{-5}和-0.63×10^{-5}，大于汇率市场化程度更高时的响应-0.61×10^{-5}。汇率市场化程度在基准和较高时，本国投资在初期下降达-1.3×10^{-4}和-1.26×10^{-4}，高于汇率市场化程度更高时本国投资下降的水平-1.02×10^{-4}。资本流出冲击也引起本国利率水平下降，这主要是由于资本流出会对本国产出带来紧缩效应，中央银行被迫下调利率以稳定经济。实际上，这也与中国历史上的跨境资本流动及利率操作情况相吻合：2008年国际金融危机后，跨境资本大量流出，中国央行在2008年第四季度4次降息；

2014年以后，跨境资本流出压力进一步加大，中国人民银行在2015年一年之间6次下调利率。根据利率平价条件，资本流出冲击导致本国利率下降，进而加剧了本国汇率的贬值。另外，汇率市场化能够明显降低资本流出冲击引起的经济波动，汇率市场化程度较高时宏观经济的稳定性明显高于汇率市场化程度较低时。

（二）不同资本账户开放程度

我们采用资本账户开放与资本流动之间的关系中参数κ的大小来度量资本账户开放程度：κ越小，资本账户开放程度越小；反之，κ越大，资本账户开放程度越大。参考王彬（2014），设定参数κ=0.55作为资本账户开放程度的基本情形；并借鉴肖卫国等（2016），取参数κ=0.75作为资本账户开放程度较高的情形；还设定κ=0.95作为资本账户开放程度更高的情形。图9-2展示了在资本账户逐步开放过程中，主要宏观经济变量对1%的负向资本流动冲击的响应。

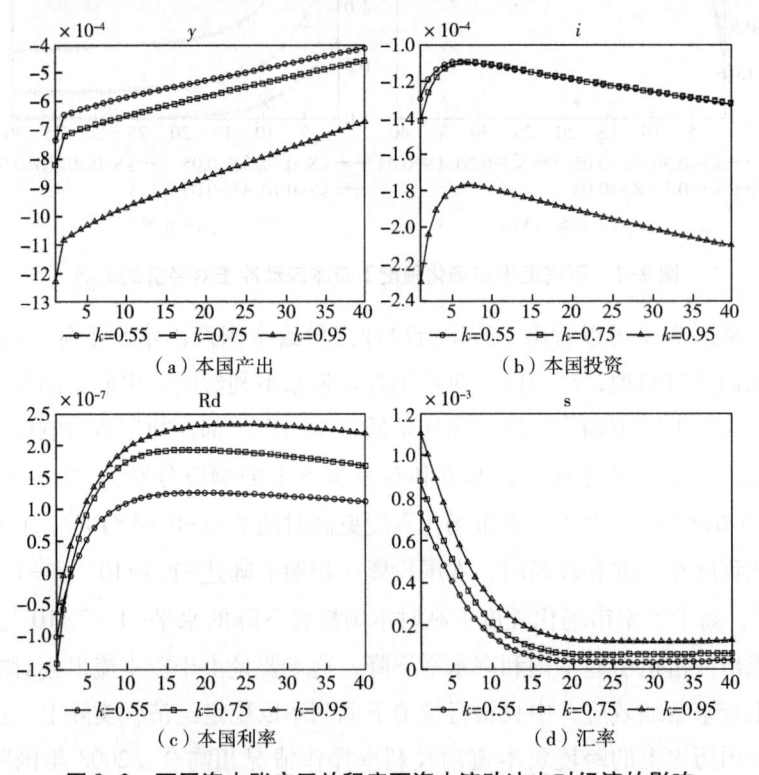

图9-2 不同资本账户开放程度下资本流动冲击对经济的影响

从图 9-2 可以发现，无论资本账户开放程度是高还是低，本国产出都在初期负向响应达到最大，资本账户开放程度较高和更高情况下的响应分别为 -0.81×10^{-5} 和 -1.23×10^{-5}，大于资本账户开放程度较低时的响应 -0.74×10^{-5}。在资本账户开放程度较高和更高时，本国投资在初期下降达 -1.4×10^{-4} 和 -2.3×10^{-4}，高于资本账户开放程度较低时本国投资下降的水平 -1.3×10^{-4}。同时，资本账户开放程度越高，本国利率波动幅度也越大。这是由于在资本账户开放程度较高时资本流出带来的紧缩效应更大，本国利率的反应强度也更加剧烈。另外，资本账户开放程度较低时，汇率的反应比较温和，资本账户开放程度较高和更高时，汇率的反应则相对比较剧烈。因此，随着资本账户开放程度的不断加深，资本流出冲击对本国经济带来的紧缩效应会越来越大，持续时间更长。

（三）不同宏观审慎管理水平

本章模型中引入了包含资本充足率的宏观审慎政策，并采用参数 z 衡量中央银行通过宏观审慎政策对金融稳定的管理水平：z 越大，宏观审慎管理水平越高；反之，z 越小，宏观审慎管理水平越低。参考肖卫国等（2016），设定参数 $z=0.06$ 作为宏观审慎管理水平的基本情形。为了对比分析，我们还设定了 $z=0.07$ 作为宏观审慎管理水平较高的情形，$z=0.08$ 作为宏观审慎管理水平更高的情形。图 9-3 展示了在不同的宏观审慎管理水平下，主要宏观经济变量对 1% 的负向资本流动冲击的响应。

从图 9-3 可以发现，资本流出冲击发生后，当宏观审慎管理水平较低时，本国产出降低明显较多，本国投资减少较大；当宏观审慎管理水平较高时，本国产出降低明显较少，本国投资减少较小。无论宏观审慎管理水平是高还是低，本国产出都在初期负向响应达到最大，宏观审慎管理水平在基准和较高情况下的响应分别为 -0.74×10^{-5} 和 -0.57×10^{-5}，大于宏观审慎管理水平更高时的响应 -0.52×10^{-5}。宏观审慎管理水平在基准和较高时，本国投资在初期下降达 -1.3×10^{-4} 和 -0.93×10^{-4}，高于宏观审慎管理水平更高时本国投资下降的水平 -0.86×10^{-4}。另外，宏观审慎管理水平较低时，资本流出还使本国利率下降较多、汇率较大幅度贬值，从而对金融系统的稳定造成较大威胁。这说明在宏观审慎管理水平较低的情况下，银行没有充分的准备应对外部冲击，这会造成金融系统较大幅度的波动；而在宏观审慎管理水平较高和更高的情况下，由于对银行资本施加了约束，限制了集中于银行的外国资本流动，在一定程度上抑制了本国利率下降和汇率贬值，有效防止了资本大量流出对金融体系的冲击。可见，宏观审慎政策能够减少经济受到资本流出冲击的影响，降低系统性金融风险的发生，起到逆周期"以丰补欠"的作用，在维护金融稳定的同时保证经济平稳增长。

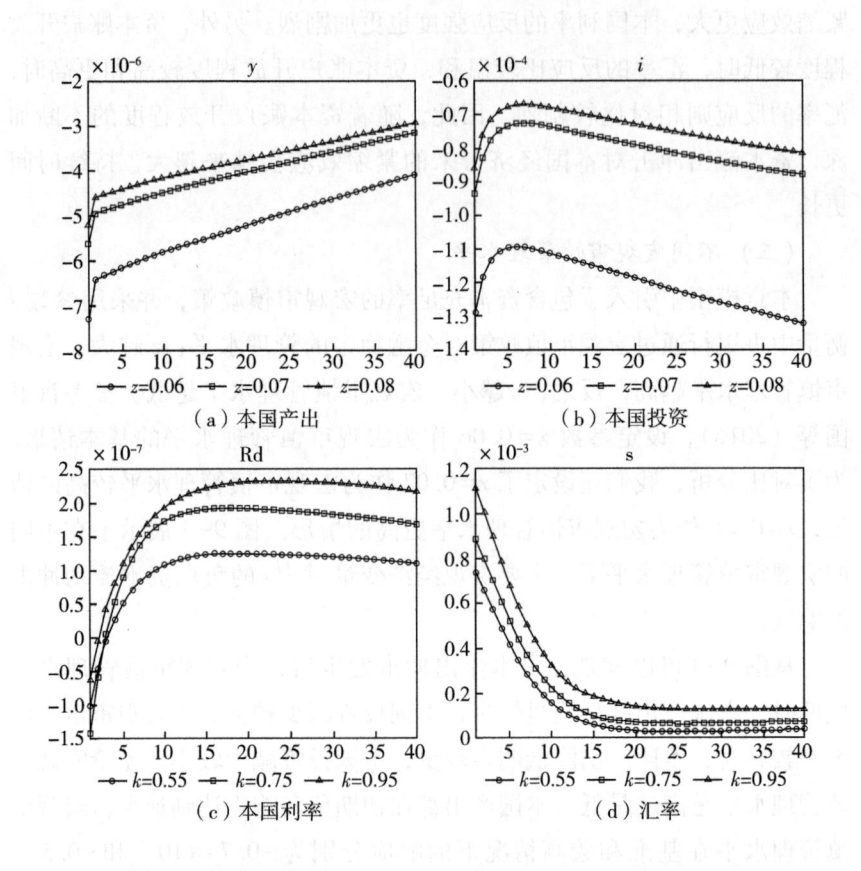

图9-3 不同宏观审慎管理水平下资本流动冲击对经济的影响

三 社会福利损失分析

下面我们分析资本流动冲击导致的社会福利损失情况。Woodford（1999）证明，在二阶近似的范围内通过使损失函数最小化就可以使社会福利目标函数达到最大化。因此，本课题参考和借鉴 Woodford（1999）和刘斌（2004）[①] 中关于福利损失函数的表达形式，设定每期平均福利损失函数为：

$$L = E_t \sum_{i=0}^{\infty} \beta^i (\hat{\pi}_{t+i}^2 + \chi \hat{Y}_{t+i}^2)$$

其中，χ 是损失函数中产出相对于通胀的权重，它反映了中央银行对稳定产出的相对偏好程度，这里 χ 分别选取 0.5、1、2 三种情况。

表 9-2 报告了不同汇率市场化程度、资本账户开放程度、宏观审慎管理水平下的社会福利损失。

表 9-2　　　　　　资本流动冲击导致的社会福利损失

	不同水平下	$\chi = 0.5$	$\chi = 1$	$\chi = 2$
汇率市场化	$\lambda s = 0.05, \xi s = 0.3$	0.0305	0.0324	0.0341
	$\lambda s = 0.04, \xi s = 0.2$	0.0236	0.0263	0.0287
	$\lambda s = 0.03, \xi s = 0.1$	0.0158	0.0170	0.0205
资本账户开放	$\kappa = 0.55$	0.0587	0.0833	0.1342
	$\kappa = 0.75$	0.0638	0.0915	0.1453
	$\kappa = 0.95$	0.0729	0.1036	0.1524
宏观审慎管理	$z = 0.06$	0.0197	0.0205	0.0228
	$z = 0.07$	0.0163	0.0187	0.0199
	$z = 0.08$	0.0124	0.0157	0.0173

从表 9-2 可以发现，资本流出冲击对本国宏观经济带来不利影响，并且随着资本账户开放程度的增加，这种不利影响不断加大，从而带来社会福利损失的增大。具体地，当资本账户开放程度较低时（$\kappa = 0.55$），资本流出冲击导致的社会福利损失（$\chi = 0.5$、1、2）分别为 0.0587、0.0833、0.1342；当资本账户开放程度较高时（$\kappa = 0.75$），社会福利损失分别为 0.0638、0.0915、0.1453；当资本账户开放程度更

[①] 有关福利损失函数的度量在国际上尚无定论，因此本章计算的福利损失可能与其他度量方法的研究不同。刘斌（2004）指出，从福利的角度来看，货币政策应该以社会福利达到最优为其目标，因而货币政策的目标函数应选择社会福利目标函数。

高时（$\kappa=0.95$），社会福利损失分别为 0.0729、0.1036、0.1524。而随着汇率市场化程度的提高，社会福利损失会减小。具体地，当汇率市场化程度较低时（$\lambda s=0.05$，$\xi s=0.3$），资本流出冲击导致的社会福利损失（$\chi=0.5$、1、2）分别为 0.0305、0.0324、0.0341；当汇率市场化程度较高时（$\lambda s=0.04$，$\xi s=0.2$），社会福利损失分别为 0.0236、0.0263、0.0287；当汇率市场化程度更高时（$\lambda s=0.03$，$\xi s=0.1$），社会福利损失分别为 0.0158、0.0170、0.0205。另外，随着宏观审慎管理水平的加大，社会福利损失也会减小。具体地，当宏观审慎管理水平较低时（$z=0.06$），资本流出冲击导致的社会福利损失（$\chi=0.5$、1、2）分别为 0.0197、0.0205、0.0228；当宏观审慎管理水平较高时（$z=0.07$），社会福利损失分别为 0.0163、0.0187、0.0199；当宏观审慎管理水平程度更高时（$z=0.08$），社会福利损失分别为 0.0124、0.0157、0.0173。由于逆周期的宏观审慎政策能够有效降低金融风险，维护金融系统稳定，因此与不实施宏观审慎政策相比，中央银行执行宏观审慎政策会产生更少的社会福利损失，而且资本充足率越高，社会福利损失就越小。宏观审慎政策从全局角度出发，通过市场化手段对跨境资本流动风险进行逆周期调节，在一定程度上降低了资本流动冲击对宏观经济的影响，减少了社会福利损失。

第五节　小结

本章借鉴 Ozkan 和 Unsal（2014）等包含汇率以及宏观审慎政策的 DSGE 模型的建模思想，并进行一定的改进和拓展，建立符合中国现实情况的开放经济 DSGE 模型，深入系统地研究不同的汇率市场化程度、资本账户开放程度以及宏观审慎管理水平下资本流动冲击的宏观经济效应。研究结果表明：跨境资本流出会对本国经济带来紧缩效应，且随着资本账户开放程度的增加，不利影响会越来越大，社会福利损失也会增大；汇率市场化能够明显降低资本流动冲击引起的经济波动，带来较小的社会福利损失；宏观审慎政策可以降低宏观经济受资本流动冲击的影响，起到逆周期调节的作用，以防止系统性金融风险的发生，在维护金融稳定的同时保证经济平稳增长，产生更少的社会福利损失。

第十章

开放条件下法定数字货币与货币政策传导

第一节 引言

在数字经济时代，全球货币体系正经历着持续的演进。法定数字货币的出现，是新科技快速发展和国际竞争形势加剧共同作用的结果，也是经济数字化发展的必然经过。由于法定数字货币能够对经济包容性、支付系统稳定性、货币政策有效性起到增强的作用，而且可以对抗新型数字货币带来的冲击，因此已经推动了各国货币当局的踊跃探索。法定数字货币可以作为中央银行的流动性便利工具和定向调控工具，向市场提供流动性，而且跳过商业银行与公众进行交易，直接调控实体经济，比间接调控工具更快速有效。大数据系统、分布式记账、条件触发机制等新元素加入法定数字货币，可以疏通传统货币政策传导渠道，也将带来全新的传导渠道。法定数字货币不仅对发行经济体具有国内的经济金融影响，而且从对世界经济金融格局的作用看，法定数字货币为数字贸易发展提供了更多机会空间和便利条件，而且对于推进经济全球化，拓展国际经贸新领域具有不可替代的优势，货币数字化将进一步推进各国在更宽领域、更深层次融入世界经济体系。在新一轮法定数字货币的国际竞争中，各国的数字货币技术创新等，也将极大影响国际货币竞争的结果。

各国中央银行对法定数字货币是否计息存有较大的争议。大多数中央银行出于对未知风险的防范,决定不对法定数字货币计息,例如新加坡的 Ubin 项目、英国的 RSCoin 系统、日本和欧洲的 Stella 项目和立陶宛的 LBCoin 项目。我国认为,数字人民币应该坚持 M0 定位,因此也不对数字人民币计息,防止数字人民币与银行存款产生竞争。此外,部分中央银行也考虑在未来推出计息的法定数字货币,尤其是发达国家。美联储提出法定数字货币的计息功能可能会加强货币政策传导,但作为一种计息工具,法定数字货币在很大程度上类似于银行账户,可能会使法定数字货币对银行的影响复杂化。加拿大央行也提出将考虑对法定数字货币付息,以改善货币政策传导效率。法国央行也认为对法定数字货币付息是有利的,但是针对不同类型的法定数字货币,其适用的付息方式不一样。那么,在开放经济条件下,基于不计息和计息两种设计特征,发行法定数字货币对货币政策传导及宏观经济的影响如何?本章将试图解决上述问题。总之,在当前法定数字货币推行条件下,探索开放经济中法定数字货币的宏观影响的变化,从而为中央银行完善货币政策调控机制,促进实现整体经济效益的最大化,具有重要的理论和现实意义。

有鉴于此,本章拟建立一个包含法定数字货币的开放经济 DSGE 模型,合理引入利率走廊等因素,基于不计息和计息两种设计特征动态模拟分析开放经济下中央银行推出法定数字货币对货币政策传导、国外溢出效应、社会福利等方面的宏观影响,并讨论当存款向法定数字货币转化程度提高时效果的差异性。本章的边际贡献体现在:一是运用货币经济学理论与方法进行数理抽象,探索建立开放经济条件下包含法定数字货币的 DSGE 模型。二是丰富开放经济中法定数字货币的利率设定,识别不计息和计息情况下发行法定数字货币的宏观影响,从而为中央银行在法定数字货币推行条件下完善货币政策调控框架,以及实现社会福利的最优化提供决策参考。三是提出开放经济条件下法定数字货币的宏观影响很大程度上取决于法定数字货币的设计特征,且不同的存款向法定数字货币转化率会产生不同的效果。

第十章 | 开放条件下法定数字货币与货币政策传导

第二节 文献综述

目前，学者们关于中央银行发行法定数字货币会对宏观经济产生何种影响尚未形成共识。国外学者大多认为，发行法定数字货币会有助于提高货币政策的传导效率，从而实现精准调控（Davoodalhosseini，2021）。法定数字货币可能会改变货币需求对利率变化的敏感性（Fernández-Villaverde et al.，2021）。法定数字货币可以通过差别化利率设置和针对性资产购买满足结构性调整需求（Barrdear and Kumhof，2021）。零售端法定数字货币可以扩大贷款的整体规模，不会取代传统的货币政策工具，反而能够强化银行信用创造功能，提高其调控效率（Parlour et al.，2020）。关于法定数字货币是否计息问题，一些学者认为，如果法定数字货币计息，存款人可能会把更多的存款转换为法定数字货币，这将削弱商业银行创造货币的能力，并对银行信贷形成冲击（Bank of England，2020）。还有学者认为，计息的法定数字货币具有投资属性，可以作为类似存款和国债的流动资产。法定数字货币利率对存款利率的影响更直接（Beniak，2019）。中央银行可以根据经济波动情况，赋予法定数字货币正、零甚至负利率（Meaning et al.，2021）。计息的法定数字货币可以突破有效利率下限的限制，成为有效的交易媒介，为实施负利率政策创造条件（Bordo and Levin，2017）。此外，还有部分关于法定数字货币对开放经济影响的研究，如 George et al.（2018）。国内发行法定数字货币会降低外国经济体的货币政策自主权，从而增加国际货币体系中的不对称性（Mehl et al.，2020）。

我国学者近年来展开了关于法定数字货币对宏观经济的影响探讨。何德旭和姚博（2019）研究发现，发行数字货币可能对现有的商业银行运营体系产生冲击，还将改变货币政策的传导效果。同时，发行法定数字货币将导致狭义货币乘数短期下降，而长期趋于稳定（姜婷凤等，2020）。发行法定数字货币导致货币供给短期增加，促进消费，有利于推动经济增长（郭丽娟和沈沛龙，2020）。法定数字货币利率能够减轻利率走廊对银行存款的影响，有助于货币当局对经济的调节（吕江林等，2020）。法定数字货币提前设置触发条件，只是在特定经济情况下，满足利率要求、流向特定主体时才生效，从而有效提高结构型工具的智能性和精准性。谢星和封思贤（2020）研究表明，法定数字货币的可控匿名性和可追踪性，能够使货币政策操作系统更加透明化，从而更好地改善定向调控效果。法定数字货币是否应付息是目前我国业界、学术界争议较大的地方。事实上，不计息型法定数字货币是否影响宏观经济以及通过哪些途径影响，是十分值得研究的问题。如赵恒和周延（2022）在模型中将法定数字货币设定为不计息，并分析了不同法定数字货币兑换模式下的影响，这符合当前数字人民币的实际情况。根据《中国数字人民币研发进展白皮书》，数字人民币是不计息的，当然，不排除未来数字人民币有付息的可能性。因此，将不计息和计息两种情形下的影响对比，可能会得到更有意义的结果。如徐滢等（2022）同时考虑了不计息型和计息型法定数字货币对社会福利的影响。

国内外学者在法定数字货币的影响等领域进行了诸多有益的研究，但仍存在需要进一步探索的空间。首先，有关法定数字货币对宏观经济潜在影响的定性分析较多，定量研究较少，尤其是相关理论建模十分缺乏，深入探讨的研究仍然不足；其次，根据我国的实际情况，针对引入法定数字货币对我国宏观影响的研究还并不多见；最后，很少有将法定数字货币引入开放经济模型中，基于不计息和计息两种设计特征讨论开放经济中法定数字货币对宏观经济的影响。

第三节　模型构建

本章在 Ferrari 等（2022）、Barrder 和 Kumhof（2021）以及刘兰凤和袁申国（2021）等模型的基础上，考虑了不计息和计息两种设计特征的法定数字货币，并且加入购买力平价及贸易条件等可以反映国际贸易对我国经济产生影响的宏观因素，以及汇率变动等可以反映我国货币政策框架的因素，构建包含法定数字货币的开放经济 DSGE 模型。模型有家庭、企业、商业银行和中央银行四个部门。假设世界由国内和国外组成，国内产品和国外产品分别用 H、F 表示，国内和国外生产的产品均包括 H 和 F。

一 家庭部门

假设经济中存在无限期同质的家庭，国内家庭和国外家庭拥有相似的效用函数和预算约束。国内家庭选择实际法定数字货币余额 B_t/P_t、消费需求 c_t 和劳动力供给 n_t，以最大化其终身效用：

$$\max E_0 \sum_{t=0}^{\infty} \beta^t \left[\frac{c_t^{1-\sigma}}{1-\sigma} + \frac{(B_t/P_t)^{1-\upsilon}}{1-\upsilon} - \frac{n_t^{1+\varphi}}{1+\varphi} \right] \quad (10.1)$$

其中，β 为国内贴现因子，σ、υ、φ 分别为消费需求、实际法定数字货币余额、劳动供给的弹性的倒数。c_t 为消费国内产品和国外产品的复合消费：

$$c_t = \left[\alpha^{\frac{1}{\eta}} (c_{H,t})^{\frac{\eta-1}{\eta}} + (1-\alpha)^{\frac{1}{\eta}} (c_{F,t})^{\frac{\eta-1}{\eta}} \right]^{\frac{\eta}{\eta-1}} \quad (10.2)$$

其中，$1-\alpha$ 为进口的国外产品在国内篮子中的权重，η 为国内产品与国外产品之间的替代弹性。$c_{H,t}$ 为国内家庭消费国内产品的数量，$c_{F,t}$ 为国内家庭消费进口产品的数量，二者分别由不同种产品构成，均为 CES 函数的形式：

$$c_{H,t} = \left[\int_0^1 c_{H,t}(j)^{\frac{\varepsilon-1}{\varepsilon}} dj \right]^{\frac{\varepsilon}{\varepsilon-1}}, \quad c_{F,t} = \left(\int_0^1 c_{F,t}(j)^{\frac{\varepsilon-1}{\varepsilon}} dj \right)^{\frac{\varepsilon}{\varepsilon-1}} \quad (10.3)$$

其中，$j \in [0, 1]$ 表示产品种类，ε 为各种产品间的替代弹性。在服从 $c_{H,t} = \left[\int_0^1 c_{H,t}(j)^{\frac{\varepsilon-1}{\varepsilon}} dj \right]^{\frac{\varepsilon}{\varepsilon-1}}$ 的条件下，最大化 $P_{H,t} c_{H,t} - \int_0^1 P_{H,t}(j) c_{H,t}(j) dj$ 得到对每个国内消费品 $c_{H,t}(j)$ 的需求；同理，得到对每个进口消费品 $c_{F,t}(j)$ 的需求，分别为：

$$c_{H,t}(j) = \left(\frac{P_{H,t}(j)}{P_{H,t}} \right)^{-\varepsilon} c_{H,t}, \quad c_{F,t}(j) = \left(\frac{P_{F,t}(j)}{P_{F,t}} \right)^{-\varepsilon} c_{F,t} \quad (10.4)$$

将上两式代入式（10.3）得到各自价格指数：

$$P_{H,t} = \left[\int_0^1 P_{H,t}(j)^{1-\varepsilon} dj \right]^{\frac{1}{1-\varepsilon}}, \quad P_{F,t} = \left[\int_0^1 P_{F,t}(j)^{1-\varepsilon} dj \right]^{\frac{1}{1-\varepsilon}} \quad (10.5)$$

在服从 $c_t = \left[\alpha^{\frac{1}{\eta}} (c_{H,t})^{\frac{\eta-1}{\eta}} + (1-\alpha)^{\frac{1}{\eta}} (c_{F,t})^{\frac{\eta-1}{\eta}} \right]^{\frac{\eta}{\eta-1}}$ 的条件下，最大化 $P_t c_t - P_{H,t} c_{H,t} - P_{F,t} c_{F,t}$ 得到：

$$c_{H,t} = \alpha \left(\frac{P_{H,t}}{P_t} \right)^{-\eta} c_t, \quad c_{F,t} = (1-\alpha) \left(\frac{P_{F,t}}{P_t} \right)^{-\eta} c_t \quad (10.6)$$

其中，P_t 为消费价格指数。将式（10.6）代入式（10.2）得到：

$$P_t = [\alpha(P_{H,t})^{1-\eta} + (1-\alpha)(P_{F,t})^{1-\eta}]^{\frac{1}{1-\eta}} \tag{10.7}$$

定义国内产品和国外产品用外币表示的价格分别为 P_H^* 和 P_F^*，且 Q_t 表示名义汇率，假设一价定律成立，得到：

$$P_{H,t} = Q_t P_{H,t}^*, \quad P_{F,t} = Q_t P_{F,t}^* \tag{10.8}$$

定义贸易条件为国外产品和国内产品的相对价格：

$$S_t = \frac{P_{F,t}}{P_{H,t}} = \frac{P_{F,t}^*}{P_{H,t}^*} \tag{10.9}$$

贸易条件的改善意味着在给定出口价格的情况下进口价格下降，或者相同数量的出口产品能换回更多的进口产品。国内的价格指数方程可表示为：

$$\frac{P_t}{P_{H,t}} = [\alpha + (1-\alpha)S_t^{1-\eta}]^{\frac{1}{1-\eta}} = g_t \tag{10.10}$$

定义实际汇率为：

$$q_t = \frac{Q_t P_t^*}{P_t} \tag{10.11}$$

由式（10.8）、式（10.9）、式（10.10）、式（10.11）整理得：

$$\frac{g_t^*}{g_t} = \frac{q_t}{S_t} \tag{10.12}$$

国内家庭在消费、存款、法定数字货币中进行选择，法定数字货币计息时的预算约束为：

$$P_t c_t + D_t + B_t = R_{t-1}^d D_{t-1} + W_t n_t + R_t^b B_{t-1} + T_t \tag{10.13}$$

其中，W_t 为名义工资，D_t 为名义存款，R_t^d 为名义存款利率，R_t^b 为法定数字货币利率，T_t 为一次性转移支付。式（10.13）的经济含义是：家庭的当期收入来源于工资收入、企业利润分红以及上一期银行存款和法定数字货币的收益，家庭的当期收入用于消费、银行存款和以法定数字货币的形式持有。

如果法定数字货币不计息，存款人收到数字货币后，可将数字货币转入银行存款账户赚取利息，待需要时再兑换为数字货币；也可将其留在数字货币钱包中以满足交易需求。此时，有限的货币转换不会导致银行信贷的减少，商业银行间的存款竞争也不会加重。当法定数字货币不计息时预算约束式（10.13）变为：

$$P_t c_t + D_t + B_t = R^d_{t-1} D_{t-1} + W_t n_t + B_{t-1} + T_t \tag{10.14}$$

引入第二个消费约束来反映法定数字货币在支付功能上对银行存款的替代：

$$\mu_t c_t \leq D_t / P_t \tag{10.15}$$

其中，$\mu_t = 1 - v_t$，$v_t = \rho_v v_{t-1} + (1-\rho_v)\mu + \varepsilon_t^f$，$\mu_t$、$v_t$ 分别为国内家庭在消费过程中用银行存款和法定数字货币进行支付的比例，ε_t^f 为法定数字货币技术冲击。由于技术创新扩大了引入法定数字货币的可能性范围，因此法定数字货币能以各种方式设计，并且可以根据一系列技术特性而变化。如果法定数字货币技术上升，即发生一个正向的 ε_t^f 冲击，那么 v_t 将提高，μ_t 将降低，从而法定数字货币在支付功能上对银行存款形成了替代。

国内家庭在约束条件（10.13）和条件（10.15）下，选择 n_t、c_t、D_t/P_t、B_t/P_t 使效用最大化，一阶条件为：

$$n_t^\varphi = \lambda_t \frac{W_t}{P_t} \tag{10.16}$$

$$c_t^{-\sigma} = \lambda_t + \xi_t \mu_t \tag{10.17}$$

$$\beta \lambda_{t+1} \frac{R_t^d}{\pi_{t+1}} = \lambda_t - \xi_t \tag{10.18}$$

$$\beta \lambda_{t+1} \frac{R_t^b}{\pi_{t+1}} = \lambda_t - (B_t/P_t)^{-\nu} \tag{10.19}$$

其中，λ_t 和 ξ_t 分别为两个约束条件的拉格朗日乘子。

当法定数字货币不计息时式（10.19）变为：

$$\beta \lambda_{t+1} \frac{1}{\pi_{t+1}} = \lambda_t - (B_t/P_t)^{-\nu} \tag{10.20}$$

二 企业部门

（一）最终产品企业

竞争性最终产品企业的生产技术规模报酬不变，投入 $y_t(j)$ 单位的第 j 种价格为 $P_t(j)$ 的中间产品进行生产：

$$y_t = \left\{ \int_0^1 [y_t(j)]^{\frac{\varepsilon-1}{\varepsilon}} dj \right\}^{\frac{\varepsilon}{\varepsilon-1}} \tag{10.21}$$

最终产品企业面对市场价格 P_t 在约束条件（10.21）下，选择中间产品投入使利润最大化，一阶条件为：

$$y_t(j) = \left[\frac{P_t(j)}{P_t}\right]^{-\varepsilon} y_t \tag{10.22}$$

将式（10.22）代入式（10.21）可得到总价格指数：

$$P_t = \left[\int_0^1 P_t(j)^{1-\varepsilon} dj\right]^{\frac{1}{1-\varepsilon}} \tag{10.23}$$

（二）中间产品企业

垄断竞争的中间产品企业 $j \in [0, n]$ 使用资本 $l_t(j)$ 和劳动 $n_t(j)$ 生产差异化的中间产品：

$$y_t(j) = z_t l_t(j)^\theta n_t(j)^{1-\theta} \tag{10.24}$$

其中，θ 为资本产出弹性。类似 Atta-Mensah and Dib（2008），中间产品企业通过银行贷款 $l_t(j)$ 购买资本进行生产。z_t 为技术水平，设定其为外生变量：

$$\ln(z_t) = (1-\rho_z)\ln(z) + \rho_z \ln(z_{t-1}) + \varepsilon_{zt} \tag{10.25}$$

其中，ρ_z 为技术水平自回归系数，z 为技术水平稳态值，ε_{zt} 为技术水平冲击，服从均值为 1、标准差为 σ_z 的正态分布。

假设各中间产品企业的贷款边际成本、工资率相同，选择资本和劳动使实际成本最小化：

$$\min w_t n_t + r_t^l l_t \tag{10.26}$$

其中，r_t^l 为实际贷款利率，w_t 为实际工资。在生产函数约束 (10.24) 下，中间产品企业达到实际成本最小化，一阶条件为：

$$w_t n_t(j) = (1-\theta) mc_t y_t(j) \tag{10.27}$$

$$r_t^l l_t(j) = \theta mc_t y_t(j) \tag{10.28}$$

其中，mc_t 为实际边际成本。以上两个方程为中间产品企业需要的劳动和贷款数量，实际工资和贷款利率的任何一项成本上升都会导致实际边际成本上升。

假设中间产品企业遵循 Calvo 定价法，即并非所有企业都同时调整价格水平，有 $1-\tau$ 的企业会在每个时期调整价格水平，于是得到前瞻性的新凯恩斯菲利普斯曲线：

$$\hat{\pi}_t = \beta E_t \hat{\pi}_{t+1} + \frac{(1-\beta\tau)(1-\beta)}{\tau} m\hat{c}_t \tag{10.29}$$

其中，$\hat{\pi}_t$、$E_t\hat{\pi}_{t+1}$ 和 $\hat{mc}_t$ 分别为通胀、通胀预期和实际边际成本与各自稳态的偏差。另外，对国外企业的行为分析与上述过程类似。

三 商业银行

我国存在利率走廊机制，商业银行可以通过常备借贷便利（SLF）向中央银行贷款 $\tilde{B}_t$，还通过银行存款 D_t 向公众融资。商业银行资金筹集后以存款准备金 M_t 的形式将资金存放在中央银行，还可以放贷给企业 L_t。于是，商业银行维持资产负债表平衡：$L_t+M_t=D_t+\tilde{B}_t$。负债方是常备借贷便利贷款和银行存款，资产方是企业贷款和存款准备金，以实际变量表示为：

$$l_t+m_t=d_t+\tilde{b}_t \tag{10.30}$$

相应的，商业银行各期利润贴现总和的期望值为：

$$E_0\sum_{t=0}^{\infty}\beta^t U'(C_t)\left(\frac{m_{t-1}R_{t-1}^m}{\pi_t}+\frac{l_{t-1}R_{t-1}^l}{\pi_t}-\frac{d_{t-1}R_{t-1}^d}{\pi_t}-\frac{\tilde{b}_{t-1}R_{t-1}^s}{\pi_t}-\gamma l_t-\frac{\omega_t d_t}{m_t}\right)$$

$$\tag{10.31}$$

其中，R_{t-1}^m 为存款准备金利率，R_{t-1}^s 为常备借贷便利利率，分别构成利率走廊的下限和上限。γl_t 为商业银行在贷款业务中付出的成本。$\frac{d_t}{m_t}$ 为存款准备金率的倒数，反映商业银行的流动性风险等资产负债表风险，ω_t 表示商业银行的风险管理能力，假设 $\ln\omega_t=(1-\rho_\omega)\ln\omega+\rho_\omega\ln\omega_{t-1}+\varepsilon_t^\omega$。

商业银行在资产负债表约束（10.30）下，优化问题的一阶条件为：

$$\frac{\beta U'(C_{t+1})(R_t^l-R_t^s)}{U'(C_t)\pi_{t+1}}=\gamma \tag{10.32}$$

$$\frac{\beta U'(C_{t+1})(R_t^s-R_t^d)}{U'(C_t)\pi_{t+1}}=\frac{\omega_t}{m_t} \tag{10.33}$$

$$\frac{\beta U'(C_{t+1})(R_t^s-R_t^m)}{U'(C_t)\pi_{t+1}}=\frac{\omega_t d_t}{m_t^2} \tag{10.34}$$

常备借贷便利和银行存款同属商业银行的负债，银行存款有存款保险等制度保障，于是常备借贷便利利率 R_t^s 高于银行存款利率 R_t^d。利率定价遵循无风险利率加上银行的信用风险溢价：

$$R_t^d = R_t^m + x1_t \tag{10.35}$$

$$R_t^s = R_t^m + x1_t + x2_t \tag{10.36}$$

其中，风险溢价分别服从 $x1_t = (1-\rho_{x1})x1_0 + \rho_{x1}x1_{t-1} + \varepsilon_{x1t}$，$x2_t = (1-\rho_{x2})x2_0 + \rho_{x2}x2_{t-1} + \varepsilon_{x2t}$ 的过程。

四 中央银行

中央银行维持资产负债表平衡：$B_t + M_t = \widetilde{B}_t$。资产方是中央银行对商业银行的贷款 $\widetilde{B}_t$；负债方①是由银行存款准备金 M_t 和法定数字货币 B_t 构成的基础货币，写成实际形式为：

$$b_t + m_t = \widetilde{b}_t \tag{10.37}$$

假设中央银行确定法定数字货币数量的规则为：

$$\hat{B}_t = \lambda_B \hat{B}_{t-1} + (1-\lambda_B)(\lambda_\pi \hat{\pi}_t + \lambda_y \hat{y}_t) + \lambda_q \hat{q}_t + \varepsilon_t^B \tag{10.38}$$

其中，λ_π、λ_y 和 λ_q 分别为法定数字货币对通胀缺口、产出缺口和汇率变动的反应系数，λ_B 为法定数字货币规则的平滑系数。ε_t^B 为法定数字货币冲击，$\varepsilon_t^B \sim N(0, \sigma_B^2)$。

同时，假设中央银行确定政策利率的规则为：

$$\hat{R}_t^m = \rho_R \hat{R}_{t-1}^m + \rho_\pi E\hat{\pi}_{t+1} + \rho_y \hat{y}_t + \rho_q \hat{q}_t + \varepsilon_t^R \tag{10.39}$$

其中，ρ_R 为政策利率规则平滑系数，ρ_π、ρ_y 和 ρ_q 分别为政策利率对通胀缺口、产出缺口和汇率变动的反应系数。ε_t^R 为政策利率冲击，$\varepsilon_t^R \sim N(0, \sigma_R^2)$。另外，国外的货币政策用标准的泰勒规则表示。

如果法定数字货币计息，我们借鉴 Ferrari et al.（2022）的研究，假设中央银行使用类似泰勒规则的形式灵活地设定法定数字货币利率：

$$\hat{R}_t^b = \rho_b \hat{R}_{t-1}^b + \rho_{b\pi} \hat{\pi}_t + \rho_{by} \hat{y}_t + \varepsilon_t^b \tag{10.40}$$

其中，ρ_b 为法定数字货币利率的平滑系数，$\rho_{b\pi}$、ρ_{by} 分别为法定数字货币利率对通胀缺口、产出缺口的反应系数。ε_t^b 为法定数字货币利率冲击，$\varepsilon_t^b \sim N(0, \sigma_b^2)$。

五 市场出清

国内产品市场出清时：

---

① 法定数字货币对货币政策传导的影响程度依赖其设计特征，法定数字货币只有成为一种新的、流动性强的央行负债，才可能会对政策性利率向货币及其他市场的传导产生影响（Meaning et al.，2021）。

$$y_t = \left(\frac{P_{H,t}}{P_t}\right)^{-\eta}(\alpha C_t + \alpha^* C_t^* q_t^\eta) + \gamma l_t + \frac{\omega_t d_t}{m_t} \qquad (10.41)$$

国外产品市场出清时：

$$y_t^* = \left(\frac{P_{F,t}^*}{P_t^*}\right)^{-\eta}\left[(1-\alpha)C_t q_t^{-\eta} + (1-\alpha^*)C_t^*\right] \qquad (10.42)$$

第四节　数值模拟

一　参数校准

我们通过借鉴已有研究和实际数据对本章模型的结构参数进行校准，具体校准结果如表10-1。参考胡小文和章上峰（2015）的研究，国内贴现因子 β 和国外贴现因子 β^* 分别为0.966、0.99，国内产品在本国篮子中的权重 α 和国外产品在外国篮子中的权重 α^* 分别为0.75、0.25。借鉴谢星等（2020）的研究，将实际法定数字货币余额弹性的倒数 υ、闲暇与消费的替代系数 ϕ、资本产出弹性 θ 分别校准为2、1、0.4。将银行贷款业务的成本系数 γ、数字货币支付占比的自回归系数 ρ_v、银行风险成本的自回归系数 ρ_ω、存款利率溢价自回归系数 ρ_{x1}、常备借贷便利利率溢价自回归系数 ρ_{x2} 分别校准为0.006、0.8、0.75、0.81、0.8。借鉴蓝天等（2021）的研究，将法定数字货币规则的平滑系数 λ_B 校准为0.9，法定数字货币对通胀和产出的反应系数 λ_π 和 λ_y 分别设定为-1.2和-0.7。借鉴胡小文和章上峰（2015）的研究，将政策利率规则平滑系数 ρ_R 校准为0.68，政策利率对通胀、产出、汇率的反应系数 ρ_π、ρ_y、ρ_q 分别校准为1.08、0.37、0.2。

表10-1　参数校准

参数	经济含义	校准值	参数	经济含义	校准值
β	国内贴现因子	0.966	ρ_{x1}	存款利率溢价自回归系数	0.81
β^*	国外贴现因子	0.99	ρ_{x2}	SLF利率溢价自回归系数	0.8
σ	消费需求弹性的倒数	1.5	λ_B	数字货币规则平滑系数	0.9
υ	数字货币余额弹性的倒数	2	λ_π	数字货币对通胀反应系数	-1.2

续表

参数	经济含义	校准值	参数	经济含义	校准值
φ	劳动供给弹性的倒数	1	λ_y	数字货币对产出反应系数	-0.7
α	国内产品在本国篮子中的权重	0.75	λ_q	数字货币对汇率反应系数	-0.28
α^*	国外产品在外国篮子中的权重	0.25	ρ_b	数字货币利率对稳态反应	0.5
η	国内产品与国外产品替代弹性	2	$\rho_{b\pi}$	数字货币利率对通胀反应	0.25
θ	资本产出弹性	0.4	ρ_{by}	数字货币利率对产出反应	0.25
τ	保持价格比例	0.75	ρ_R	政策利率规则平滑系数	0.68
γ	银行贷款业务成本系数	0.006	ρ_π	政策利率对通胀反应	1.08
ρ_v	数字货币支付占比自回归系数	0.8	ρ_y	政策利率对产出反应系数	0.37
ρ_z	国内技术水平自回归系数	0.95	ρ_q	政策利率对汇率反应系数	0.2
ρ_{z^*}	国外技术水平自回归系数	0.95	ρ_{π^*}	国外利率对通胀反应系数	1.5
ρ_ω	银行风险管理自回归系数	0.75	ρ_{y^*}	国外利率对产出反应系数	0.5

表 10-2 给出了经参数校准后模拟得到的主要宏观经济变量的稳态值及其实际值。稳态时的存款准备金率为 10%，而目前实际值为 8.1%；稳态时的居民消费占 GDP 比重为 68%，而 2021 年最终消费支出对国内生产总值增长的贡献率为 65.4%。因此，我们认为总体上看本章参数校准模型能够较好地匹配当前我国经济金融的特征。

表 10-2　　　　　　　经济稳态值与实际值　　　　　（单位：%）

经济变量	经济含义	模型稳态	实际数据
m/d	存款准备金率	10	8.1
c/y	居民消费占 GDP 比重	68	65.4

二　法定数字货币不计息和计息下的脉冲响应分析

下面探讨当法定数字货币分别采取不计息和计息两种设计特征时，在法定数字货币发行情况下主要宏观经济变量对各种冲击的反应。

（一）国内利率冲击

图 10-1 展示了主要变量对国内利率提高 1 个百分点的动态响应情

况。当法定数字货币不计息的情况下，国内政策利率上升导致法定数字货币减少。国内利率提高冲击到银行有贷款的企业，使企业的融资成本上升，从而对实际的边际成本产生向上的压力。企业的投资利润空间被压缩，在无利可图的情况下企业缩减生产规模，产出下降，同时对劳动的需求减少。劳动者为了能够获得工作机会，不得不降低对工资报酬的要求，劳动和资本需求的下降导致了消费的下降，以消费需求推动的通胀水平有所降低。在开放经济中，资本可以在世界各国自由流动，国内利率的升高吸引大量国际资本注入国内资本市场，实际汇率下降，从而使国外产品的价格相对国内产品来说降低。在国外较低的资本回报率导致国外资金流入国内的作用下，国外利率上升，国外通胀降低，国外产出减少，即国内经济衰退也导致了重大的实际国际溢出效应，但国外经济产出下降低于国内经济。当法定数字货币计息的情况下，法定数字货币利率也上升，法定数字货币减少幅度相对不计息时较大，国内产出和通胀等变量变化幅度比不计息时更大。总之，国内利率正向冲击对经济有明显的紧缩作用。在合理的机制设定下，法定数字货币能够优化传统货币政策工具箱，而且其自身的利率还会成为新的货币政策工具，提高货币政策传导效率。

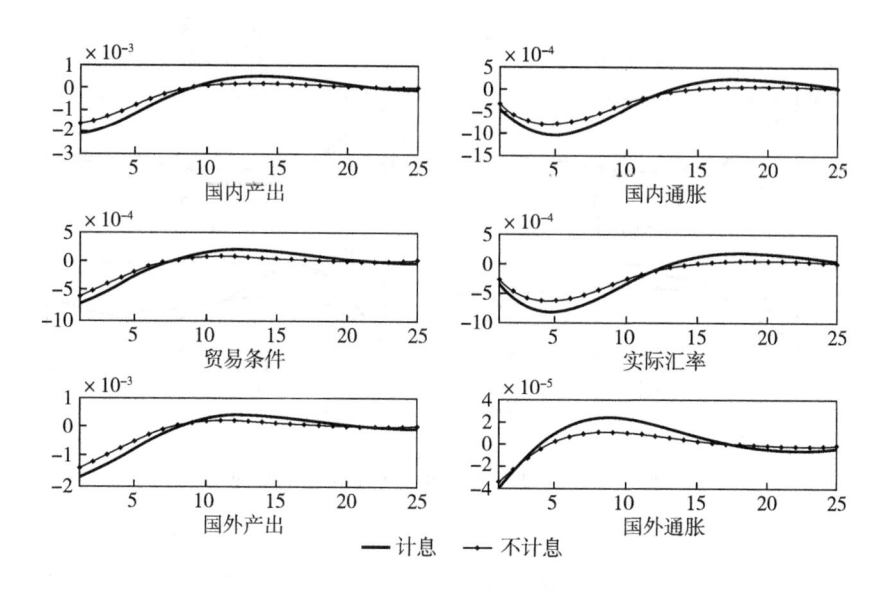

图 10-1 主要变量对国内利率冲击的反应

(二) 国外利率冲击

图 10-2 展示了主要变量对国外利率提高 1 个百分点的动态响应情况。当法定数字货币不计息的情况下，国外政策利率[①]提高，国外产出减少，国外通胀下降，国外企业的生产成本上升，国外企业的产品价格相对于国内产品有所上升。国内产品的价格相对便宜，消费者对国内产品的需求增加，企业扩大产出，企业提高工资水平吸引更多劳动力，企业的边际成本上升。由于国外利率升高，国外的资本收益率升高，国内资金为了获得更高的收益将向国外投资，法定数字货币余额下降，实际汇率升高。在国内企业扩大生产规模对资金需求增加，以及国外较高的资本回报率导致国内资金外流的双重作用下，国内利率上升，国内通胀降低，国内产出减少。当法定数字货币计息的情况下，法定数字货币利率也上升，法定数字货币减少幅度相对不计息时较大，国内产出和通胀等变量变化幅度比不计息时更大。由于法定数字货币能够加快政策利率向货币市场、存款市场和贷款市场的传递。法定数字货币利率的变动可

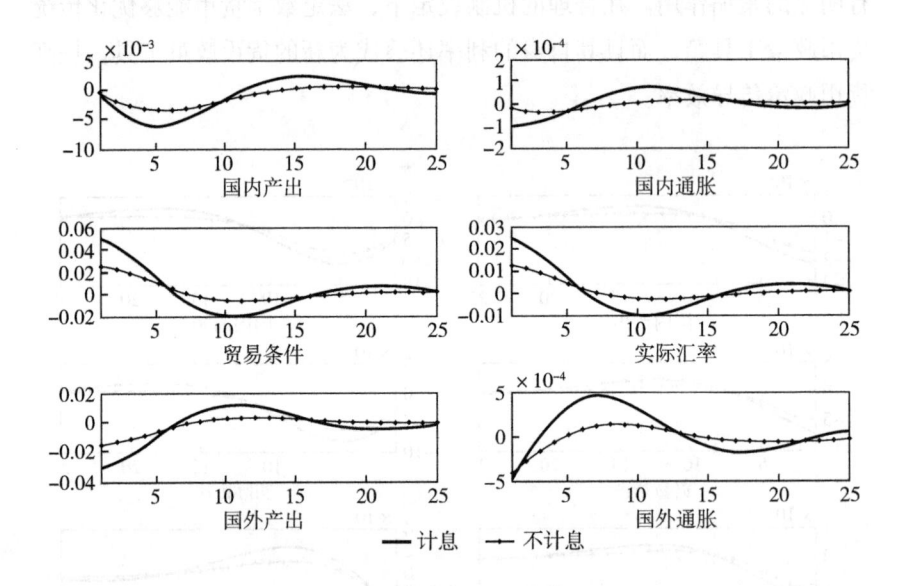

图 10-2 主要变量对国外利率冲击的反应

---

① 根据现有文献，主要经济体的货币政策可能通过贸易渠道、利率渠道、货币政策渠道、外汇储备渠道和汇率渠道等传导机制来影响他国的宏观经济（展凯等，2021）。

能使存款利率和同业市场利率大幅变动，贷款利率也将随之调整（Meaning et al.，2021）。计息的法定数字货币可以满足有效交易媒介的需求，法定数字货币利率的变化将促使家庭和企业重新平衡当期和未来的消费与投资，特别是对利率敏感的储蓄和借贷（Griffoli et al.，2018）。

（三）国内技术冲击

图 10-3 展示了主要变量对国内技术提高 1 个百分点的动态响应情况。当法定数字货币不计息的情况下，国内技术进步提高了企业的生产效率，企业对劳动和资本的需求减少，对工资水平有向下的压力。企业扩大生产规模，产出增加。由于生产提高，企业的边际成本降低，这将对企业产品价格产生下行的压力，有效抑制国内通胀。由于对资本的需求减少，市场上的法定数字货币余额增加，使国内利率出现下降的趋势。国外产品价格相对国内产品上升，实际汇率升高。在国外较高的资本回报率导致国内资金外流的作用下，国外利率下降，国外通胀升高，国内扩张还导致了实际国际溢出效应，国外经济的产出增加了，但低于国内经济产出的增加。当法定数字货币计息的情况下，法定数字货币利率也下降，法定数字货币增加幅度相对不计息时较大，国内产出和通胀等变量变化幅度比不计息时更大。计息时相同的技术冲击的影响会导致

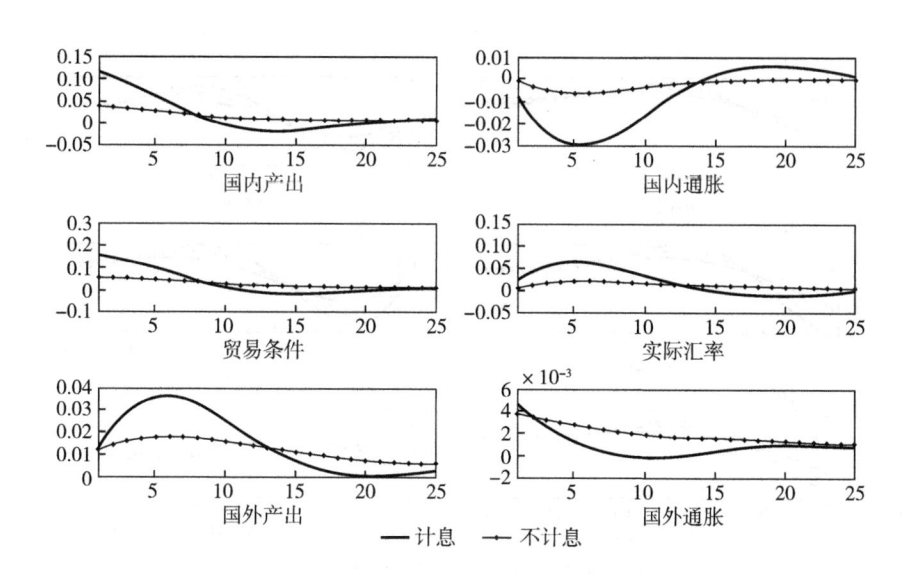

图 10-3　主要变量对国内技术冲击的反应

更强的溢出效应，从而增加国际联系。计息型法定数字货币放大国际联系的关键经济机制在于法定数字货币的引入创造了一种新的套利条件，将利率、汇率和法定数字货币的报酬联系在一起。

三 法定数字货币发展的影响分析

我们将数字货币向存款转化程度 μ_t 的稳态值 μ 分别设置为 0.5、0.4、0.3，并且在 μ 取值不断减小（即存款逐渐转化为数字货币）的情形下分析法定数字货币发展的影响，这里的法定数字货币是计息的。

（一）国内利率冲击

图 10-4 给出当 μ 不断减小时，主要变量对国内利率提高 1 个百分点的动态响应情况。随着存款向数字货币转化程度 $1-\mu$ 的上升，实施同等程度的紧缩性国内利率政策调控汇率的能力提升效果有所增强。国内利率冲击对产出的初始效应逐渐提升，这说明国内利率政策调控产出的能力随存款向数字货币转化程度上升而提高，由于这一过程中汇率渠道通过净出口效应来促进经济增长的效果显著提升。国内利率冲击对通胀的初始效应逐渐增强，这说明在此期间有助于提升国内利率政策调控通胀的能力。总之，随着存款向数字货币转化程度的提高，国内利率政策的调控效果不断上升。原因可能在于，法定数字货币作为商业银行存

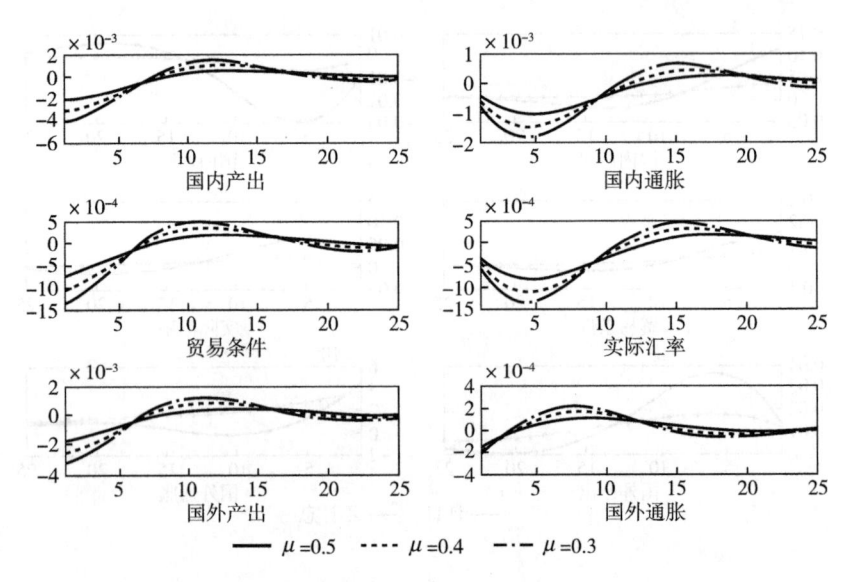

图 10-4 不同 μ 值情况下主要变量对国内利率冲击的反应

款的替代品,进而影响商业银行向储户提供的存款利率,于是存贷款利率对政策利率的敏感性增强,提高市场利率的弹性,改变货币需求对利率变化的敏感性,使更多企业和家庭接触到对利率敏感的金融资产,公众的投资和消费对利率的敏感性不断提升,从而利率传导机制更加通畅。

(二) 国外利率冲击

图 10-5 给出当 μ 不断减小时,主要变量对国外利率提高 1 个百分点的动态响应情况。随着存款向数字货币转化程度 $1-\mu$ 的上升,受国外政策利率正向冲击后,国内外的产出、通胀及汇率等变量偏离稳态程度越大。由于数据智能处理技术,特别是区块链等技术的广泛发展,越多的存款转化为法定数字货币,降低了家庭部门和银行部门之间以及银行部门和企业部门之间的信息不对称,减少信贷摩擦,从而货币政策的传导效率提高。开放经济条件下,国外利率上升导致国内利率上升更多,法定数字货币利率的变动将会更直接影响存款利率的变动,利率的变化可以更直接地传递给银行储户,从而引起国内产出需求的下降程度提高,对宏观经济变量的预期均衡水平有更显著的影响。

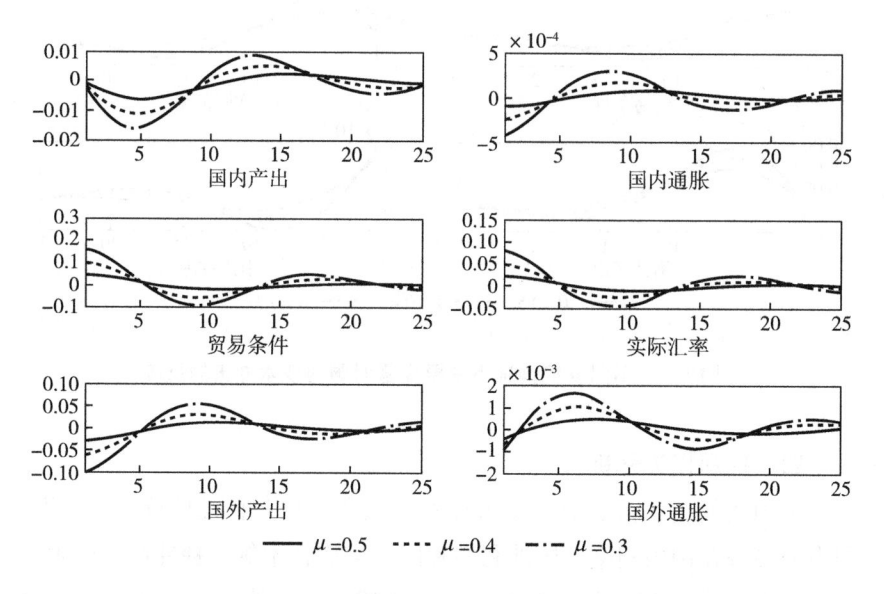

图 10-5 不同 μ 值情况下主要变量对国外利率冲击的反应

(三) 国内技术冲击

图 10-6 给出当 μ 不断减小时，主要变量对国内技术提高 1 个百分点的动态响应情况。随着存款向数字货币转化程度 $1-\mu$ 的上升，受生产技术正向冲击后，产出、通胀及汇率等变量偏离稳态程度越大。开放经济条件下，技术冲击的影响渠道包括工资渠道和汇率渠道，越多的存款转化为法定数字货币意味着工资渠道的效应逐步增强，而汇率渠道的效应也随着工资效应的增强而增强。法定数字货币在公众中的点对点交易将削弱银行信贷的市场份额，还使得非银行机构抢占更多的信贷市场，限制商业银行根据融资成本变化调整贷款利率的幅度，使银行融资成本和贷款利率对政策利率变化的敏感性加强，从而国内利率下降更多，技术进步对经济发展的促进作用更大。

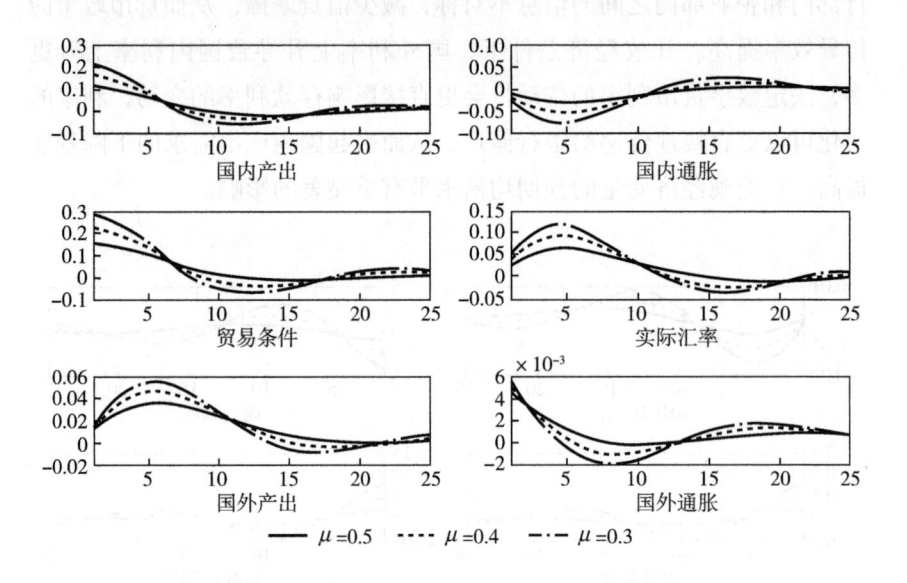

图 10-6 不同 μ 值情况下主要变量对国内技术冲击的反应

四 福利损失分析

下面我们讨论法定数字货币在不计息和计息两种设计特征情况下，国内外经济在国内利率、国外利率和国内生产技术等三种冲击下产生的福利损失情况。Rotemberg 和 Woodford（1997）证明了社会福利目标函数的最大化是中央银行损失函数在二阶近似范围内的最小化，即中央银行损失函数的多期表达式和社会福利目标函数一致。在封闭经济条件下，中央银行制定货币政策时的目标是保增长和稳通胀，社会福利损失函数表示为通胀和产出缺口与其目标值之差的二次型，而开放经济条件下的社会福利损失函数中还需要考虑汇率的波动。参考 Rotemberg 和 Woodford（1997）的思路，采用如下的福利函数分析不同冲击下的福利损失：

$$L = E_t \sum_{i=1}^{n} \beta^i (\hat{\pi}_{t+i}^2 + \delta_y \hat{y}_{t+i}^2 + \delta_q \hat{q}_{t+i}^2) \qquad (10.43)$$

其中，δ_y 和 δ_q 分别为中央银行货币政策对产出和汇率的相对关注程度，这里选取 $\delta_y = \delta_q = 0.5$ 进行分析，如表 10-3 所示。

表 10-3　　　　　　　　不同设计特征下的福利损失

	设计特征	国内利率冲击	国外利率冲击	国内技术冲击
国内经济	不计息	0.3935	0.1832	0.5142
	计息	0.6641	0.3677	0.7335
国外经济	不计息	0.1186	0.2838	0.1009
	计息	0.2669	0.6230	0.2472

由表 10-3 可知：从国内经济看，国内技术冲击影响社会福利最大，国内利率冲击影响社会福利较小，国外利率冲击影响社会福利最小；从国外经济看，国外利率冲击影响社会福利最大，国内利率冲击影响社会福利较小，国内技术冲击影响社会福利最小。当法定数字货币计息时，冲击造成的社会福利损失较大；而当法定数字货币不计息时，冲击造成的社会福利损失相对较小。这主要是由于法定数字币不计息可以保障存款兑换法定数字货币比例较小，因此，当前阶段我国应坚持发行定位于现金且不计息的法定数字货币，这是符合我国实际情况和实现福利最优的选择。

第五节　小结

本章建立一个包含法定数字货币的开放经济 DSGE 模型，合理引入利率走廊等因素，基于不计息和计息两种设计特征动态模拟分析开放经济下中央银行推出法定数字货币对货币政策传导、国外溢出效应、社会福利等方面的宏观影响，并讨论当存款向法定数字货币转化程度提高时效果的差异性。研究发现：①面对国内利率、国外利率和国内技术等冲击，法定数字货币在其计息时的变化幅度比不计息时大，此时国内产出和汇率等变化幅度也比法定数字货币不计息时大。计息型法定数字货币创造了一种新的经济机制，将利率、汇率和法定数字货币的报酬联系在一起，放大了国际溢出效应。法定数字货币能够优化传统货币政策工具箱，提高货币政策传导效率。②随着存款向数字货币转化程度的提升，国内利率政策的调控效果不断上升，国外利率对宏观变量的预期均衡水平有更显著的影响，技术进步对经济发展的促进作用更大。③与不计息型法定数字货币相比，当法定数字货币计息时，冲击造成的社会福利损失较大。

第十一章
基本结论和政策建议

党的二十大报告提出"建设现代中央银行制度",是服务经济高质量发展的必然要求。推动经济高质量发展,是习近平新时代中国特色社会主义经济思想的重要内容,也是贯彻落实新发展理念、建设现代化经济体系的必由之路。我国货币政策作为国家制度和国家治理体系的重要组成部分,要适应经济发展阶段和结构调整过程中经济增长速度的变化,把握好总量政策的取向和力度,做到松紧适度,为高质量发展营造适宜的货币环境。总体上,要从总量适度、精准滴灌、协同发力、深化改革四个方面把握好实施稳健货币政策的着力点。正是基于上述问题,我们通过层层剥茧的办法不断将研究引向深化,建立起一个从封闭经济和开放经济两个视角理解货币数量与价格以及数量型向价格型调控转型的基本框架。具体的,我们的研究发现:

(1)影子银行对货币供给的作用呈现一定的周期性特征。2008年国际金融危机以来,社会总需求紧缩、流动性紧张,中国影子银行规模扩张总体上减少了货币供给。在经济低迷时,影子银行分流了商业银行存款,影子银行预留扣减率升高,削弱了银行信用创造的能力,减少了货币供给;同时,商业银行的法定存款准备率和超额存款准备金率之和可能低于影子银行的预留扣减率,从而在影子银行漏损率的作用下又减少了货币供给。基于上述研究结论,我们得出如下政策启示:一是加强对影子银行创造的金融资产存量和流量的统计监测,可以考虑将影子银行创造的流动性纳入广义流动性的范畴。二是通过货币政策框架的转型和货币政策工具的创新,应对影子银行对货币供给的冲击。改进对货币供给的测算与控制机制,把影子银行代表的金融区域所创造的货币纳入考虑范围。主动调控货币供给，加快货币政策工具的创新，密切监测广义流动性的创造。三是建立部门联动机制，防范影子银行的金融监管漏洞。加强金融监管部门的协作，防止金融监管套利，消除金融监管真空。对跨行业、跨市场的交叉性金融业务监管进行协调。

（2）在经济转型阶段，中国央行实施货币政策混合规则要优于数量规则或价格规则，混合规则能够更好地熨平宏观经济波动，并且对改善社会福利的效果更明显，这是转型中国的较好现实选择。相应地，我们可得出以下几点政策启示，或对中国货币政策的转型有一定的借鉴意义：首先，现阶段中国应综合运用货币数量、价格型等多种货币政策工具，不断丰富和优化政策组合，以充分实现宏观调控政策的效果；其次，在转型期应积极准备和创造条件，继续深化利率市场化改革，加快和完善银行同业拆借利率市场以及基准利率体系等建设；再次，货币当局应采取多种形式、运用多种手段增加与公众交流沟通，增强货币政策的透明度，以便更好引导市场预期，提高货币政策的有效性。此外，值得一提的是，我们对货币政策混合型规则的讨论是基于封闭经济条件下进行的，未来如何将汇率以及国际资本流动等因素引入到有关模型中可能是我们需要进一步研究的方向。

（3）利率预期冲击与利率非预期冲击对宏观经济波动产生了同向影响，二者对宏观经济波动的影响总体大于生产率冲击的影响，且利率预期冲击相比利率非预期冲击对宏观经济波动的影响偏小。我们通过分析得出了一些重要的政策启示：一是由于利率政策可以做到对产出波动有效调控的同时，又不至于对物价水平造成过多的影响，因此积极的利率调控政策有助于维护目前中国宏观经济的稳定；二是在中国，货币政策预期冲击能够对宏观经济波动产生显著的影响，而中央银行货币政策的透明化，将有利于引导公众形成合理化预期，从而增强货币政策对宏观经济的影响力，提高货币政策宏观调控的有效性。

（4）政策利率水平的上升增加了货币的收益率，不利于储蓄型居民将储蓄向投资转化，也增加资金的借贷成本，减弱借贷型居民和企业家的借贷意愿，阻碍资金用于生产、消费，导致产出水平下降。为了维持大量预算软约束的国有企业等部门运转，仍然需要筹集较高融资成本的资金，导致资金被低效率的使用，加剧经济增长的下滑，引起杠杠率

第十一章 基本结论和政策建议

大幅上升。面对正向金融冲击，通过提高政策利率实施紧缩性货币政策，降低产出水平；同时，通过提高资本充足率要求实施逆周期性宏观审慎政策，导致可贷资金减少，抑制杠杆率水平。由于资本充足率直接影响银行部门，能够弥补贷款替代效应导致的政策效果减弱，因此在货币政策调控的基础上，加入资本充足率要求政策能有效维护宏观经济金融的稳定。当遇到技术冲击时，由于技术变革对实体经济的影响主要是投资和消费方面，对于金融体系的影响较小，因此单独使用货币政策改变信贷供给状况，可以较好地维护宏观经济的稳定，这也是2008年国际金融危机之前未重视宏观审慎政策对金融波动进行逆周期调节，而只是强调货币政策控制经济周期波动的原因所在。面对正向房地产需求冲击，不适用于单纯采取大幅加息等总量措施，而应当配合采取收紧LTV等宏观审慎政策工具，更有针对性地对房地产市场适度降温，避免对整体经济造成冲击，利率政策与LTV政策使经济增长和杠杆率的波动相对较小，政策组合相对更有效。在正向金融冲击下，提高政策利率导致储蓄型居民零售存款利率上升，促进储蓄型居民收益的增加；借贷型居民和企业家不能通过欧拉方程平滑跨期消费路径上产生的波动，因此通过提高银行资本充足率要求收紧银行放贷，有助于平滑二者的信贷波动，进而减少其消费波动，最终降低产出、杠杆率等波动，增进社会福利水平。基于上述研究结论，我们提出如下政策建议：一是在当前中国处于经济增速较低而信贷繁荣时期，需要使用逆周期的宏观审慎政策抑制杠杆率增长，从而减少金融风险。此时，如果为了刺激经济增长实施宽松的货币政策，将进一步刺激信贷水平上升，使金融机构的风险承担行为增加。因此，在防范系统性风险的总体要求下，中央银行需要做好市场流动性管理，加强结构性货币政策调控，以保持货币政策的稳健中性或中性偏松促进经济增长，满足实体经济发展的需要，同时全面推进供给侧结构性改革，推动经济长期增长来逐步消化高杠杆，防范系统性金融风险爆发。二是优化货币政策最终目标，处理好促进经济增长和防范金融风险的关系。适应货币供应方式新变化，创新和丰富基础货币投放渠道，完善货币政策工具箱。加快推进货币政策框架由数量向价格转型，强化价格型调控和传导，稳步推进政策利率和市场利率并轨。深化利率市场化改革，健全利率调控体系，培育市场基准利率，构建目标利率和利率走廊机制，发挥金融价格杠杆在优化资源配置中的决定性作用。夯实金融调控的微观基础，完善货币政策决策机制，提高货币政策科学性和前瞻性。健全宏观审慎政策框架，将更多金融活动纳入宏观审慎政策的调节范围，实现监管对象的不断延伸和全覆盖。目前中国的MPA 只针对银行，未来监管领域应将更多的金融机构、金融市场、金融基础设施和金融活动纳入监管范围，实现监管对象的不断延伸和全覆盖。同时，应不断提高 MPA 对信息披露和透明度的要求。监管范围内的金融机构需如实披露信息，保证中央银行可以准确、及时的评估金融机构对系统性金融风险的贡献度，从而实行差别化的审慎性监管。提高宏观审慎评估对信息披露和透明度的要求，保证中央银行准确、及时地评估金融机构对系统性金融风险的贡献度，实行差别化的审慎性监管。优化货币政策和宏观审慎政策的治理架构，推进金融治理体系和治理能力的现代化，形成货币政策和宏观审慎管理协调配合的良好格局。三是清晰界定双支柱政策各自的边界。明确的政策目标有助于保持双支柱政策的一致性，减少双支柱政策冲突的问题。考虑货币政策和宏观审慎政策之间的统筹协调，避免使用货币政策工具来替代审慎监管的问题。根据不同类型的外部冲击，实施适当的货币政策和宏观审慎政策组合，合作确定政策的力度和节奏，防止叠加共振。四是充分发挥金融稳定发展委员会的作用。双支柱调控政策的落实依赖于较强的执行力以及相关政策的协调配合，这就需要一个有力的机构作为支撑。目前中国虽然已经成立了金融稳定发展委员会，加强了金融监管协调，但监管越位、监管不足和交叉监管等问题仍然存在。未来的监管主体可以从对特定问题的监管通过专项立法进行界定以及监管部门之间的协同监管等方面进行转变，力求从更宏观的视角统筹兼顾，更全面的监测系统性风险，守住不发生系统性金融风险的底线。

（5）利率双轨制下提高存款管制利率能够在一定程度上促进实体经济紧缩式地调整，但政策传导效果仍然不够充分，即通过调节被非市场化力量抑制的存款管制利率来改善宏观经济的作用有限；商业银行在取消利率管制之后采用更具竞争性的利率吸收存款，即资金成本有所上升，利率并轨导致商业银行存贷利差逐渐缩小，利率并轨后，利率传导渠道更为顺畅，市场利率的调控政策能够更加深度地影响经济动态。在利率并轨情况下，当贷款价值比受到正向冲击后，宽松的贷款价值比宏观审慎政策激励商业银行更积极地发放贷款，存款利率下降较少，消费在短期内平稳上升，产出在消费的影响下平稳上升，贷款价值比增长减弱对宏观经济的影响；当正向的存款准备金利率冲击发生时，商业银行的存款准备金收入增加，贷款供给提高，贷款利率下降，存款利率降低相对较少，消费增加较少，产出上升有限。随着利率市场化水平的上升，利率传导渠道更加畅通，存款管制利率冲击对实体经济的影响逐渐增强；利率并轨后，在正向市场利率的冲击下，逐步降低存款准备金率，市场利率传导效果更好。当经济受到存款管制利率和市场利率冲击时，虽然利率并轨可以有效改善货币政策的传导机制，但同时也在短期内加剧了宏观经济波动；面对存款准备金利率冲击和贷款价值比冲击，利率并轨可以促进金融系统的稳定，有效平滑信贷，进而使消费环境更稳定，产出波动更小，社会福利水平得到更好的改善。我们基于以上研究结论得出如下政策启示：一是培育有效的基准利率和利率走廊，择机取消存贷款基准利率。明确央行短端政策目标利率，保持其与存贷款基准利率之间稳定的利差关系，利用市场化手段确定利率走廊的上下限，通过公开市场操作调控商业银行的准备金，进而影响基准利率的变动，当条件成熟的时候，逐步取消存贷款基准利率，以实现深化利率市场化改革和货币政策调控方式由数量向价格转型的目标。二是疏通货币市场和债券市场利率传导渠道，适当降低法定准备金要求。在渐进培育市场化的基准利率的过程中，逐步放开存贷款基准利率对信贷市场利率的控制，积极引导基准利率向信贷市场和中长期利率有效传导，让债券市场和货币市场利率能较为准确地反映资金的供求关系，使商业银行根据短期市场利率自主形成信贷市场利率，货币政策的传导效率得到切实提升，最终有效作用于实体经济。把降低法定存款准备金率要求与缩减中期流动性投放相结合，向市场传递明确的政策信号，最终将政策目标利率逐步调整至均衡合理水平。

（6）人民币汇率与中美实际利差之间存在非线性的门限协整关系。门限效应检验表明，两者组成的误差修正系统显著存在门限效应，而且门限效应同时存在于动态系数和误差修正项中，这意味着如果两者发生偏离，系统向长期均衡位置进行的调整在门限值两边不同，因此是一种非线性的、非连续的调整。近期两者对长期均衡的偏离正在逐步缩小，预计未来可能通过中美实际利差的调整回归至长期均衡位置，但这种调整可能是一个缓慢的过程。人民币汇率与中美实际利差在不同区制有不同的调整特点。门限值将整个汇率与利率联动效应的发展过程分成两个区制，在门限值左、右两边不同区制内，人民币汇率和中美实际利差的调整速度并不一致，即短期偏离向长期均衡的调整具有非对称特点。无论是在区制1还是在区制2，中美实际利差调整的速度都大于人民币汇率的调整速度，即中美实际利差对误差修正的反应较快。人民币汇率与中美实际利差短期内联动影响程度比较低，其中，汇率对利率的传导影响作用要大于利率对汇率的传导影响作用。此外，汇率的变动更多的取决于其自身历史数据，而不是利率的历史数据；利率的变动更多的取决于汇率的历史数据，而不是其自身历史数据。总之，在有管理的浮动汇率机制下，人民币汇率与中美实际利差联动关系有一定程度的改善，但从整体来看联动效应仍然不足。我们研究的重要政策启示可以归纳为以下几点：首先，由于在不同的经济运行阶段，人民币汇率与中美实际利差调整速度并不一致，这将使得央行利用利率工具进行宏观调控的难度进一步加大，央行应该根据经济运行所处区制制定不同的货币政策。政策制定者应关注人民币汇率与中美实际利差协整关系的门限值，把握主动权，当超过门限值后，中美实际利差会在下期迅速做出反应，这给政策制定者一种预示，并应据此对货币市场和外汇市场进行一定的调节，防止利率和汇率受到严重冲击。其次，由于"汇率—利率"联动作用在维护金融安全、促进内外经济均衡过程中扮演的重要作用，我们应该把握经济金融全球化带来的机遇，并结合中国实际，有必要继续推进利率市场化进程，积极完善人民币汇率形成机制，有序推进资本项目开放，合理安排金融改革秩序，为汇率和利率有效联动奠定良好的基础，使我国汇率政策和利率政策相互协调，促进宏观经济向内外均衡靠拢。最后，以美国为代表的发达经济体，其货币政策及对应传导对我国经济具有重要影响，尽管当前我国实行的有管理的浮动汇率制度及资本项目逐步有序放开的制度可以对国际金融危机的冲击起到缓冲作用，但仍需有目的及主动地建立健全一整套完备的汇率与利率交互效应影响的内在稳定体系，以减轻频繁的国际经济冲击对我国经济的影响。

（7）当汇率冲击导致经济波动时，数量型规则比价格型规则对烫平经济波动的作用更有效，且能够更好的减小社会福利损失；同时，随着汇率市场化程度的提高，货币冲击和利率冲击导致产出对均衡水平偏离程度都变小了，这说明提高汇率市场化程度能够减小产出波动，并能够有效改善社会福利水平。因此，在货币政策逐渐从数量型向价格型转变的过程中，综合运用数量和价格两种调控手段、适当提高汇率市场化程度对于转型中的中国而言是比较合适的现实选择。与以往相关研究比较（梅冬州等，2013；方成和丁剑平，2012），我们既突出了不同货币政策规则对烫平汇率调整导致的宏观经济波动的不同效果，还体现了汇率市场化对宏观经济的影响。基于上述研究结论，我们提出如下政策建议：一是进一步完善人民币汇率市场化形成机制，加大市场决定汇率的力度，增强人民币汇率双向浮动弹性，保持人民币汇率在合理、均衡水平上的基本稳定。二是根据内外部经济金融形势变化，综合运用数量、价格等多种货币政策工具，优化政策组合，调节好流动性和市场利率水平，实现货币信贷和社会融资规模合理增长。此外，值得一提的是，我们研究汇率波动与宏观经济波动之间的关系未考虑资本流动的影响，未来如何将国际资本流动等因素引入到有关模型中可能是我们需要进一步研究的方向；同时，数量型与价格型货币政策规则并非完全相互独立，二者的相互关系及其可能影响有待进一步深入研究探讨。

（8）跨境资本流出会对本国经济带来紧缩效应，且随着资本账户开放程度的增加，不利影响会越来越大，社会福利损失也会增大；汇率市场化能够明显降低资本流动冲击引起的经济波动，带来较小的社会福利损失；宏观审慎政策可以降低宏观经济受资本流动冲击的影响，起到逆周期调节的作用，以防止系统性金融风险的发生，在维护金融稳定的同时保证经济平稳增长，产生更少的社会福利损失。基于上述研究结论，我们提出如下政策建议：一是继续深化人民币汇率形成机制改革，不断加快人民币汇率市场化步伐，进一步增强人民币汇率灵活性，尽可能扭转人民币汇率贬值预期。二是稳步推进资本账户开放，使资本账户开放的推动措施与国内外经济金融环境的发展变化相适应，规避资本账户开放带来的金融资本双向波动风险，保障金融体系稳定。三是在制定货币政策时要密切关注跨境资本流动的规模和方向，进一步完善宏观审慎政策框架和跨境资本流动管理体系以防范系统性金融风险,减少跨境资本流出的不利影响。

(9)面对国内利率、国外利率和国内技术等冲击,法定数字货币在其计息时的变化幅度比不计息时大,此时国内产出和汇率等变化幅度也比法定数字货币不计息时大。计息型法定数字货币创造了一种新的经济机制,将利率、汇率和法定数字货币的报酬联系在一起,放大了国际溢出效应。法定数字货币能够优化传统货币政策工具箱,提高货币政策传导效率。随着存款向数字货币转化程度的提升,国内利率政策的调控效果不断上升,国外利率对宏观变量的预期均衡水平有更显著的影响,技术进步对经济发展的促进作用更大。与不计息型法定数字货币相比,当法定数字货币计息时,冲击造成的社会福利损失较大。针对上述研究结论,我们得出以下政策启示:一是设定符合国情的法定数字货币特征。慎重甄别法定数字货币不同设定特征的影响,不断优化其功能。数字人民币发行初期应坚持以不计息的方式发行,这是有利于社会福利的发行方式;未来条件成熟后可考虑将数字人民币利率作为一种新的货币政策工具,丰富货币政策工具箱,扩大货币政策空间。要不断加大法定数字货币密码学、大数据、分布式记账等数据智能相关技术的研发力度和技术水平,夯实法定数字货币发展的技术基石。二是完善法定数字货币发行背景下的货币政策调控框架。借助法定数字货币的试点测试,更准确、全面地评估法定数字货币对试点地区的货币政策和宏观经济的影响。在保持现有货币政策框架调控顺畅的基础上,逐步测试法定数字货币作为新型货币政策工具的效能,要保证货币政策调控的稳定性,还需关注宏观经济波动。三是建立适合法定数字货币发展的汇率形成机制。有效匹配法定数字货币发行条件下的人民币汇率形成机制改革,以应对数字人民币资产的外部需求引起大量资本流动,加强开放条件下央行逆周期调节目标的针对性,避免政策冲突加剧宏观经济波动,实现内外均衡。四是推动法定数字货币的国际协调。加强与各国中央银行在数字货币方面的合作,通过与已经发行数字货币的国家或即将发行数字货币的国家成立数字货币发展协会等形式与各国共享数字货币的前沿信息和技术,规范数字货币的跨国流通平台。与国际社会共同研究法定数字货币在跨境支付中的技术可行性,积极推进与BIS、香港金融管理局联合启动的多边法定数字货币桥项目。

附　录

附录 1
货币供应量与通货膨胀的
相关性检验

为了讨论货币供应量与通货膨胀的相关性，我们利用 13 个经济体 2003 年至 2014 年的季度数据建立回归模型：$\pi_t = \theta_0 + \theta_1 M_{t-i} + \theta_2 \hat{Y}_{t-i} + \theta_3 \pi_{t-i} + \varepsilon_t$。其中，$\pi_t$ 为通货膨胀率，M_t 为货币供应量增长率，$\hat{Y}_t$ 为产出缺口，i 为滞后期数，θ_0 为截距项，θ_1、θ_2、θ_3 为解释变量的系数，ε_t 为随机扰动项。分别估计各经济体的时间序列模型和面板数据模型，其中使用系统 GMM 方法估计面板数据模型，以获得稳健估计量，模型估计和检验结果如附表 1-1 所示。

附表 1-1　　货币供应量与通货膨胀的相关性

各经济体的估计	滞后 4 个季度	滞后 8 个季度	滞后 12 个季度
韩国	0.1295 ***	0.2928 ***	0.3289 ***
中国香港	0.1484 **	0.2342 ***	0.1157
新加坡	0.1223 ***	0.2040 **	0.1645 *
马来西亚	0.0226	0.0375	0.0919 **
巴西	-0.0472 ***	-0.0762 **	-0.0215
巴拉圭	-0.0054	-0.0313	-0.0109
哥伦比亚	-0.0610	-0.0044	0.1526 **
墨西哥	-0.0117	-0.0324	0.1313 **

续表

各经济体的估计	滞后4个季度	滞后8个季度	滞后12个季度
波兰	-0.0031	0.0835	0.2696***
立陶宛	0.1067*	0.2233**	0.3501***
匈牙利	-0.0769	-0.1363	0.1212
俄罗斯	0.0248	0.0311	0.0530
中国（不含港、澳、台）	0.0513	-0.0119	-0.0707
面板估计	0.0493*	0.0266	-0.0339
AR（2）p值	0.4868	0.3969	0.2391
Sargan Test p值	0.7338	0.6012	0.4716

注：***、**、*分别表示在1%、5%、10%的水平上显著。

对各经济体的时间序列模型结果显示：货币供应量增长率所包含的信息比较小，具体表现为附表中各经济体的系数普遍较小且在统计上不够显著。倒数第三行中面板数据模型结果显示：只有滞后4个季度的货币供应量增长率在10%的水平上显著，而滞后8个季度和滞后12个季度的货币供应量增长率在统计上都不显著；二阶序列相关AR（2）检验和Sargan过度识别检验分别表明：支持估计方程的误差项不存在二阶序列相关的零假设以及不能拒绝工具变量有效性的零假设，这说明了模型设定的合理性和工具变量的有效性。总之，货币供应量与通货膨胀的相关性已变得较弱。

附录 2

货币供应量对物价中蔬菜价格的影响

第一节 引言

蔬菜价格是食品价格的重要组成部分，蔬菜价格的变化会对价格总水平产生一定影响，而且当蔬菜价格下跌过多时，会影响农民增收，还关系到社会的和谐稳定；当蔬菜价格上涨过多时，又会影响城市居民生活消费，特别是严重影响城市低收入群体生活水平。我们用 HP 滤波对 CPI 中鲜菜类分项指数进行分解，得到蔬菜价格季节波动和蔬菜价格趋势循环序列分解（如附图 2-1 和附图 2-2），观察发现 2008 年以来我国蔬菜价格变化呈现以下特征。一是受气候因素影响，蔬菜价格季节波动特征明显，呈 "V" 字形态势。年初气温较低，蔬菜供应较少，菜价处于较高水平；随着气温升高，蔬菜供应充分，菜价逐渐下降；随着渐渐入冬，气温降低，蔬菜供应又不充足，菜价又开始上涨。二是蔬菜价格稳中有降。从 Trend 趋势线来看，2008 年以来蔬菜价格总体上稳定变化但有所下滑，且下降幅度每年大致相近。三是蔬菜价格的周期特征表现明显。从 Cycle 循环曲线来看，2008 年以来蔬菜价格波动大致可分为三个周期，且周期性波动并不重复。近期，我国蔬菜价格大幅、频繁变化引起社会各界的密切关注，特别是 2017 年初以来，诸多因素影响蔬菜价格不断降低，4 月份蔬菜价格同比下降达 21.6%。"菜贱伤农、菜贵伤民"，了解蔬菜价格的变化规律、分析蔬菜价格变动的决定机制，对于稳定蔬菜价格具有重要意义。

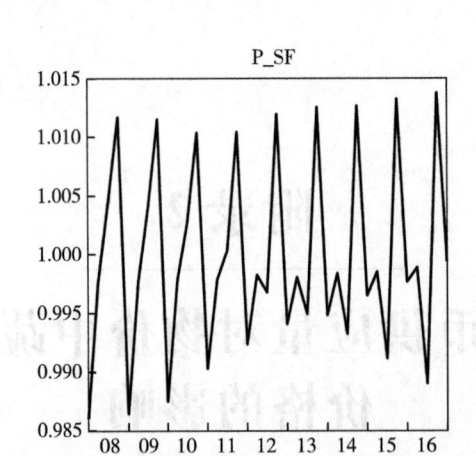

附图 2-1　蔬菜价格季节波动

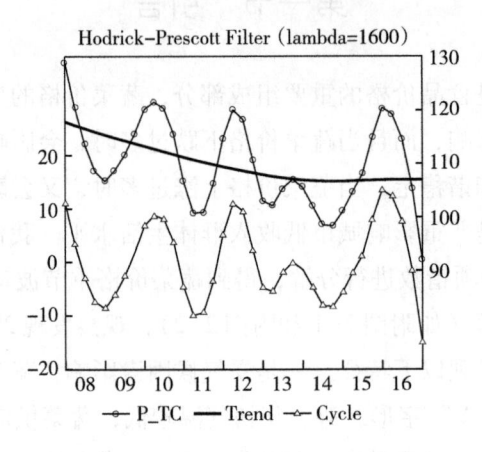

附图 2-2　蔬菜价格趋势循环序列分解

第二节　文献综述

国内外学者从不同角度对影响蔬菜价格变化的原因展开了相关研究。国外学者对蔬菜价格进行的研究主要是将蔬菜置于整个农产品的框架下。Lamm（1981）、Wohlgenant（1985）研究发现，农产品价格的变化主要来源于农业市场的缺陷和农业本身的不稳定性，调节农产品价格需要通过政府采取相应措施，使农产品价格处于合理区间内，而不能单纯依靠市场的自发调节。然而，Florkowski 和 Elnagheeb（1993）的研究，则隐含了对政府管制蔬菜价格的批判。2008 年全球金融危机前后，如 Trostle（2008）、Rosen（2008）、Tokgoz（2009）等主流研究，将农产品价格的波动归因于能源价格和生物技术的发展。国内学者关于蔬菜价格变化的成因也做了一些研究。赵晓飞（2015）分析显示，我国蔬菜价格变化具有季节性、阶段性、非对称性、周期性的特点，并且影响蔬菜价格变化的原因主要包括农户决策机制、通货膨胀、供需弹性、气候、土地、流通成本和蔬菜特性等。胡冰川和董晓霞（2016）对我国蔬菜价格走势的核心决定因素进行了深入分析，研究结果表明，由于蔬菜价格是均衡经济系统内生决定的，而计量模型也说明了蔬菜价格与经济系统的高度一致性，因此，从蔬菜市场宏观调控的政策出发，充分发挥市场在资源配置中的决定性作用，实际上是经济的最优选择。岳瑞雪和谭砚文（2019）认为，蔬菜价格之间的联动效应主要受一个潜在共同影响因子的驱动，而影响这一共同因子的主要宏观经济因素则是货币流动性过剩。卞靖和陈曦（2020）发现，近年来中国蔬菜价格在总体保持上涨趋势的同时，呈现出季节性周期波动和冲击性大幅波动的特征，主要是由生产过程中的金融和科技保障能力偏低、流通领域中间环节较多、储备制度体系尚不完善、消费环节的金融属性持续增强等原因造成的。张瑞龙和杨肖丽（2023）认为，在新冠肺炎疫情及封闭管控措施发生后，消费券政策的实施导致蔬菜批发价格下降。消费券影响蔬菜批发价格的机制在于促进了消费需求，进而蔬菜批发市场供货量上升，成本向规模收敛，蔬菜批发价格下降。

综上所述，现有的国内关于蔬菜价格变化原因的研究文献往往忽视气候、货币等因素的影响，而且大多使用普通最小二乘、极大似然等传统估计方法进行研究。事实上，GMM 估计通过使用工具变量，可以有效地解决解释变量所存在的内生性问题，从而使估计结果更为可靠。鉴于此，本章将从需求、供给（包括气候）、货币等方面对我国蔬菜价格的决定机制进行分析，并运用 GMM 方法实证检验，以对现有研究做一些扩展和丰富。本章研究按照如下思路展开：第一节，介绍文章的选题背景及研究意义；第二节，综述国内外相关研究文献；第三节，从需求、供给和货币等方面对蔬菜价格的决定机制进行理论分析；第四节，通过建立计量经济模型，运用 GMM 方法对蔬菜价格的决定机制进行经验分析；第五节，得出全文的主要结论，并提出政策建议。

第三节　蔬菜价格变动的影响因素

当前，蔬菜的需求和供给共同作用决定蔬菜的价格水平，成为影响蔬菜价格变化的主要原因，市场对蔬菜的资源配置功能不断强化，同时货币也发挥了重要作用。本章在结合国内外相关研究的基础上，将蔬菜价格的影响因素分为需求面因素、供给面因素和货币因素三类。

一　需求面因素

影响蔬菜需求方面的因素主要包括蔬菜替代品价格、蔬菜出口等。随着经济发展水平的不断提高，居民消费结构日渐升级，人们对蔬菜替代品（肉、禽、蛋、奶等）的消费有所增加，因此，蔬菜替代品价格的变化会对蔬菜价格产生影响。通常蔬菜替代品价格和蔬菜消费量同方向变化，即蔬菜替代品价格下降，会引起居民对蔬菜替代品的消费需求增加，而对蔬菜的消费需求减少，从而导致蔬菜价格下降。但当蔬菜与蔬菜替代品之间的价格相差较大时，工薪阶层居民则更倾向于多消费价格比较便宜的蔬菜（比如在冬天人们会更多的消费白菜、萝卜等），从而蔬菜价格也不会明显降低。蔬菜出口对蔬菜需求有一定影响，蔬菜出口减少，降低蔬菜在市场上的需求量，进而导致蔬菜价格下降；反之，蔬菜出口增加，导致蔬菜价格上涨。

二　供给面因素

影响蔬菜供给方面的因素包括蔬菜运输成本、政府对蔬菜补贴、蔬菜进口、气温等。蔬菜运输成本主要包括过桥过路费、燃油费、司机收入等费用，其中燃油费在运输成本中占有较大比重。我国蔬菜主要通过公路运输，同时我国成品油价格已与国际接轨，因此蔬菜运输成本受国际油价影响较大。运输成本的变化会反映到蔬菜价格上，当运输成本提高或降低时，会影响到生产商和销售商的经营决策，从而导致蔬菜的供给减少或增加，最终引起蔬菜价格的上升或下降。政府对蔬菜补贴是为了维护蔬菜价格稳定而实施的重要手段，当蔬菜价格较高时，增加补贴，提高蔬菜供应量，降低蔬菜价格；当蔬菜价格较低时，减少补贴，降低蔬菜供应量，提高蔬菜价格。蔬菜进口对蔬菜供给有一定影响，当蔬菜进口减少时，市场上的蔬菜供给量降低，从而推动蔬菜价格上涨；相反，当蔬菜进口增加时，导致蔬菜价格下降。气候尤其是气温是直接影响蔬菜生长的重要条件，是影响蔬菜价格的重要因素。当气候变化适合蔬菜生长时，蔬菜产量就会增加，从而提高蔬菜供给，使蔬菜价格降低；反之亦然。每年冬春时节，气温较低不利于蔬菜生长，蔬菜供应量较少，且冰冻条件使蔬菜销售也变得更加困难，从而导致蔬菜价格相对较高；而每年夏秋时节，气温适宜有利于蔬菜生长，蔬菜供应量较多，从而导致蔬菜价格相对较低。蔬菜价格的这种变化是常规、合理的变化。此外，气温的异常变动往往会导致蔬菜价格的短期大幅波动，如洪涝、冰雹、飓风等极端天气容易导致蔬菜大范围减产，从而蔬菜供应量大幅降低，蔬菜价格大幅上涨。

三　货币因素

货币因素对蔬菜价格的影响主要体现在两个方面：一是成本推动。宽松的货币容易推动蔬菜生产上游的原材料价格的上涨，进而还会引起下游产品价格的增长；价格水平的上升还增加了人们的生活成本，工人会因此要求增加工资，从而助推人工成本上升。由于我国还没有形成蔬菜的规模经济生产，人工成本、原材料价格的增加使总成本发生较大幅度的增长，从而对蔬菜价格形成上行压力。同时，宽松的货币还会引起非生产性投资（游资炒作），从而导致与蔬菜相关的原料价格的增加，进一步助长蔬菜价格的上升。反之，则反是。二是收入效应。货币供应增加往往会提高居民的名义收入，进而通过扩大蔬菜需求对蔬菜价格形成上行压力，比如通常在新一轮工资上涨的几个月后，蔬菜价格会出现不同幅度的增长。反之，则反是。

第四节　计量模型构建

一　变量选取

基于上述对蔬菜价格影响因素的理论分析，为了考察需求、供给及货币等方面因素对蔬菜价格的影响，建立关于蔬菜价格影响因素的计量检验模型。尤其考虑到气候因素的影响，首先选取实际气温作为反映气候因素的变量［见附式（2-1）］，然后采用气温异常值代替实际气温对模型进行稳健性检验［见附式（2-2）］：

$$P_t = \beta_1 TD_t + \beta_2 CK_t + \beta_3 YS_t + \beta_4 BT_t + \beta_5 JK_t + \beta_6 PJ_t + \beta_7 MO_t + \varepsilon_t \quad (2-1)$$

$$P_t = \beta_1 TD_t + \beta_2 CK_t + \beta_3 YS_t + \beta_4 BT_t + \beta_5 JK_t + \beta_6 PL_t + \beta_7 MO_t + \varepsilon_t \quad (2-2)$$

其中，P 表示蔬菜价格，TD 表示蔬菜替代品价格，CK 表示蔬菜出口，YS 表示蔬菜运输成本，BT 表示政府对蔬菜补贴，JK 表示蔬菜进口，PJ 表示实际气温，PL 表示气温异常值，MO 表示货币供应量。ε 为随机扰动项，β_1、β_2、β_3、β_4、β_5、β_6、β_7 分别表示各因素对蔬菜价格的影响系数。附表 2-1 列出了上述模型中所涉及变量的简单定义。

附表 2-1　　　　　　　　　　模型变量选取

变量名称	变量符号	变量定义
蔬菜价格	P	鲜菜类居民消费价格指数
蔬菜替代品价格	TD	畜肉类居民消费价格指数
蔬菜出口	CK	食用蔬菜、根及块茎出口金额
蔬菜运输成本	YS	商品燃料综合价格指数
政府对蔬菜补贴	BT	农林水事务支出
蔬菜进口	JK	食用蔬菜、根及块茎进口金额
实际气温	PJ	气温平均值
气温异常值	PL	气温偏离正常值
货币供应量	M0	流通中的现金 M0

下面我们对变量选取作一简要说明。蔬菜价格采用食品类居民消费价格指数中的鲜菜类居民消费价格指数；蔬菜替代品价格以食品类居民消费价格指数中的畜肉类居民消费价格指数表示，因为畜肉是蔬菜的重要替代品之一；蔬菜出口采用 HS 分类中食用蔬菜、根及块茎出口金额；蔬菜运输成本采用商品燃料综合价格指数作为代理变量；政府对蔬菜补贴用财政支农指标来代替，采用农林水事务支出作为财政支农的资金；蔬菜进口采用 HS 分类中食用蔬菜、根及块茎进口金额；实际气温用气温平均值表示；气温异常值用气温偏离正常值表示；货币供应量用

流通中的现金 M0 表示。基于数据的可获得性，本章选取的样本区间为 2008 年 1 月至 2017 年 3 月，原始数据来源于 Wind 资讯、中国人民银行网站、国家统计局网站。

二 模型估计及结果分析

为了保证模型估计结果的稳健性，我们采用广义矩方法（Generalized method of moments，GMM）进行参数估计，它是矩估计方法的一般化，是基于模型实际参数满足一定矩条件的一种参数估计方法[①]。GMM 对数据的准确分布信息、解释变量的外生性、随机误差项的序列相关和异方差性没有严格要求，能在保持数据完整和更少限制的情况下挖掘出更多的数据中所包含的信息，因此它得到的参数估计结果比其他估计方法更准确有效。模型估计和检验的具体结果如附表 2-2 所示。对比两个方程（分别选取气温平均值和气温偏离正常值作为气候因素的代理变量）可以发现，J 统计量均表明模型的设定和工具变量的选择是基本合理的；并且 R-squared 都比较接近，参数估计也相差不大，说明模型的稳健性较好。

附表 2-2　　　　　　　模型的 GMM 估计及检验结果

	方程（1）	方程（2）
TD	0.1291991 ** (2.12)	0.3613349 (0.79)
CK	0.1688024 *** (9.79)	0.1683761 *** (8.99)
YS	0.6495866 *** (9.19)	0.6458823 *** (9.18)
BT	-0.0505224 ** (-2.41)	-0.0487911 ** (-2.38)
JK	-0.1088039 *** (-6.81)	-0.1030446 *** (-6.34)

---

① 只要模型设定正确，总能找到模型实际参数满足的若干矩条件。

续表

	方程 (1)	方程 (2)
PJ	-0.1822593*** (-6.23)	
PL		-0.2046937*** (-6.01)
M0	0.451793*** (3.51)	0.4420534*** (3.22)
R-squared	0.4244	0.4170
J-statistic (p-value)	0.493363 (0.4824)	0.455795 (0.4996)

注：括号内数值为 t 统计量；***、**、* 分别表示回归系数在 1%、5%、10%的水平上显著。

畜肉类居民消费价格指数（TD）在附式（2-1）中通过了 5%水平的显著性检验，且对蔬菜价格的影响系数相对较小，而在附式（2-2）中不显著。这说明，我国居民对于蔬菜的消费呈现出一定程度的刚性需求。健康观念抑制肉类食品的替代效应，即近年来健康饮食观念认为虽然肉类食品更具营养，但由于其高糖、高脂的特性对人们的身体会造成一定的危害，因此蔬菜与肉类食品相比可能更加健康，从而人们会减少对肉类等高营养食品的消费而增加对蔬菜的消费。因此，当蔬菜替代品价格变化时，消费者对蔬菜的消费变化不大，蔬菜替代品价格未能有效改变消费者的消费行为。食用蔬菜、根及块茎出口金额（CK）在附式（2-1）和附式（2-2）中都通过了 1%显著性水平上的统计检验，且对蔬菜价格是正向影响，这符合我们的预期。当蔬菜出口减少时，国内蔬菜供过于求，从而蔬菜价格下降；而当蔬菜出口增加时，国内蔬菜供不应求，从而蔬菜价格上涨。

商品燃料综合价格指数（YS）在附式（2-1）和附式（2-2）中都十分显著，且对蔬菜价格的影响系数最大，这说明运输成本是我国蔬菜价格的主要影响因素。运输成本的变化能够改变蔬菜经营者的决策，影响蔬菜市场的供求情况，从而引起蔬菜价格发生变化。当以汽油价格为主的运输成本大幅下降时，就会出现蔬菜供应过剩的情况，从而使蔬菜价格大幅下降。受美国等世界主要国家原油产量、汽油消费及预期供应等因素影响，国际油价将出现波动，从而国内油价也会随之变化，因此导致蔬菜运输成本发生调整，推动蔬菜价格上升或下降。农林水事务支出（BT）在方程附式（2-1）和附式（2-2）中都在5%的水平上显著，且对蔬菜价格的影响系数较小。原因可能在于，一方面，我国蔬菜价格的补贴政策还不够规范，而且补贴制度还不够健全，甚至操作时还有很大的随意性；另一方面，政府发放的蔬菜补贴占蔬菜生产成本的比重较小，并且广大散户得到的补贴较少，补贴主要集中在生产大户。因此，政府补贴很难对蔬菜的生产种植起到有效的作用，从而导致政府补贴对蔬菜价格的影响较小。食用蔬菜、根及块茎进口金额（JK）在附式（2-1）和附式（2-2）中都通过了1%水平的统计显著性检验，且对蔬菜价格是负向影响，这符合我们的预期。当蔬菜进口加大时，国内蔬菜供过于求，蔬菜价格下降；而当蔬菜进口减少时，国内蔬菜供不应求，蔬菜价格上涨。

气温平均值（PJ）和气温偏离正常值（PL）分别在附式（2-1）和附式（2-2）中通过了1%水平下的显著性检验，且对蔬菜价格的影响为负，即温度降低（升高）将导致蔬菜供给减少（增加），使蔬菜价格上升（下降），而且温度异常降低（升高）将导致蔬菜价格较大幅度上涨（下降），这都符合常识和经济学的基本原理。2016年春季，我国出现大范围雨雪和大风降温天气，多地遭遇寒潮袭击。受此次"倒春寒"异常天气影响，蔬菜生长延缓，蔬菜运输成本和损耗增加，使得蔬菜供给更加紧缺，从而推动蔬菜价格大幅上涨。而2017年初气温较常年偏高，有利于蔬菜生产，市场供应充足，以主要蔬菜产区的河南郑州为例，2—4月份平均气温较往年高出1.5摄氏度，助推蔬菜供应增长，蔬菜价格下降。

流通中的现金（M0）在附式（2-1）和附式（2-2）中都通过了1%的显著性检验，且影响为正，说明货币政策对蔬菜价格变动的影响比较明显。因此，长期来看，紧缩的货币政策能够抑制蔬菜价格的增长，宽松的货币政策能够刺激蔬菜价格的上升。2017年以来，中国人民银行实施稳健中性的货币政策，货币供应量增速有所回落，截至10月末，广义货币（M2）增速比上年同期低2.8个百分点；M0同比增长

6.3%，当月净回笼现金1518亿元。流通中的现金减少，降低了居民持有的货币量，从而社会一般价格水平下降，对蔬菜价格产生下行压力。

第五节 主要结论和政策含义

本章从影响蔬菜价格的需求、供给以及货币等方面因素对我国蔬菜价格的决定机制进行了分析，并通过构建计量模型，选取GMM估计方法对各影响因素的作用效果进行实证检验。结果表明：一是供给面因素是影响蔬菜价格的主要因素。与粮食等农业产品类似，蔬菜价格主要取决于供给。从回归结果看，运输成本对蔬菜价格的影响最大，其回归系数远高于其他变量，且统计检验显著。这说明物流成本对蔬菜价格有重要影响，做好"最后一公里"对稳定蔬菜价格有重要意义。受美国等世界主要国家原油产量、汽油消费及预期供应等因素影响，国际油价将出现波动，从而国内油价也会随之变化，因此导致蔬菜运输成本发生调整，推动蔬菜价格上升或下降。二是气候因素是影响蔬菜价格的重要因素。由于气候因素影响，蔬菜价格季节波动特征明显，呈现出"V"字形态势。尤其是气候的异常变化对蔬菜价格的影响十分明显，成为蔬菜价格大幅变化的重要原因。三是需求面因素对蔬菜价格的影响相对较小。与供给面因素相比，由于蔬菜在一定程度上仍属于生活必需品，因此对其需求相对稳定，需求面因素对其价格的影响相对较小。表现在回归结果上，替代品价格和出口变量的系数均较小。四是货币因素对蔬菜价格的影响较大。表现在回归结果上，M0的系数在各变量中也属于较高水平。这说明我国货币政策传导机制相对通畅，货币供应量尤其是狭义货币供应量的变化对蔬菜价格的影响仍较强。

根据上述研究结论，我们得出如下政策含义：一是加强对蔬菜价格的预测分析，及时评估其对整体价格水平的影响，为货币政策制定提供准确的参考信息。二是蔬菜的生产计划要按照石油价格变动对蔬菜价格的影响来制定，建立与石油价格相关联的补贴机制，防止石油价格波动引起蔬菜成本变动较大，从而影响蔬菜价格的稳定，政府需合理安排蔬菜运输补贴，调节蔬菜运输成本，从源头上缓解蔬菜价格的大幅变化。

三是由于农业生产周期较长、调整较慢等特点，相关部门应通过订单农业、搭建信息平台等方式完善蔬菜价格调节机制，缓解供给面变动对蔬菜价格的冲击。四是继续实施稳健的货币政策，保持流动性基本稳定和货币信贷适度增长，进一步疏通货币政策传导机制。

附录 3
金融危机预警研究

第一节 引言

  金融危机爆发通常具有较大的危害性,对一国的经济发展可能造成严重损害,而且金融危机的持续时间会较长。预测金融危机的时间一直是国际社会面临的严峻挑战。确定何时以及是否会发生金融危机,能够在一定程度上降低金融危机的破坏程度和成本,还可以帮助政府制定具体措施及时预防金融危机的爆发。目前,一些金融危机预警模型已经出现并得到了广泛的开发。早期金融危机预警模型侧重于金融失衡和宏观经济,主要针对货币危机和银行危机,当前国际上关于金融危机预警系统的研究倾向于四个方面。一是分别从货币危机、银行危机、主权债务危机等方面建立金融危机预警指标体系。例如,Goldstein 等 (2000) 基于对综合财务报告的分析指出,对于银行业危机,最佳的每月指标包括实际利率上升、股票价格下跌、实际汇率升值、货币乘数上升、出口下降和实际产出下降;对于货币危机,最好的每月指标包括广义货币与国际储备的比率过高、股价下跌、实际汇率升值、经济衰退和出口下降。二是使用非参数信号法,通过识别对金融危机有显著影响的预警指标及其异常值,预测金融危机发生的可能性。比如,当预警指标取值超过阈值时就发出预警信号,并通过信号数量来预测金融危机的 KLR 信号模型 (Pattillo Kaminsky et al., 1998)。又如,当货币、信贷和其他经济变量的增长超过阈值时,银行危机就更有可能发生 (Kaminsky et al., 1999)。三是建立 Probit 和 Logit 等定性相依变量模型,通过估计对数几率比判断金融危机发生的可能性。例如，FR 概率模型可以用于估计发展中国家货币危机的可能性（Frankel and Rose，1996）。在 FR 概率模型与 KLR 信号模型的基础上，Alberto 等（1998）以及 Andrew Berg 和 Catherine（1999）分别开发了 GS-WATCH 的 Logit 预警模型、DCSD 模型，样本内的解释能力和样本外的预测能力都较高。谢贤芬和王斌会（2017）依托于不同的识别标准建立 Logit 预警模型发现一些经济指标对中国的银行宏观安全具有较稳定的预警影响作用。四是综合测试和比较多种金融危机预警模型。例如，Chang 和 Velasco（2001）以及 Davis 和 Karim（2008）发现，定性因变量模型对全球金融危机具有很强的预警效果，而信号模型对单个国家的实时监控具有更好的作用。苏冬蔚和肖志兴（2011）使用 KLR 模型和 Logit 模型构建出符合中国宏观经济运行状况的金融危机早期预警系统，并使用亚洲六国宏观数据进行实证分析，发现防范中国金融危机的重要指标包括实际产出增长率、广义货币 M2 与外汇储备的比率和外汇储备增长率，而且中国经济现存的内、外失衡是引发金融危机的隐患。胡援成和康鸿（2013）使用 Logit 模型和支持向量机方法构建主权债务危机预警系统，发现公共债务比率和实际 GDP 增长率等变量能够为新兴市场国家提供较好的主权债务危机预警。王克达（2019）基于全球多个国家 1970—2011 年的金融危机数据，分别使用二元分类树模型、随机森林模型、Logit 模型，研究了货币危机、银行危机和主权债务危机的预警。

近年来，新兴市场国家的金融风险引起国际社会高度警惕。美国的经济走势远不及预期，加重了投资者对全球经济衰退的担忧，不利于新兴市场国家的风险资产。新兴市场国家的股票逆转走弱，触发其资金加速流出，由此形成恶性循环，新兴市场国家的金融体系将面临较大风险，容易引发新兴市场国家的金融危机。为了更有效地防范和应对金融风险，根据宏观变量走势预判未来数年内危机爆发概率，有必要研究建立适用于新兴市场国家的金融危机预警模型。这里，我们以印度为例研究新兴市场国家的金融危机预警，主要是基于以下两点原因。一是印度作为新兴市场国家的代表，在经济金融多个方面均面临着较多问题。印度的 GDP 增长率从 2018 年的 8% 下降到 2019 年上半年的 5%。虽然对大型经济体而言，5% 的数字依然可观，但是基于人口因素，印度必须保持7.5%的增长，才能控制住失业率。孟买汇丰银行首席经济学家表示，凡是低于6%的印度经济增长，在印度已经形同衰退。目前，印度的统计数据按照2011年和2012年调整GDP统计口径计算被国际上认为有造假的质疑，印度制造高度难以替代中国，工业投资长期萎缩，企业债务高企，银行坏账不断攀高，外汇储备较低，外债较高，FDI主要流入服务业和收购交易，且近期流出和流入停滞的现象比较突出，银行发给企业的贷款急剧缩减88%。二是中国和印度同为发展中大国，在经济金融领域有着相似性，当印度金融脆弱性强化时，中国可能由此出现类似的风险，成为放大中国金融风险的导火索。中国作为印度重要的进口来源地，印度金融脆弱性扩大将会削弱中国企业的出口创汇能力。中国对印度的直接投资不断增加，印度金融脆弱性上升将不利于中国产业转型升级。因此，研究印度的金融危机预警问题对于中国有效防范金融风险具有重要意义。有鉴于此，本章将以印度为例，基于印度数据构建货币危机预警模型，对货币危机的影响因素进行经验研究，并结合当前的宏观数据，利用模型预测在未来若干年内发生货币危机的概率。

第二节 危机预警模型构建

金融危机预警模型主要用来帮助监管部门根据某些宏观变量的走势来预测判断未来一段时间内发生危机的概率。离散选择Logit模型是分析金融危机预警系统的一种重要方法。Demirgü-Kunt 和 Detragiache（1998）基于Logit模型建立了金融危机预警研究，发现贸易冲击、财政赤字和货币贬值对银行危机没有独立的影响，而高通货膨胀率、较低的GDP增长率、信贷规模的扩张、较高的实际利率和突发性的资本外流增加了银行部门的脆弱性，会明显提高银行危机发生的概率，容易导致银行危机[①]。Davis 和 Karim（2008）比较了Logit模型在不同金融危机定义下的预测效果，分析显示，因变量的选择在既定的预警模型下决

---

① 2000年还提出了利用多元Logit方法来监测银行部门的脆弱性，构建了监测和预警的框架；2005年又扩大了研究范围，发现经济增长的减速和货币数量的失控容易引发和扩大危机。

定了模型的预测能力，而不同的预警模型在相同的样本数据下的预测效果是不同的。通常情况下，非金融危机的时期远远超过金融危机时期，相对来说，Logit 模型对于尾部分布的样本更适合（Kumar et al.，2003）。虽然金融危机预警模型众多，但 Logit 模型通过检验解释变量对危机事件的发生概率是否有显著影响来构建预警系统，在经济学界和 IMF 等国际机构被视为主流预警模型。马骏等（2019）使用 60 多个国家 1990—2010 年的宏观数据进行 Logit 回归，再用 2017 年的宏观数据推算其在 2018 年发生货币危机的概率。陈守东等（2006）通过各指标的动态预测模型计算了 2006 年各指标的月度预测值，然后代入 Logit 模型以预测发生危机的可能性。综上考虑，本章选择 Logit 模型对金融危机进行预警分析。具体地，基于 Logit 模型进行回归分析，得出导致金融危机的可能影响因素，并进一步根据过去的数据变动赋值 2020 年后的变量值，然后预测未来几年金融危机发生的概率。

假设金融危机 y_i 作为被解释变量取 1 和 0 两个数值，是一个二元变量，即：

$$y_i = \begin{cases} 1, & 危机发生 \\ 0, & 危机未发生 \end{cases} \tag{3-1}$$

y_i 的取值是离散且有限的，无法直接使用线性回归模型，我们转向考察 y_i 的出现概率。假设 y_i 是离散变量 Y_i 的实现值，Y_i 服从贝努力分布，$Y_i = 0$ 的概率为 $1-p_i$，$Y_i = 1$ 的概率为 p_i，即：

$$P(Y_i = y_i) = p_i^{y_i}(1-p_i)^{(1-y_i)}, \text{其中 } y_i = 1, 0 \tag{3-2}$$

受预警变量 x_i 影响的金融危机事件发生的概率可以表示为 $p_i = x'_i \beta$，其中 β 为系数向量。

概率 p_i 的取值范围为 [0, 1]，为了消除被解释变量取值范围的约束，我们使用 $logit(p_i) = \ln(p_i/(1-p_i))$ 对概率进行变换，从而使得变换后的被解释变量可以表示为解释变量 x_i 的线性函数。此时，当概率 p_i 趋近于 1 时，$logit(p_i)$ 趋近于 $+\infty$；而当概率 p_i 趋近于 0 时，$logit(p_i)$ 趋近于 $-\infty$。

假设概率 p_i 经过 Logit 变换后转变为线性模型，即：

$$logit(p_i) = \ln(p_i/(1-p_i)) = x'_i \beta \tag{3-3}$$

Logit 变换是一一对应的，可以对 $logit(p_i)$ 采取逆对数的方法，

从而反向得到 $y_i=1$ 的概率值，即：

$$P(Y_i=1|x_i)=p(x_i)=\exp(x'_i\beta)/(1+\exp(x'_i\beta)) \quad (3\text{-}4)$$

当 $y_i=1$ 的概率 p_i 超过某个临界值 P^* 时，我们认为 y_i 的取值为 1，否则为 0。

模型被解释变量的设定。根据金融危机的表现特征、触发条件和产生后果的不同，其类型涉及多种，具体可分为银行危机、货币危机、主权债务危机、资产价格危机、IMF 援助危机等，如表 1 所示。虽然近年来印度不良率保持高位、政府债务率较高、股市估值较高，但也并不是说相对于货币危机而言，印度发生银行危机、债务危机和资产价格危机的可能性更高一些。因为货币危机是新兴市场国家主要关注的危机类型，近些年新兴经济体爆发的危机也是以货币危机为主，并受其影响较大，如 1973—1982 年墨西哥货币危机等；此外，还考虑到数据的可获得性，所以本章选择货币危机作为被解释变量，仅建立了货币危机预警模型，代表印度发生金融危机的可能性。通常认为，货币危机是由于对本国货币的投机性狙击造成的严重汇率贬值。那么到底汇率贬值到什么程度被认为处于危机中？即关于货币危机的量化标准问题，现有文献出于其研究目的给出了不同的定义，但仍然没有统一的陈述。本章选取本币相对美元的贬值幅度作为代理变量，并采用 Reinhart 和 Rogoff（2011）、马骏等（2019）关于货币危机的定义，一国汇率在一年内的贬值幅度超过了 15% 即标志着发生了货币危机。由于使用 Logit 回归，所以对于货币危机变量设置为 0、1 的虚拟变量，即发生货币危机时，被解释变量设为 1，未发生货币危机时，被解释变量设为 0。

附表 3-1　　　　　　　　　金融危机类型及特点

类型	特点
银行危机	银行危机表现为政府被迫对银行注资，通常发生银行危机的国家经济总量较大，当政府接管大量银行、银行出现大量挤兑、银行机构的不良贷款率超过 10%、政府对银行的援助超过 GDP 的 2% 等四种情况满足一种时，即认为发生了系统性银行危机
货币危机	货币危机表现为货币的贬值，采用 Reinhart 和 Rogoff（2011）关于金融危机的定义，一国汇率在一年内的贬值幅度超过了 15% 即认为发生了货币危机

续表

类型	特点
主权债务危机	主权债务危机是一国政府无法在到期日内对其向外担保借来的债务履行本金和利息支付
资产价格危机	资产价格危机表现为资产贬值，通常采用各国标普指数变动率作为资产贬值幅度的代理变量
IMF 援助危机	IMF 援助危机是接受 IMF 的援助计划，通常接受 IMF 援助的国家经济总量较小

模型解释变量的设定。虽然诱发货币危机的因素较多，但考虑到 Logit 模型的限制，回归方程中无法包括所有经济金融指标，因此需要选择诸多指标中的一部分。根据 Kaminsky 等（1998）、Hawkins 和 Klau（2000）、Abiad（2002）以及 Frankel 和 Saravelos（2012）对近 90 篇论文的综述，以及参考 Gourinchas 和 Obstfeld（2012）的成果，本章在建立 Logit 预警模型时，选取杠杆率、储蓄率、外汇储备水平、人均收入水平、外债水平、信贷水平、对外开放程度、经济增长水平等作为货币危机的预警指标。这些变量的选择不仅充分参考了已有文献，也考虑到了近年来政策讨论所关心的内容，尤其是不但要考虑高杠杆率会加大危机概率的观点，也要考虑新兴市场国家的储蓄率较高、外债较低、外储较高、经济增长率较高、经常项目顺差较大等因素可能会降低危机概率的相关观点。近年来研究金融危机的实证文献，对于杠杆率的上升会提高金融危机发生概率的观点基本达成一致，这里杠杆率使用 M2/GDP 来衡量。储蓄率采用净储蓄/GDP 来测算，外汇储备采用外汇储备/GDP 进行测度，这两个变量被已有文献普遍认为是影响金融危机爆发概率的变量。人均收入水平使用人均 GDP 来衡量，用以控制经济发展的阶段。此外，外债水平、信贷水平、对外开放程度、经济增长水平分别采用外债/GDP、国内信贷/GDP、出口/GDP、GDP 增长率来衡量。

第三节 模型预警结果分析

本章使用印度 1990—2018 年的宏观指标进行 Logit 回归，被解释变量中衡量印度卢比对美元贬值程度相关数据来源于美联储，解释变量中涉及印度的相关经济金融变量 GDP、储蓄率、外汇储备、人均 GDP、外债、银行信贷、出口、GDP 增长率等数据来源于世界银行 WDI 数据库，M2 数据来源于 Wind 数据库。货币危机预警 Logit 模型估计结果如附表 3-2 所示。

附表 3-2　　　　　　危机预警 Logit 模型估计结果

变量	系数	标准误	z 统计量	P 值
M2/GDP	0.268236	0.502129	0.534196	0.5932
净储蓄/GDP	-0.662397	0.386713	-1.712889	0.0867
外汇储备/GDP	-0.504208	0.350716	-1.437655	0.1505
人均 GDP	-5.042595	1.986419	-2.538535	0.0111
外债/GDP	0.357033	0.173527	2.057509	0.0396
国内信贷/GDP	0.055951	0.099281	0.563559	0.5731
出口/GDP	-0.685570	0.291113	-2.354996	0.0185
GDP 增长率	-0.400166	0.282021	-1.418922	0.1559

注：＊＊＊、＊＊、＊分别表示1%、5%、10%水平上显著。

由附表 3-2 可以看出：①通常杠杆率上升，发生货币危机的概率会提高。检验结果显示，M2/GDP 的水平值与货币危机概率呈正相关性，但并没有明显的解释力度。原因可能在于，处于不同发展阶段的国家可能对应不同的宏观杠杆率走势，比如在经济快速发展阶段，一国 M2/GDP 从较低水平不断上升，并不一定反映其金融风险水平的提高，从而也不一定会导致危机爆发的概率增加。②净储蓄/GDP 与货币危机发生的概率呈反方向变化关系。当居民储蓄增多时，银行可以用于贷款的资金增加，从而金融体系的脆弱性降低，货币危机发生的概率减小。③通常利用外汇储备能够调节宏观经济，可以使用外汇储备对国际收支逆差和汇率波动的情况进行干预使之稳定。检验结果表明，外汇储备/GDP 对货币危机发生概率的影响是负面的，但在统计上并不显著。原因可能在于，近年来印度净资本流入低于经常账户赤字的融资要求，以及美元升值带来的估值效应，从而使外汇储备降低，会增加危机发生的概率，但由于印度外汇储备仍比较充裕，因此外汇储备略有减少对危机的影响效果并不显著。④人均 GDP 与货币危机发生的概率呈反方向变化关系。人均收入水平上升，表示实体经济发展状况良好，银行体系较稳定。近年来印度 GDP 增长下滑较快，可见经济形势不甚乐观，而劳动力人口在 2018 年仍达 5.1 亿，因此人均 GDP 增速将放缓，实体经济发展较差将影响金融体系的稳定，从而增加了货币危机爆发的可能。⑤外债/GDP 对货币危机发生的可能性具有积极影响，并且在统计上具有显著性。从理论上和货币危机历史上，外债水平作为影响货币危机的重要变量，其与货币危机发生的概率都呈明显的正相关。2019 年 3 月末，印度有 5000 多亿美元的外债，其中一年内到期的短期外债规模 2000 多亿美元，较高的外债水平增加了货币危机爆发的概率。⑥国内信贷具有顺周期性，在经济繁荣时，金融机构的风险偏好会提高，倾向于放宽贷款条件，信贷大量增加，从而资金会相对过剩。检验结果表明，国内信贷/GDP 对货币危机发生概率的影响是正的，但在统计上没有显著性。原因可能在于，随着印度经济增速下降和银行信贷逆周期增长，银行信贷风险积累，银行不良贷款率增加，货币危机爆发的可能性加大。但由于印度不断增加不良贷款核销和提高资本充足水平，使得银行不良贷款率有所下降，因此信用风险增加对危机的影响效果并不显著。⑦出口/GDP 对货币危机爆发的可能性具有负面影响，并且在统计上具有显著性。出口会直接影响经常项目，从贸易条件出发，当出口增长越高，将导致 GDP 增加，也会增加外汇储备，从而增强金融体系应对风险的能力。近年来印度陷入与美贸易争端，2018 财年净出口规模同比下降 31%，服务净出口增速从 2017—2018 年的 13.5% 下降到 2018—2019 年 5.6%，出口的快速降低减少了外汇储备，增加了爆发货币危机的可能和金融体系的脆弱性。⑧一般而言，GDP 增长率的提高表明宏观经济运行更加稳定，金融体系的稳定性得到增强。检验结果表明，GDP 增长率与发生货币危机的可能性呈相反的方向变化，但在统计上没有显著性。原因可能在于，近年来印度国内经济发展结构性、周期性问题对经济带来不利影响，从而增加了危机发生的概率，但由于印度在自主就业人口以及人力资源等方面仍具有较大潜力，因此经济增速放缓对危机的影响效果并不显著。

下面我们进行了模型的稳健性检验，以保证模型回归结果稳健可靠，这里更换了计量方法。具体来说，采用 Probit 模型重新估计基准回归，如附表3-3所示。结果表明，通过更改计量方法获得的结论与基准回归一致，这表明该模型回归结果是可靠的。

附表3-3　　　　　　　　　模型的稳健性检验

变量	系数	标准误	z统计量	P值
M2/GDP	0.156365	0.295998	0.528265	0.5973
净储蓄/GDP	-0.403051	0.209846	-1.920697	0.0548
外汇储备/GDP	-0.298631	0.206944	-1.443052	0.1490
人均GDP	-3.016228	1.114332	-2.706759	0.0068
外债/GDP	0.219157	0.102397	2.140260	0.0323
国内信贷/GDP	0.027752	0.051805	0.535698	0.5922
出口/GDP	-0.411913	0.169010	-2.437207	0.0148
GDP增长率	-0.232959	0.160985	-1.447086	0.1479

注：＊＊＊、＊＊、＊分别表示1%、5%、10%水平上显著。

根据以上分析结果，净储蓄/GDP 的下降、人均 GDP 的下降、外债/GDP 的升高、出口/GDP 的下降，可能引起印度发生货币危机的概率上升。为了进一步预测未来印度货币危机发生的概率，我们通过分析近年来印度各解释变量数据的变化情况，即计算出 2008—2018 年各解释变量的平均变化率，再基于 2018 年数据即可推算出 2019—2024 年各解释变量的数值，然后将其代入 Logit 模型，以获取未来几年印度发生货币危机的可能性。我们根据模型拟合结果及预测情况绘制了 1990—2024 年的货币危机发生概率及危机预警模拟曲线，如附图 3-1 所示。结果显示，Logit 模型拟合的 1990—2018 年印度发生货币危机的概率与当年实际情况比较吻合（附图 3-1 中实线所示），比如印度汇率在一年内贬值超过 15% 的时点包括 1991 年、1992 年、1993 年、2008 年、2009 年、2013 年，而利用 Logit 模型拟合得到的相应时点货币危机发生的概率分别为 95.65%、76.09%、91.73%、71.10%、54.01%、73.97%，从而可以说明本章构建的 Logit 模型拟合效果较好，能够在一定程度上用来预测印度未来发生货币危机的概率。进一步地，利用 Logit 模型预测表明印度从 2020 年起货币危机发生的概率将逐年上升（附图 3-1 中虚线所示），甚至可能超过 2008 年，这说明对于新兴经济体而言，虽然外部传染性危机会造成一定的冲击，但其自身内部体系结构出现问题可能造成更大的影响。货币危机发生概率明显上升的情形下，若应对措施及时有效，货币危机引发金融危机爆发的可能性依然较小。

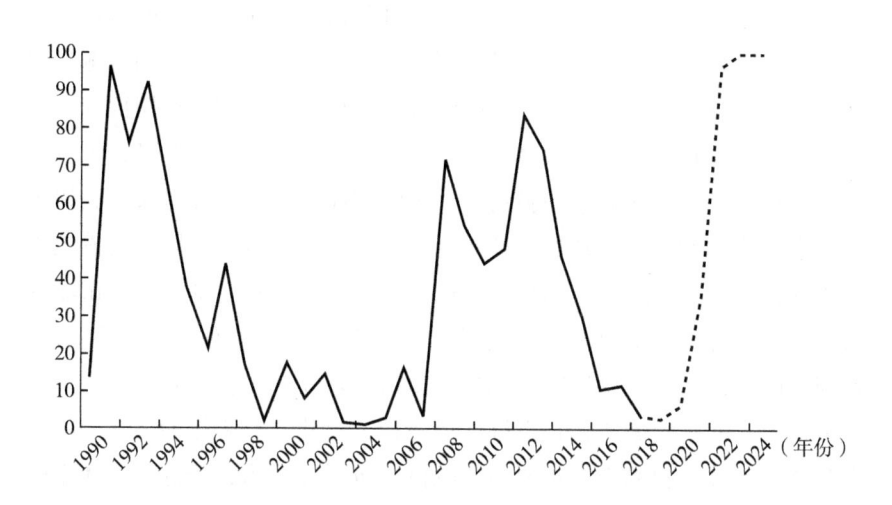

附图 3-1　Logit 模型对货币危机的预测结果

第四节　结论性评述

当前部分新兴市场国家的金融风险引起国际社会高度警惕，有必要研究建立适用于新兴市场国家的金融危机预警模型，以更有效地应对金融风险。印度作为新兴市场国家的代表，且在经济金融领域和中国有较多相似性，研究印度金融危机预警，对中国防范金融风险具有重要意义。本章基于印度 1990—2018 年数据构建了货币危机预警模型，对货币危机的影响因素进行实证分析，并结合当前的宏观数据，利用模型预测在未来若干年内发生货币危机的概率。Logit 模型分析表明，储蓄率的下降、人均收入水平的下降、外债水平的升高、对外开放程度的下降，可能导致印度货币危机发生的概率增加，这说明了传统的经济周期理论对印度的金融脆弱性有一定的解释力。另外，模型拟合的1990—2018年印度发生货币危机的概率与当年实际情况比较吻合，从而可以说明部分构建的模型拟合效果较好，能够在一定程度上用来预测印度未来发生货币危机的概率。进一步地，利用模型预测表明印度从2020年起货币危机发生的概率将逐年上升。在此情形下，若印度应对措施及时有效，货币危机引发金融危机爆发的可能性依然较小。除非经济金融形势迅速恶化，且应对措施无效，发生金融危机的可能性才会明显加大。

本书研究得到的货币危机发生概率的趋势基本符合实际的金融脆弱性情况，在一定程度上验证了文中的货币危机预警模型的适用性和合理性，对于建立新兴市场国家金融危机预警系统具有一定的意义，可以依据其反映和评价金融体系的脆弱性。中国和印度作为国际最大的新兴市场国家，印度的金融体系稳定性研究可以对中国防范金融风险有着较为重要的警示。鉴于此，本书将提出以下建议：一是针对部分新兴市场国家过高的杠杆率，更果断地抑制投机性需求去除资产泡沫，从系统性、逆周期的视角防范金融风险的积累和传播，建立和完善有效的宏观审慎政策框架。要求金融机构在系统性风险积累时建立风险缓冲，在面临冲击时释放缓冲；提高系统重要性金融机构抗风险能力，降低金融体系的相互关联度。二是促进金融监管体制改革，使之更好适应发展需要。树立将金融业视为统一整体的综合监管理念，重点关注宏观经济对金融体系的冲击、金融行业之间关联性、跨金融市场传染性等可能引发系统性金融风险的领域，补足监管短板。三是重视经济平衡发展的重要性，加强金融监管合作。要注意维持本国国际收支基本平衡、外需与内需的基本平衡、投资消费的基本平衡，创造一个内部良性循环的机制；要积极团结起来，重建国际货币体系。新兴市场国家内部应加强区域协调，广泛建立自由贸易区，努力推动建立一个多极化的制衡机制。

虽然本模型的评估取得了较为理想的结果，但有几点需要注意：一是限于相关数据的缺失，本书选取的指标偏重宏观数据。随着将来对数据的访问越来越开放，可以将更多反映金融机构内部运作的微观指标添加到模型中，以便更深入地把握金融危机爆发的原因。二是由于采用年度数据频率较低，在危机时点上无法得到更为精确的预测。未来，可选取季度、月度或混频数据进行更全面精确的危机预测。三是限于相关指标数据的可用性，部分仅建立了货币危机预警模型，而尚未考虑多种类型的金融危机预警系统。今后，我们将逐步完善更加有效的多层次动态金融危机预警系统。尽管这些缺点或许会使危机预警系统受到批评，但如果能认真对待预警系统的作用，根据金融危机发生前预警系统发出的预警信号，并辅之以其他信息加以佐证，或许能够尽量降低金融危机发生带来的损失。

参考文献

卞志村、胡恒强:《中国货币政策工具的选择:数量型还是价格型?——基于 DSGE 模型的分析》,《国际金融研究》2015 年第 6 期。

卜林等:《财政扩张背景下我国货币政策与宏观审慎政策协同研究》,《南开经济研究》2016 年第 5 期。

蔡雯霞:《影子银行信用创造及对货币政策的影响》,《宏观经济研究》2015 年第 10 期。

陈得文:《系统性风险与跨境资本流动管理——宏观审慎管理与资本管制效果的比较》,《南方金融》2016 年第 5 期。

陈福中、陈诚:《发达经济体利率与汇率交互效应的动态机制——基于美国和日本月度数据的实证考察》,《国际经贸探索》2012 年第 11 期。

陈昆亭、龚六堂:《粘滞价格模型以及对中国经济的数值模拟:对基本 RBC 模型的改进》,《数量经济与技术经济研究》2006 年第 8 期。

陈明玮等:《新常态下宏观审慎工具的有效性——基于 DSGE 模型的分析框架》,《财经问题研究》2016 年第 11 期。

陈守东等:《中国金融风险预警研究》,《数量经济技术经济研究》2006 年第 7 期。

陈彦斌等:《利率管制与总需求结构失衡》,《经济研究》2014 年第 2 期。

程璐:《货币政策与宏观审慎政策的效用结果研究——基于新凯恩斯 DSGE 模型》,《当代经济科学》2015 年第 6 期。

崔光灿:《资产价格、金融加速器与经济稳定》,《世界经济》2006

年第 11 期。

戴金平、陈汉鹏：《中国的利率调节、信贷指导与经济波动——基于动态随机一般均衡模型的分析》，《金融研究》2013 年第 11 期。

丁志帆：《预期到的货币政策具有实际效应吗？——基于动态随机一般均衡模型的数值模拟分析》，《投资研究》2015 年第 12 期。

樊志刚、胡婕：《利率市场化对银行业的挑战》，《中国金融》2012 年第 15 期。

方成、丁剑平：《中国近二十年货币政策的轨迹：价格规则还是数量规则》，《财经研究》2012 年第 10 期。

方意：《宏观审慎政策有效性研究》，《世界经济》2016 年第 8 期。

冯传奇、洪正：《利率市场化、银行微观特征与风险承担》，《商业研究》2018 年第 1 期。

耿强、章雱：《中国宏观经济波动中的外部冲击效应研究：基于金融加速器理论的动态一般均衡数值模拟分析》，《经济评论》2010 年第 5 期。

谷慎、岑磊：《宏观审慎监管政策与货币政策的配合——基于动态随机一般均衡分析》，《当代经济科学》2015 年第 6 期。

郭立甫等：《基于新凯恩斯 DSGE 模型的中国经济波动分析》，《上海经济研究》2013 年第 1 期。

郭丽娟、沈沛龙：《法定数字货币、银行系统稳定与经济增长：理论与预测》，《商业研究》2020 年第 9 期。

郭树华等：《中美利率与汇率联动关系的实证研究：2005—2008》，《国际金融研究》2009 年第 4 期。

何德旭、姚博：《人民币数字货币法定化的实践、影响及对策建议》，《金融评论》2019 第 5 期。

何慧刚：《人民币利率—汇率联动协调机制的实证分析和对策研究》，《国际金融研究》2008 年第 8 期。

胡冰川、董晓霞：《论鲜活农产品市场流通与价格决定——来自蔬菜市场的观察》，《商业经济与管理》2016 年第 5 期。

胡小文、章上峰：《开放经济下利率市场化对货币政策调控效应的影响研究》，《云南财经大学学报》2015 年第 2 期。

胡援成、康鸿：《主权债务危机预警系统的构建——基于新兴市场国家数据的研究》，《当代财经》2013年第6期。

胡志鹏：《"稳增长"与"控杠杆"双重目标下的货币当局最优政策设定》，《经济研究》2014年第12期。

黄志刚：《货币政策与贸易不平衡的调整》，《经济研究》2011年第3期。

黄志刚：《资本流动、货币政策与通货膨胀动态》，《经济学（季刊）》2010年第4期。

黄志龙：《我国国民经济各部门杠杆率的差异及政策建议》，《国际金融》2013年第1期。

纪洋等：《利率市场化的影响、风险与时机——基于利率双轨制模型的讨论》，《经济研究》2015年第1期。

简志宏等：《非平稳技术冲击、时变通胀目标与中国经济波动——基于动态随机一般均衡的分析》，《管理工程学报》2013年第3期。

姜婷凤等：《法定数字货币对货币政策的潜在影响研究——理论与实证》，《金融论坛》2020年第12期。

焦高乐、严明义：《影子银行对货币流通的影响研究》，《华东经济管理》2016年第8期。

解凤敏、李媛：《中国影子银行的货币供给补充与替代效应——来自货币乘数的证据》，《金融论坛》2014年第8期。

蓝天等：《法定数字货币、前瞻条件触发与货币政策传导》，《南方金融》2021年第2期。

李斌、伍戈：《信用创造、货币供求与经济结构》，《中国城市金融》2015年第7期。

李波、伍戈：《影子银行的信用创造功能及其对货币政策的挑战》，《金融研究》2011年第12期。

李春吉、孟晓宏：《中国经济波动——基于新凯恩斯主义垄断竞争模型的分析》，《经济研究》2006年第10期。

李宏瑾、苏乃芳：《数量规则还是利率规则？——我国转型时期量价混合型货币规则的理论基础》，《金融研究》2020年第10期。

李宏瑾等：《存款利率放开、经济结构调整与货币政策转型》，《金融监管研究》2015 年第 9 期。

李宏瑾等：《价格型货币政策调控中的实际利率锚》，《经济研究》2016 年第 1 期。

李君妍、连飞：《利率预期冲击对宏观经济波动的影响——基于新凯恩斯 DSGE 模型的分析》，《学习与实践》2015 年第 6 期。

李力等：《短期资本、货币政策和金融稳定》，《金融研究》2016 年第 9 期。

李宁：《利率市场化与货币政策传导：基于 DSGE 模型的分析》，《浙江金融》2017 年第 1 期。

李松华：《基于 DSGE 模型的中国货币政策传导机制研究》，博士学位论文，华中科技大学，2010 年。

李新功：《影子银行对我国货币供应量影响的实证分析》，《当代经济研究》2014 年第 1 期。

连飞、齐敏伽：《汇率市场化、宏观审慎管理与跨境资本流动：基于动态随机一般均衡分析》，《金融理论与实践》2017 年第 8 期。

连飞、周国富：《经济关联、知识关联与区域经济增长——兼论政府公共服务的影响》，《技术经济与管理研究》2018 年第 7 期。

连飞、周国富：《制度安排、资本成本与产业集聚——基于空间经济视角的研究》，《财经论丛》2019 年第 2 期。

连飞：《"稳增长"与"去杠杆"：金融调控困境与政策平衡问题研究》，《现代财经（天津财经大学学报）》2019 年第 2 期。

连飞：《"稳增长"与"去杠杆"目标下的双支柱政策协调——基于供求冲击和金融摩擦视角》，《财经理论与实践》2018 年第 6 期。

连飞：《法定数字货币与货币政策传导——基于开放经济 DSGE 模型》，《经济体制改革》2023 年第 1 期。

连飞：《工业集聚与劳动生产率的空间计量经济分析——来自我国东北 34 个城市的经验证据》，《中南财经政法大学学报》2011 年第 1 期。

连飞：《货币政策转型背景下汇率调整对宏观经济的影响——基于开放经济 DSGE 模型的研究》，《统计与信息论坛》2016 年第 7 期。

连飞：《基于 DEA 的循环经济效率评价》，《中国国情国力》2008

年第 11 期。

连飞：《金融危机冲击下股市波动性的国际比较》，《工业技术经济》2010 年第 9 期。

连飞：《开放经济条件下法定数字货币的宏观影响：基于不计息和计息两种设计特征》，《国际经贸探索》2022 年第 10 期。

连飞：《开放经济条件下中美两国汇率与利率的联动效应——基于 VECM 的两区制门限协整检验》，《经济问题探索》2014 年第 4 期。

连飞：《市场供求与货币因素对蔬菜价格的影响研究——基于 GMM 的实证检验》，《中国物价》2018 年第 7 期。

连飞：《双支柱框架下利率"两轨合一轨"与宏观金融政策调控——基于动态随机一般均衡分析》，《财贸研究》2019 年第 7 期。

连飞：《新兴市场国家金融危机预警研究——基于 Logit 模型的实证检验》，《技术经济与管理研究》2021 年第 7 期。

连飞：《中国经济与生态环境协调发展预警系统研究——基于因子分析和 BP 神经网络模型》，《经济与管理》2008 年第 12 期。

连飞：《中国利率"双轨制"并轨宏观效果评估》，《经济社会体制比较》2019 年第 5 期。

连飞：《中国式影子银行与货币供给：促进还是抑制？——基于信用创造视角的研究》，《南方金融》2018 年第 7 期。

梁璐璐等：《宏观审慎政策及货币政策效果探讨：基于 DSGE 框架的分析》，《财经研究》2014 年第 3 期。

刘斌：《最优前瞻性货币政策规则的设计与应用》，《世界经济》2004 年第 4 期。

刘斌：《我国 DSGE 模型的开发及在货币政策分析中的应用》，《金融研究》2008 年第 10 期。

刘斌：《稳健的最优简单货币政策规则在我国的应用》，《金融研究》2006 年第 4 期。

刘金全、陈德凯：《理解中国货币政策调控模式："稳杠杆"还是"降杠杆"——基于 TVP-VAR 模型的实证研究》，《西安交通大学学报》（社会科学版）2017 年第 6 期。

刘兰凤、袁申国：《金融开放、金融效率与中国宏观经济波动》，

《国际经贸探索》2021年第11期。

刘玲、岳书铭：《我国蔬菜价格波动特征及原因分析——基于与食品零售价格对比的视角》，《价格理论与实践》2014年第10期。

刘仁伍等：《资金跨境流动与货币政策》，社会科学文献出版社2011年版。

刘威、吴宏：《中美两国利率与汇率相互影响效应的评估研究——基于抛补利率平价理论的实证检验》，《世界经济研究》2010年第2期。

刘尧成、徐晓萍：《供求冲击与我国经济外部失衡：基于DSGE两国模型的模拟分析》，《财经研究》2010年第3期。

罗超平等：《蔬菜价格波动及其内生因素——基于PVAR模型的实证分析》，《农业技术经济》2013年第2期。

罗娜、程方楠：《房价波动的宏观审慎政策与货币政策协调效应分析——基于新凯恩斯主义的DSGE模型》，《国际金融研究》2017年第1期。

吕江林等：《央行数字货币的宏观经济与金融效应研究》，《金融经济学研究》2020年第1期。

马骏等：《金融危机的预警、传染与政策干预》，中国金融出版社2019年版。

马骏等：《利率传导机制的动态研究》，《金融研究》2016年第1期。

马敏娜、连飞：《创新型城市建设进程中科技贡献率的实证分析》，《当代经济研究》2009年第1期。

马敏娜、连飞：《我国生态环境与经济协调发展的实证分析》，《统计与决策》2008年第15期。

马文涛：《货币政策的数量型工具与价格型工具的调控绩效比较：来自动态随机一般均衡模型的证据》，《数量经济技术经济研究》2011年第10期。

马勇等：《金融杠杆、经济增长与金融稳定》，《金融研究》2016年第6期。

梅冬州、龚六堂：《新兴市场经济国家的汇率制度选择》，《经济研究》2011年第11期。

梅冬州等：《出口退税的政策效应评估——基于金融加速器模型的研究》，《金融研究》2015年第4期。

梅冬州等：《货币升值与贸易顺差：基于金融加速器效应的研究》，《世界经济》2013年第4期。

宋长鸣、李崇光：《季节调整后的蔬菜价格波动——兼论货币供应量的影响》，《统计与信息论坛》，2012年第3期。

苏冬蔚、肖志兴：《基于亚洲六国宏观数据的我国金融危机预警系统研究》，《国际金融研究》2011年第6期。

唐文进等：《货币政策调控：数量型还是价格型？——基于DSGE模型的分析》，《世界经济与政治论坛》2014年第1期。

汪潘义等：《数量型还是价格型货币政策比较——基于利率市场化角度的分析》，《华东经济管理》2014年第9期。

王爱俭、杜强：《稳增长、降杠杆：政策悖论下央行货币政策如何选择》，《现代财经（天津财经大学学报）》2018年第3期。

王爱俭、林楠：《人民币名义汇率与利率的互动关系研究》，《经济研究》2007年第10期。

王彬等：《人民币汇率均衡与失衡：基于一般均衡框架的视角》，《世界经济》2014年第6期。

王博、刘永余：《影子银行信用创造机制及其启示》，《金融论坛》2013年第3期。

王克达：《金融危机预警模型与先导指标选择》，《金融监管研究》2019年第8期。

王森、周茜茜：《影子银行、信用创造与货币政策传导机制》，《经济问题》2015年第5期。

王晓芳、毛彦军：《预期到的与未预期到的货币供给冲击及其宏观影响》，《经济科学》2012年第2期。

王云清、朱启贵：《利率冲击对我国消费、产出和通货膨胀的动态效应研究》，《投资研究》2012年第11期。

王振、曾辉：《影子银行对货币政策影响的理论与实证分析》，《国际金融研究》2014年第12期。

伍戈、连飞：《中国货币政策转型研究：基于数量与价格混合规则的探索》,《世界经济》2016 年第 3 期。

伍戈、严仕锋:《跨境资本流动的宏观审慎管理探索——基于对系统性风险的基本认识》,《新金融》2015 年第 10 期。

夏斌、廖强:《货币供应量已不宜作为当前我国货币政策的中介目标》,《经济研究》2001 年第 8 期。

肖卫国等:《资本账户开放、资本流动与金融稳定——基于宏观审慎的视角》,《世界经济研究》2016 年第 1 期。

谢平、罗雄:《泰勒规则及其在中国货币政策中的检验》,《经济研究》2002 年第 3 期。

谢贤芬、王斌会:《银行宏观安全状态指数及预警监测分析》,《数理统计与管理》2017 年第 5 期。

谢星、封思贤:《法定数字货币对宏观经济的影响机理分析——基于中国不同试点阶段的研究》,《现代经济探讨》2020 年第 11 期。

谢星等:《法定数字货币的宏观经济效应研究》,《财贸经济》2020 年第 10 期。

徐滢等:《法定数字货币设计特征的选择和优化研究》,《学习与探索》2022 年第 3 期。

闫先东、张鹏辉:《货币政策与宏观审慎政策的协调配合》,《金融论坛》2017 年第 4 期。

易纲:《中国改革开放三十年的利率市场化进程》,《金融研究》2009 年第 1 期。

展凯等:《美国货币政策调整对中国的溢出效应与传导机制研究》,《国际经贸探索》2021 年第 1 期。

张恒、王彬:《我国宏观经济波动中的随机冲击效应:经验事实与理论解读》,《当代经济科学》2014 年第 2 期。

张杰平:《开放经济 DSGE 模型下我国货币政策规则的选择》,《山西财经大学学报》2012 年第 4 期。

张露文、连飞:《双支柱金融调控政策框架思考》,《中国金融》2019 年第 8 期。

张伟进、方振瑞:《我国通货膨胀成因解析——基于开放经济体 DSGE 模型的研究》,《南方经济》2014 年第 12 期。

张晓慧：《中国货币政策（英汉对照）》，中国金融出版社2012年版。

张勇等：《利率双轨制、金融改革与最优货币政策》，《经济研究》2014年第10期。

赵恒、周延：《央行数字货币对货币结构与经济增长的影响效应研究》，《国际金融研究》2022年第6期。

赵晓飞：《蔬菜价格波动的规律、影响因素与调控对策研究》，《当代经济管理》2015年第2期。

中国人民银行营业管理部课题组：《非线性泰勒规则在我国货币政策操作中的实证研究》，《金融研究》2009年第12期。

中国人民银行长春中心支行课题组：《金融城镇偏向对城镇化的影响——基于城乡二元框架的分析》，《金融论坛》2013年第10期。

周国富、连飞：《金融业现价增加值核算方法的思考》，《中国统计》2009年第12期。

周国富、连飞：《中国地区GDP数据质量评估——基于空间面板数据模型的经验分析》，《山西财经大学学报》2010年第8期。

周俊仰、连飞：《利率冲击、杠杆率与银行竞争程度——基于DSGE模型的分析》，《金融理论与实践》2019年第8期。

朱慧明：《基于Minnesota共轭先验分布的贝叶斯VAR（p）预测模型》，《统计研究》2014年第1期。

庄子罐等：《不确定性、宏观经济波动与中国货币政策规则选择——基于贝叶斯DSGE模型的数量分析》，《管理世界》2016年第11期。

Abiad, A., "Early-warning Systems: A Survey and A Regime-switching Approach", IMF Working Paper, No. 2, 2003.

Adolfson, M., et al., "Evaluating an Estimated New Keynesian Small Open Economy Model", *Journal of Economic Dynamics & Control*, Vol. 32, No. 8, 2008.

Alberto Ades, et al., "GS-WATCH: A New Framework for Predicting Financial Crises in Emerging Markets", Goldman Sachs Global Economics website, 1998.

Andrew Berg and Catherine Pattillo, "*Predicting Currency Crises: The Indicators Approach and an Alternative*", Journal of International Money and Finance, Vol. 18, 1999.

Andrew Sheng, "The Coming Global Credit Glut", China Daily, 2011-11-08 (08).

Angelini P., et al., "*The Interaction Between Capital Requirements and Monetary Policy*", Journey of Money, Credit and Banking, No. 6, 2014.

Asli Demirgü–Kunt and Enrica Detragiache, "*The Determinants of Banking Crises in Developed and Developing Countries*", IMF Staff Paper, Vol. 45, No. 1, 1998.

Atta–Mensah J., Dib A. Bank Lending, "*Credit Shocks, and the Transmission of Canadian Monetary Policy*", International Review of Economics & Finance, Vol. 17, No. 1, 2008.

Augusto de la Torre, Alain Lze, "The Foundations of Macroprudential Regulation", The World Bank Working Paper, No. 6575, 2013.

Balke N. S., Fomby T. B., "Threshold Cointegration", International Economic Review, Vol. 38, No. 3, 1997.

Bank of England, "Central Bank Digital Currency: Opportunities, Challenges and Design", Discussion Paper, March, 2020.

Barrdear J., Kumhof M., "*The Macroeconomics of Central Bank Digital Currencies*", Journal of Economic Dynamics and Control, 2021.

Batini, N. and Haldane, A., "Forward–Looking Rules for Monetary Policy", Bank of England Working Paper, No. 91, 1999.

Bauer G. H., Granziera E., "*Monetary Policy, Private Debt and Financial Stability Risks*", International Journal of Central Banking, Vol. 13, No. 3, 2017.

Belviso, F., and F. Milani, "Structural Factor–Augmented VARs (SFAVARs) and the Effects of Monetary Policy", Topics in Macroeconomics, 2006, Vol. 6, Iss. 2, 2006.

Beniak, P., "Central Bank Digital Currency and Monetary Policy: A Literature Review", MPRA Paper, No. 96663, 2019.

Berg, A., et al., "Practical Model-Based Monetary Policy Analysis: A How-to Guide", IMF Working Paper, 2006, 06/81.

Blagrave, P. et al., "Adding China to the Global Projection Model", IMF Working Paper, 2013, WP/13/256.

Blanchard, Oliver and C. Kahn, "The Solution of Linear Difference Models under Rational Expectations", *Econometrica*, Vol. 48, 1980.

Bordo M. D., Levin A. T., "*Central Bank Digital Currency and the Future of Monetary Policy*", National Bureau of Economic Research, 2017.

Buttiglinoe L., et al., "*Delever aging, What Deleveraging? The 16th Geneva Report on the World Economy*", International Center for Monetary and Banking Studies/Center for Economic Policy Research, 2014.

Caballero C. C., et al., "In-debtedness, Deleveraging Dynamics and Macroeconomic Adjustment", Economic Papers, Vol. 477, 2013.

Calvo, Guillermo and Reinhart, Carmen, "Fear of Floating", *Quarterly Journal of Economics*, Vol. 117, No. 2, 2002.

Calvo, G., "Staggered Prices in a Utility Maximizing Framework", *Journal of monetary Economics*, Vol. 12, 1983.

Carabenciov, I. et al., "A Small Quarterly Multi-Country Projection Model", IMF Working Paper, 2008, WP/08/279.

Carlos C. Bautista, "*The Exchange Rate-Interest Differential Relationship in Six East Asian Countries*", Economics Letters, Vol. 92, No. 1, 2006.

Cespedes, Luis Felipe, "Credit Constraints and Macroeconomic Instability in a Small Open Economy", Mimeo, International Monetary Fund, 2001.

Chang, R. and A. Velasco, "*A Model of Financial Crises in Emerging Markets*", Quarterly Journal of Economics, Vol. 116, 2001.

Chen Q. Y., et al., "Market and Non-Market Monetary Policy Tools in a Calibrated DSGE Model for Mainland China", BOFIT Discussion Papers, No. 16, 2012.

Christiano, L., et al., *Monetary Policy and the Stock Market Boom Bust Cycle*, Manuscript, Northwestern University, 2007.

Christiano, L. J., et al., "Nominal Rigidities and the Dynamic Effects of a Shock to Monetary Policy", *Journal of Political Economy*, Vol. 113, No. 1, 2005.

Cochane, J. H., "What Do the VARs Mean? Measuring the Output Effects of Monetary Policy", *Journal of Monetary Economics*, Vol. 41, No. 2, 1988.

Davis, E. P. and D. Karim, "Comparing Early Warning Systems for Banking Crises", *Journal of Financial Stability*, No. 4, 2008.

Davoodalhosseini S. M., "Central Bank Digital Currency and Monetary Policy", *Journal of Economic Dynamics and Control*, 2021.

Donald Andrews, "Tests for Parameter Instability and Structural Change with Unknown Change Point", *Econometrica*, Vol. 61, No. 4, 1993.

Enrique G. Mendoza, "Sudden Stops, Financial Crises and Leverage: A Fisherian Deflation of Tobin's Q", National Bureau of Economic Research, Working Paper No. 14444, 2008.

E. Philip Davis and Dilruba Karim, "Comparing Early Warning Systems for Banking Crises", *Journal of Financial Stability*, No. 4, 2008.

Fernández-Villaverde J., et al., "Central Bank Digital Currency: Central Banking for All?", *Review of Economic Dynamics*, Vol. 41, 2021.

Ferrari Minesso M., et al., "Central Bank Digital Currency in an Open Economy", *Journal of Monetary Economics*, Vol. 127, 2022.

Florkowski, W. J., Elnagheeb, A. H., "The Evolution of the Pricing Mechanism in the Polish Vegetable Markets: An Empirical Test", *Review of Agricultural Economics*, Vol. 15, No. 1, 1993.

Forbes Kristin, et al., "Capital Controls and Macro Prudential Measures: What are They Good for", CEPR Discussion Paper, No. DP9798, 2013.

Frankel J., Saravelos G., "Can Leading Indicators Assess Country Vulnerability? Evidence from the 2008-09 Global Financial Crisis", *Journal of International Economics*, Vol. 87, No. 2, 2012.

Frankel, J. A., "On the Mark: a Theory of Floating Exchange Rates based on Real Interest Rate Differentials", *American Economic Review*, Vol. 69, No. 4, 1979.

Freixas X., Rochet J., *Microeconomics of Banking*, Cambridge, Massachusetts: MIT Press, 2008.

Friedman, M., "The Optimum Quantity of Money", *The Optimum Quantity of Money and Other Essays*, Chicago: Aldine Transactions, Friedman, M., 1969.

Fujiwara, I., et al., "Can News be a Major Source of Aggregate Fluctuations? A Bayesian DSGE Approach", IMES Discussion Paper, 2008-E-16, Bank of Japan.

Furceri D., Mourougane A., "The Effect of Financial Crises on Potential Output: New Empirical Evidence from OECD Countries", *Journal of Macro-economics*, Vol. 34, No. 3, 2012.

F. G. Ozkan, D. F. Unsal, "On the Use of Monetary and Macroprudential Policies for Small Open Economies", IMF Working Paper, No. 112, 2014.

Galbis, V., "High Real Interest Rates Under Financial Liberalization: Is There a Problem", IMF Working Paper, 1993, No. 93/7.

Gali, J. and T. Monacelli, "Monetary Policy and Exchange Rate Volatility in a Small Open Economy", *Review of Economic Studies*, Vol. 72, No. 3, 2005.

Geiger, M., "Monetary Policy in China (1994-2004): Targets, Instruments and Their Effectiveness", Wurzburg Economic Papers, No. 68, 2006.

George A., et al., "*Central Bank Digital Currency with Adjustable Interest Rate in Small Open Economies*", Available at SSRN 3605918.

Gerali, A. et al., "*Credit and Banking in a DSGE Model of the Euro Area*", Journal of Money, Credit and Banking, Vol. 42, No. 9, 2010.

Goldstein M., et al., *Assessing Financial Vulnerability: An Early Warning System for Emerging Markets*, Peterson Institute Press All Books, Vol. 24, No. 1, 2000.

Gorton, G., and Metrick, A., "Regulating the Shadow Banking System", Brookings Papers on Economic Activity, 2010.

Gorton, G., and Metrick, A., "Securitized Banking and the Run on Repo", Journal of Financial Economics, Vol. 104, 2011.

Gourinchas, P. O., and M. Obstfeld, "Stories of The Twentieth Century for The Twenty-first", American Economic Journal: Macroeconomics, Vol. 4, 2012.

Griffoli M. T. M., et al., "Casting Light on Central Bank Digital Currencies", International Monetary Fund, 2018.

Hamilton, J. D. Time Series Analysis, Princeton University Press, 1994.

Hansen B. E., Seo B., "Testing for Two-Regime Threshold Cointegration in Vector Error-Correction Models", Journal of Econometrics, Vol. 110, No. 2, 2002.

Hawkins, J., Klau, M., "Measuring Potential Vulnerabilities in Emerging Market Economies", BIS Working Paper, No. 91, 2000.

Hironobu Nakagawa, "Real Exchange Rates and Real Interest Differentials: Implications of Nonlinear Adjustment in Real Exchange Rates", Journal of Monetary Economics, Vol. 49, No. 3, 2002.

Honohan P., "How Interest Rates Changed under Financial Liberalization: A Cross-Country Review", World Bank Policy Research Working Paper, 2000.

Hoover, K. and O. Jordá, "Measuring Systematic Monetary Policy", mimeo, Federal Reserve Bank of ST. Louis, 2001.

Iacoviello, M. and Neri, S., "Housing Market Spillovers: Evidence from an Estimated DSGE Model", American Economic Journal: Macroeconomics, Vol. 2, No. 2, 2010.

Ireland, P., "A New Keynesian Perspective on the Great Recession", Journal of Money, Credit, and Banking, Vol. 43, No. 1, 2011.

Jeffrey A. Frankel and Andrew K. Rose, "Currency Crashes in Emerging Markets: an Empirical Treatment", Journal of International Economics,

Vol. 96, 1996.

Justiniano, A. and B. Preston, "Monetary Policy and Uncertainty in an Empirical Small Open Economy Model", *Journal of Applied Econometrics*, Vol. 25, No. 1, 2010.

Kaminsky G. L., Reinhart C. M., "*The Twin Crises: the Causes of Banking and Balance-of-Payments Problems*", American Economic Reviews, Vol. 89, No. 3, 1999.

Kaminsky, G., et al., "*Leading Indicators of Currency Crises*", International Monetary Fund Staff Papers, No. 45, 1998.

Kannan P., et al., "*Monetary and Macro-prudential Policy Rules in a Model with House Price Booms*", Journal of Macroeconomics Contributions, No. 12, 2012.

Khan, Hashmat, and John Tsoukalas, *The Quantitative Importance of News Shocks in Estimated DSGE Models*, Manuscript, Carleton University, 2009.

Klein, P., "Using the Generalized Schur Form to Solve a Multivariate Linear Rational Expectations Model", *Journal of Economic Dynamics and Control*, Vol. 24, 2000.

Koivu, T. et al., "An Analysis of Chinese Money and Prices Using a McCallum-Type Rule", *Journal of Chinese Economic and Business Studies*, No. 2, 2009.

Korinek A., Simsek A., "*Liquidity Trapand Excessive Leverage*", The American Economic Review, Vol. 106, No. 3, 2016.

Kumar M., et al., "*Predicting Emerging Market Currency Crashes*", Journal of Empirical Finance, Vol. 10, No. 4, 2003.

Lamm, R. M., and Westcott, P. C., "*The Effects of Changing Input Costs on Food Prices*", Amer. J. Agr. Econ, Vol. 63, 1981.

Laurens, B. J. and Maino, R., "China: Strengthening Monetary Policy Implementation", IMF Working Paper, 2007, WP/07/14.

Laxton, D. and Scott, A., "On Developing a Structured Forecasting and Policy Analysis System Designed to Support Inflation-Forecast Targeting

(IFT)", *Inflation Targeting Experiences: England, Finland, Poland, Mexico, Brazil, Chile*, Ankara: The Central Bank of the Republic of Turkey, 2000.

Litterman R. B., "Forecasting with Bayesian Vector Autoregressions Five Years of Experience", Federal Reserve Bank of Minneapolis, Working Papers, No. 274, 1986.

Liu, L. and Zhang, W., "A New Keynesian Model for Analysing Monetary Policy in Mainland China", *Journal of Asian Economics*, Vol. 21, 2010.

Lynch D., "*Measuring Financial Sector Development: a Study of Selected Asia Pacific Countries*", The Developing Economies, Vol. 34, No. 1, 1996.

MacDonald, Nagayasu, "*The Long-Run Relationship Between Real Exchange Rates and Real Interest Differentials: A Panel Study*", IMF Working Paper, 1999.

Mathias Hoffmann, Ronald MacDanald, "Real Exchange Rates and Real Interest Rate Differentials: A Present Value Interpretation", *European Economic Review*, Vol. 53, No. 8, 2009.

McCallum, Bennett T., "Monetary Policy Analysis in Models Without Money", *Federal Reserve Bank of St. Louis Review*, Vol. 83, No. 4, 2001.

McCallum, Bennett T., "Robustness Properties of a Rule for Monetary Policy", *Carnegie - Rochester Conference Series on Public Policy*, No. 29, 1988.

Meaning J., et al., "Broadening Narrow Money: Monetary Policy with a Central Bank Digital Currency", *International Journal of Central Banking*, Vol. 17, No. 2, 2021.

Mehl, A., et al., "Central Bank Digital Currency in an Open Economy", ECB Working Paper, No. 2488, 2020.

Mehra, Yash P., "A Forward-LookingMonetary Policy Reaction Function", *Federal Reserve Bank of Richmond Economic Quarterly*, Vol. 85, No. 2, 2000.

Mehrotra, A. and Sanchezfung, J., "China's Monetary Policy and the

Exchange Rate", BOFIT Discussion Papers, No. 10, 2010.

Mendoza, E., Terrones, M., "*An Anatomy of Credit Boom: Evidence from Macro Aggregates and Micro Data*", NBER Working Paper, No. 14049, 2008.

Mondello, G., et al., "*Macro and Micro Implications of the Introduction of Central Bank Digital Currencies: An Overview*", GREDEG Working Papers, No. 2, 2020.

Nelson C. Mark, Young-Kyu MOH, "*The Real Exchange Rate and Real Interest Differentials: The Role of Nonlinearities*", International Journal of Finance & Economics, Vol. 10, No. 4, 2005.

Ostry A. Ghosh, "Managing Capital Inflows: What Tools to Use?", IMF Working Paper, 2011.

Panageas, K., "*The Decline and Fall of the Securitization Markets*", J. P. Morgan Report, 2009.

Parlour, C. A., et al., "*Payment System Externalities and the Role of Central Bank Digital Currency*", Journal of Finance Forthcoming, 2020.

Pigou, Arthur, *Industrial Fluctuations*, MacMillan, London, 1927.

Porter N., Xu T. T., "*Money Market Rates and Retail Interest Regulation in China: the Disconnect Between Interbank and Retail Credit Conditions*", Bank of Canada Working Paper, 2013.

P. R. Agénor, Koray Alper, "Shocks and Central Bank Liquidity with Credit Market Imperfections", Oxford Economic Papers, No. 64, 2012.

Reinhart C. M., Rogoff K. S., "*From Financial Crash to Debt Crisis*", American Economic Review, Vol. 101, No. 5, 2011.

Rosen, S., Shapouri, S., *Rising Food Prices Intensify Food Insecurity in Developing Countries*, Washington. D. C. : ERS, USDA, 2008.

Rotemberg J. J., Woodford M., "*An Optimization-Based Econometric Framework for the Evaluation of Monetary Policy*", NBER Macroeconomics Annual, No. 12, 1987.

Rotemberg, J. J., "*Sticky Prices in the United States*", Journal of Political Economy, Vol. 90, 1982.

Rudiger Dornbusch, "*Expectation and Exchange Rates Dynamics*", *Journal of Political Economy*, Vol. 84, 1976.

Sargent, Thomas J. and Surico Paolo, "Two Illustrations of the Quantity Theory of Money: Breakdowns and Revivals", *The American Economic Review*, Vol. 101, No. 1, 2011.

Scheibe, J. and Vines, D., "A Phillips Curve for China", CEPR Discussion Paper, No. 4957, 2006.

Sheng, A., "*The Erosion of US Monetary Policy Management under Shadow Banking*", Thailand: International Conference on Business and Information, 2011.

Shin, H. S., "*Global Banking Glut and Loan Risk Premium*", *IMF Economic Review*, Vol. 60, No. 2, 2012.

Smets, F. and R. Wouters, "An Estimated Dynamic Stochastic General Equilibrium Model of the Euro Area", *Journal of European Economic Association*, Vol. 1, No. 5, 2003.

Smets, F. and R. Wouters, "Shocks and Frictions in US Business Cycles: A Bayesian DSGE Approach", *American Economic Review*, Vol. 97, No. 3, 2007.

Svensson, L. E. O., "Inflation Targeting as a Monetary Policy Rule", *Journal of Monetary Economics*, Vol. 43, 1999.

Svensson, L. E. O., "Open-economy Inflation Targeting", *Journal of International Economics*, Vol. 50, 2000.

Taylor, J. B., "Discretion Versus Policy Rules in Practice", *Carnegie-Rochester Conference Series on Public Policy*, Vol. 39, 1993.

Taylor, J. B., "Estimation and Control of a Macroeconomic Model with Rational Expectations", *Econometrica*, Vol. 47, No. 5, 1979.

Taylor, J. B., "Using Monetary Policy Rules in Emerging Market Economies", Stanford University, unpublished manuscript, 2000.

Tokgoz, S., *The Impact of Energy Markets on the EU Agricultural Sector*, Ames. Iowa: Iowa State University, 2009.

Trostler, *Global Agricultural Supply and Demand: Factors Contributing* to the Recent Increase in Food Commodity Prices, Washington. D. C. : ERS, USDA, 2008.

Uhlig, H. , "A Toolkit for Analyzing Nonlinear Dynamic Stochastic Models Easily", in R. Marimon, and A. Scott, eds. *Computational Methods for the Study of Dynamic Economics*, 1999.

Unsal D. Filiz. , "Capital Flows and Financial Stability: Monetary Policy and Macro Prudential Responses", IMF Working Paper, No. 2, 2011.

Williamson J. , Mahar M. , *A Survey of Financial Liberalization*, International Finance Section, Dept. of Economics, Princeton University, 1998.

Wohlgenant, M. K. , "Competitive Storage, Rational Expectations, and Short‐Run Food Price Determination", *Amer. J. Agr. Econ*, Vol. 67, 1985.

Woodford, M. , *Interest and Prices: Foundation of a Theory of Monetary Policy*, Priceton University Press, 2003.

Woodford, M. , "Optimal Monetary Policy Inertia", NBER Working Paper, No. 7261, 1999.

Zhang Wenlan, "China's Monetary Policy: Quantity Versus Price Rules", *Journal of Macroeconomics*, Vol. 31, 2009.